NCS
KPX
전력거래소

직업기초능력평가

NCS KPX전력거래소
직업기초능력평가

초판 발행   2020년 7월 8일
2쇄 발행   2021년 4월 9일

편 저 자 | 취업적성연구소
발 행 처 | ㈜서원각
등록번호 | 1999-1A-107호
주   소 | 경기도 고양시 일산서구 덕산로 88-45(가좌동)
교재주문 | 031-923-2051
팩   스 | 031-923-3815
교재문의 | 카카오톡 플러스 친구[서원각]
영상문의 | 070-4233-2505
홈페이지 | www.goseowon.com
책임편집 | 정유진
디 자 인 | 이규희

PREFACE

우리나라 기업들은 1960년대 이후 현재까지 비약적인 발전을 이루었다. 이렇게 급속한 성장을 이룰 수 있었던 배경에는 우리나라 국민들의 근면성 및 도전정신이 있었다. 그러나 빠르게 변화하는 세계 경제의 환경에 적응하기 위해서는 근면성과 도전정신 이외에 또 다른 성장 요인이 필요하다.

최근 많은 공사·공단에서는 기존의 직무 관련성에 대한 고려 없이 인·적성, 지식 중심으로 치러지던 필기전형을 탈피하고, 산업현장에서 직무를 수행하기 위해 요구되는 능력을 산업부문별·수준별로 체계화 및 표준화한 NCS를 기반으로 하여 채용공고 단계에서 제시되는 '직무 설명자료'에서 제시되는 직업기초능력과 직무수행능력을 측정하기 위한 직업기초능력평가, 직무수행능력평가 등을 도입하고 있다.

KPX 전력거래소에서도 업무에 필요한 역량 및 책임감과 적응력 등을 구비한 인재를 선발하기 위하여 고유의 직업기초능력평가를 치르고 있다. 본서는 KPX 전력거래소 신입사원 채용대비를 위한 필독서로 KPX 전력거래소 직업기초능력평가의 출제경향을 철저히 분석하여 응시자들이 보다 쉽게 시험유형을 파악하고 효율적으로 대비할 수 있도록 구성하였다.

신념을 가지고 도전하는 사람은 반드시 그 꿈을 이룰 수 있습니다. 처음에 품은 신념과 열정이 취업 성공의 그 날까지 빛바래지 않도록 서원각이 수험생 여러분을 응원합니다.

STRUCTURE

핵심이론정리

NCS 직업기초능력 영역별 핵심이론을 정리하였습니다.

출제예상문제

다양한 유형의 출제예상문제를 다수 수록하여 실전에 완벽하게 대비할 수 있습니다.

인성검사 및 면접

취업 성공을 위한 실전 인성검사와 면접기출을 수록하여 취업의 마무리까지 깔끔하게 책임집니다.

CONTENTS

PART

I

KPX 전력거래소 소개

01 기업소개

1 회사개요 및 주요역할

(1) 회사개요

① 전력거래소는 국내 전력산업에서 전력시장의 운영, 전력계통의 운영, 실시간 급전운영, 전력수급기본계획 수립 등의 기능을 담당하고 있다.
- ㉠ 발전사업자와 판매사업자 사이에서 공정하고 투명한 전력거래가 이루어지도록 입찰, 가격결정, 계량, 정산, 결제업무 등 전력시장운영을 책임지고 있다.
- ㉡ 전국의 발전소와 전력망의 가동에 대한 계획을 수립하고 실시간으로 감시하고 이상 징후에 신속히 대응함으로써 전국의 소비자들이 24시간 365일 정전이나 전압강하 등을 겪지 않도록 일하고 있다.
- ㉢ 정부가 수립하는 중장기 전력수급기본계획 등 정책업무에 대한 실무적인 역할을 담당하고 있다.

② 전력거래소는 이러한 기능을 하기 위해 2001년 4월 정부에 의해 법률(전기사업법)에 근거하여 설립되었고, 한전을 포함한 모든 전력관련 기업으로부터 독립적인 입장에서 공정하고 투명하게 전력의 거래와 계통 및 실시간 급전운영업무를 수행하고 있다.

③ 전력거래소는 전력 비즈니스 플랫폼 구축을 위해 수요자원거래, REC(신재생에너지공급인증서)거래, 소규모 전력중개시장 운영 등 다양한 전력비즈니스 모델 창출에 노력하고 있다.

(2) 주요역할

① 전력시장운영
- ㉠ 전력거래관련 입찰, 계량, 정산, 청구, 지불 등 전력시장의 개설운영
- ㉡ 전력시장운영 규칙 등 제반규칙의 제 · 개정

② 전력계통운영
- ㉠ 장 · 단기 송전망 안정성 평가 및 전력계통 운영계획 수립
- ㉡ 전력설비고장 대비 운영대책 수립 등

③ 실시간 계통운영

    ㉠ 실시간 전력수급 균형 및 전기품질 유지

    ㉡ 24시간 전력계통 감시 제어

④ 정부의 전력수급기본계획 수립 총괄지원 등

    ㉠ 장 · 단기 전력수급 계획 수립운영

    ㉡ 전력수요예측 모형 개발 및 운영

2 비전 및 경영전략

(1) 미션 및 비전

① 미션 … 공정한 전력시장 운영과 안정적인 전력계통 운영

② VISION

    ㉠ 비전 : 친환경 미래를 선도하는 전력 비즈니스 융합 플랫폼

    ㉡ 경영방침 : 소통협력, 융합창조, 공감혁신, 가치역량

(2) 경영전략

핵심가치	국민 신뢰	미래 선도	투명 공정	사회적 책임
전략목표	안전 및 친환경 중심 전력계통 운영	친환경 에너지 전환 촉진	전력시장 및 비즈니스 활성화	사회적 가치 실현 및 경영혁신
전략과제	• 전력수급 안정화 • 재생에너지 · 신기술 운영 플랫폼 구축	• 에너지 전환 전력수급계획 고도화 • 환경변화에 대응한 전력시장 구현 • 친환경 · 디지털 구현 인프라 혁신	• 전력시장 운영 효율성 강화 • 저탄소 사회를 위한 전력시장 개편 • 전력신시장 · 신산업 촉진	• 안전경영 관리체계 구축 • 국민참여와 공정사회 구현 • 일자리 창출 및 지역 상생 • 공정 · 효율의 인사 · 조직 구현 • 전환기에 적합한 경영혁신

02 채용안내

1 인재상 및 직무소개

(1) 전력거래소 인재상

① 혁신인 … 변화를 회피하지 않고 적극적으로 혁신을 추구하는 도전정신이 강한 사람

② 전문인 … 각자 맡은 분야에서 새로운 지식과 정보를 끊임없이 습득하고 발전시켜 해당분야 전문가로 인정받을 수 있는 사람

③ 세계인 … 국제적인 소양과 외국어 능력을 겸비하고 서로 다른 인종과 문화를 적극 수용하는 사람

④ 협력인 … 인간미와 도덕성을 갖추고 더불어 사는 사회의 건전한 구성원으로서 역할과 책임을 성실히 수행하는 사람

(2) 직무소개

① 경영기획

ㄱ 총무 : 회사의 자산을 효율적으로 관리하여, 쾌적한 사무 환경을 구축하고 복지제도 및 사내외 행사를 기획·주관하는 등 직원들의 업무효율성을 증진시키기 위한 업무를 한다.

ㄴ 인사 : 회사의 장기적인 비전을 달성하고 경영 전략을 실행하기 위해 인적 자원을 관리한다. 회사가 요구하는 인재를 채용하고 성과에 따른 평가를 통해 이에 상응하는 보상, 승격 등의 업무를 수행한다.

ㄷ 재무 : 중장기적인 시각을 가지고 회사의 재무계획을 수립하고, 출납·결산·세무 등의 업무를 통해 현금흐름을 관리한다. 계약과 자본운용 업무를 수행하며 투명하게 자금을 조달하고 운용하고 있다.

ㄹ 법무 : 사내 법률 자문 역할을 수행하고 법적 분쟁 발생 시 신속하고 적절하게 대응하며 회사의 법적 리스크를 예방한다. 또 정관/내규 등 규정을 관리하는 등 법무 업무를 총괄한다.

ㅁ 노무 : 노동자와 사용자가 동반자가 되어 신뢰를 쌓고 상생할 수 있도록 노사 관계를 관리한다. 노사위원회 운영·단체교섭관리 등을 담당하며 전력거래소의 윈-윈하는 노사 문화를 정립한다.

ㅂ 전략기획 : 회사의 중장기 경영 목표와 전략을 수립하며 전력거래소의 미래 방향을 제시한다. 예산을 편성·운영하고 경영혁신 및 윤리경영을 총괄하고 있다.

    ⊗ **성과관리** : 경영 평가 관련 업무를 담당하고 성과 관리·내부 평가 제도를 운영하며 회사의 경영 상태를 꾸준히 검증한다. 이를 통해 회사가 경영 환경에 유연하게 대처하고 지속적인 성과를 창출하는 데에 기여한다.

    ⓞ **교육** : 전력거래소의 교육센터에서는 전력 산업을 주도할 창조적인 전력인을 양성하고 있다. 사내 직원들의 교육 훈련 업무를 수행할 뿐 아니라, 회원사 및 해외 기관을 대상으로 교육 계획을 수립하여 프로그램을 운영한다.

    ㉺ **대외협력** : 외부 언론 모니터링 및 대응, 보도 자료 작성, 사내외 홍보, 국제포럼 개최 등을 통하여, 다양한 외부 이해관계자들과 효과적으로 소통한다.

    ㉼ **시설보안** : 국가보안시설 전력거래소의 시설 보안을 책임지고 있다. 당직 및 보안을 담당하고 출입 통제 시스템을 구축할 뿐 아니라, 보안과 관련된 규범 위반 사항을 점검하며 안전한 업무 환경을 지원한다.

    ㉾ **비상기획** : 기관의 자산 보호를 위해 보안 계획을 수립하고 재난 위기를 사전에 예방하는 활동을 담당하고 있다. 또 위기 발생 시 계획에 따라 대응 및 복구 활동을 수행한다.

    ⓔ **감사** : 전력거래소의 경영 활동이 청렴하고 객관적으로 이루어질 수 있도록 감사업무를 수행한다. 또 윤리 경영, 공직 기강 등의 업무를 담당하며 조직 문화를 공정하고 투명한 방향으로 이끌고 있다.

② **전력계획**

    ㉠ **전원계획** : 대한민국의 전력 공급이 원활히 이루어질 수 있도록 전력 수급에 대한 기본 계획 실무 작업을 수행한다. 장기적 시각으로 전력 계통을 분석하고 송전 설비 계획을 조정하는 등 전력 정책에 탄력적으로 대응하며 미래 전력 수급에 차질이 생기지 않게끔 노력하고 있다.

    ㉡ **수요예측 및 수급분석** : 장기 전력 수요를 예측하고 발전 설비 현황을 주기적으로 체크한다. 장기 전력 수요를 예측하는 모형을 운영·개발하고 발전 설비의 경제성 및 신뢰도를 검토하며 우리나라의 중장기 전력 수급 안정을 도모하고 있다.

    ㉢ **신재생에너지** : 신재생인증서(REC)거래, 배출권 제도 등 신재생에너지 활성화와 관련된 업무를 한다. 에너지/도서지역 전력 수급 계획 수립, 탄소배출권 정산, 신재생 정책 관련 대정부 지원 등의 업무를 수행한다. 이를 통해 국내 신재생에너지 산업의 발전과 온실가스 감축을 통한 녹색 성장에 기여한다.

③ **전력시장**

    ㉠ **전력시장 연구 및 개발** : 해외 전력시장 동향을 조사·분석하고, 전력시장의 제일선에서 미래를 고민하며 전력시장의 개선 방향을 제시한다. 또한 전력시장을 규율하는 규칙개정위원회를 운영하고 전력 시장 관련 법령을 제·개정하는 실무 작업을 하고 있다.

ⓛ **시장운영** : 전력 시장에서 전력이 거래되는 가격을 결정하는 가격결정 발전계획을 수립하고, 발전 비용을 평가하는 등 우리나라의 전력 시장을 공정하고 투명하게 운영하고 있다.

ⓒ **계량 및 정산** : 전력 시장에서 다자간 거래 중개를 위해 정산과 결제 업무를 담당한다. 전력 시장에 참여하는 개별 사업자들의 정산금을 산정하고, 대금을 결제해 거래를 완결하기까지 계량 및 정산 업무를 수행하며 투명하고 정확하게 전력 시장이 운영될 수 있도록 지원하고 있다.

ⓔ **시장 감시** : 전력시장에서의 불공정 행위와 시장운영규칙 위반행위에 대한 감시 및 시정조치를 수행함으로써 공정한 전력거래와 경쟁적 전력시장 조성에 기여한다. 뿐만 아니라 전력시장에 관한 정보를 국민과 회원에게 알리고, 시장 및 계통 운영에서 발생하는 분쟁을 조정하여 전력 시장의 공정성·투명성을 확보하고 있다.

ⓜ **고객지원** : 전력거래소 회원사 가입 신청부터 회원 관리까지 전반적인 고객 지원 업무를 담당한다. 고객 센터와 KPX뉴스레터 서비스 운영, 고객 만족도 조사 등을 통해 전력거래소의 회원사들이 더욱 편리하게 전력 시장에 참여할 수 있도록 서비스를 제공하고 있다.

ⓗ **수요시장** : 소비자들이 절약한 일정 규모 이상의 전력을 확보하여 전력 공급 비용을 절감하는 수요자원거래시장과 관련된 업무를 수행한다. 중·장기 수요관리 계획 수립, 신규 수요자원 개발, 수요자원거래시장 운영 등을 통해 전력 공급 비용을 절감하고 안정적인 전력 계통 운영에 기여한다.

④ **계통운영**

㉠ **수급계획** : 동/하절기 및 연/월 전력 수요를 전망하여 발전기 유지보수 및 운영일정을 조정하여 적정한 예비력을 확보함으로써 전력계통이 안정적으로 운영되는 데 기여한다.

ⓛ **계통기술** : 전력 생산지에서 최종 소비자까지 연결된 전력공급 계통의 신뢰성을 평가하고 이를 안정적으로 운영할 방안을 수립한다. 전력 계통 분야의 기술 발전을 위해 종합 계획을 수립하고 이를 위한 세부 업무를 수행하며, 더욱 안정적으로 전력을 공급할 수 있도록 다방면에서 노력하고 있다.

ⓒ **계통보호** : 전력의 생산 및 수송에서 소비지까지 연결되어 있는 전력 계통에서 발생 가능한 고장을 제거하고 이를 관리한다. 고장파급방지시스템의 설계 및 운영, 재발 방지 대책 수립 등 계통을 보호하는 업무를 맡아 안정적으로 계통이 운영될 수 있도록 지원하는 업무이다.

ⓔ **수급운영** : 기상·계절 및 사회적 요소를 고려하여 매일매일 시간단위로 전력수요를 예측하고, 그에 따라 일일 운영발전계획을 수립하여, 전력 공급이 안정적으로 이루어질 수 있도록 실시간 급전운영을 지원하고 있다.

ⓜ **송전운영** : 송·변전 설비의 안정적인 운영을 위하여 우리나라 전체의 송전망 운영 계획 및 휴전계획을 수립하고, 휴전 검토 등의 업무를 수행한다.

ⓑ 관제훈련 : 실시간으로 전력계통을 운영하는 관제사를 대상으로 훈련 및 교육을 시행한다. 뿐만 아니라 비상상황 시 위기 대응 훈련을 통해 관제사의 개인역량 강화 및 유관기관 합동 훈련을 시행함으로써 유기적인 협력체계를 구축하고 있다.

ⓐ 실시간 급전운영 : 중앙전력관제센터는 발전소에서 생산된 전기를 최종 소비자에게 안정적으로 공급하기 위해 실시간 전력수급 및 전력계통을 감시하고, 전국의 300여 개 대규모 발전소의 출력을 조정하도록 지시한다. 이를 통하여, 계통 주파수 및 전압을 안정적으로 유지해 고품질의 전기를 공급한다.

⑤ 정보기술

ⓒ 정보기술 전략수립 : 전력거래소의 중·장기 정보화계획을 수립하고 전력거래소의 데이터, IT기술 등 정보화 구성요소들을 통합해 체계화하는 정보기술 아키텍처를 구축한다.

ⓛ EMS/CBP관리 : 전력 계통을 감시, 제어하여 전기를 경제적이고 효율적으로 공급할 수 있도록 지원하는 계통운영시스템(EMS)과 전력시장에서 전력 거래업무를 일괄 처리하는 시장운영시스템(CBP)를 관리한다. 또한 EMS와 CBP 관련 하드웨어 및 소프트웨어를 관리하며 최상의 상태로 전력 계통과 시장을 운영하고 있다.

ⓒ 업무지원 IT시스템 관리 : 회사내부의 인터넷/인트라넷/전자결재/기간통신망 등 OA설비의 운영과 유지 관리 업무를 수행한다. IT시스템 관리를 통해 업무의 효율성을 높이고 능률적인 사무 환경을 구축한다.

ⓐ 정보보안 : 전력거래소의 정보 보안 시설을 관리하고 취약점을 분석하며 회사의 보안 리스크를 예방한다. 사이버 침해 대응, 보안 지침 관리 등을 통해 사내 구성원들이 안전하고 안정적인 환경에서 업무를 수행할 수 있도록 지원하고 있다.

(1) 공통사항(일반직 · 별정직 · 공무직)

① 전형절차

구분		평가기준	합격예정 배수	동점자 처리기준
서류전형		• 자기소개서 평가	50배수	전원 합격
필기전형	일반직(신입직)	• 직업기초능력(태도) 적/부 • 직업기초능력(인지) 40% • 직무수행능력 60%	4배수	전원 합격
	일반직(경력직) 별정직 공무직	• 직업기초능력(태도) 적/부 • 직업기초능력(인지) 100% • 경력심사 적/부(경력직, 별정직) • 코딩테스트 적/부(경력직)		
실무진 면접전형		• 직무면접 100%	2배수	전원 합격
경영진 면접전형		• 종합면접 100%	–	–
최종합격자 결정		• 경영진 면접전형 40% • 실무진 면접전형 30% • 필기전형 30%	1배수	경영진 면접전형→ 실무진 면접전형→ 필기전형 점수가 높은 순

※ 채용예정인원이 1명인 경우, 실무진 면접전형의 합격예정인원은 3명
※ 실무진 면접전형 합격자 대상 AI면접 시행(경영진 면접 참고자료 활용)

② 전형단계별 세부 평가방법

구분		평가방법
서류전형	자기소개서 평가	• 자기소개서 NCS 및 직무역량 분석 평가
필기전형	직업기초능력(태도)	• 직업윤리 등 검사
	직업기초능력(인지)	• 의사소통능력, 문제해결능력, 수리능력, 조직이해능력, 자원관리능력 평가
	직무수행능력 [일반직(신입직)만 해당]	• 지원분야 관련 전공과목 90% 및 한국사 10% • 전공과목 – 상경 : 경제학/경영학 택1 – 전기 : 전기공학 – IT : 컴퓨터공학 – 건축 : 건축공학
	코딩테스트 [일반직(경력직)만 해당]	프로그래밍 역량(Java, SQL) 등 검사
	경력심사 [일반직(경력직), 별정직만 해당]	경력사항 증빙서류 및 경력기술서를 기반한 경력 적합성 여부 평가

실무진 면접전형	직무면접/ 인성면접	일반직(신입직)	• 사무(상경) : PT면접/인성면접 • 기술(전기), IT, 건축 : 전공면접/인성면접
		일반직(경력직), 별정직, 공무직	• 직무와 관련된 지식, 기술 등 평가
경영진 면접전형	종합면접		• 조직적합성, 직무적합성 평가

③ 전형단계별 과락기준

구분		과락기준
서류전형		• 아래 기준 중 어느 하나에 해당할 경우 불성실 기재로 탈락처리 – 1개 이상 문항에 대해 100자 미만(띄어쓰기 및 특수문자 포함) 자기소개서를 제출한 경우 – 1개 이상 문항에 대해 동일문자 반복 등 의미 없는 자기소개서를 제출한 경우 – 2개 이상 문항에 대해 동일한 내용의 자기소개서를 제출한 경우 • 자기소개서 내 비속어, 인적사항, 자사명 오기재의 총 결함 수가 5건 이상인 경우 • 자기소개서 1개 이상 문항의 표절률이 50% 이상인 경우
필기 전형	일반직(신입직)	• 직업기초능력(인지) 또는 직무수행능력의 점수가 40점 미만인 경우 • 직업기초능력(태도)의 결과가 "부적합"인 경우
	일반직(경력직) 별정직, 공무직	• 직업기초능력(인지)의 점수가 40점 미만인 경우 • 직업기초능력(태도)의 결과가 "부적합"인 경우 • 코딩테스트 결과가 "부적합"인 경우[일반직(경력직)만 해당] • 경력심사 결과가 "부적합"인 경우[일반직(경력직), 별정직만 해당]
실무진 면접전형		• 직무면접 또는 인성면접 평가위원 중 50% 이상의 점수가 60점 미만인 경우 • 직무면접 또는 인성면접의 평균점수가 60점 미만인 경우
경영진 면접전형		• 종합면접 평가위원 중 50% 이상의 점수가 60점 미만인 경우 • 종합면접의 평균점수가 60점 미만인 경우

※ 과락기준 중 1개 이상에 해당할 시, 합격예정배수에 관계없이 탈락처리

※ 서류전형 면제자의 경우 지원 자격 충족 시, 과락 여부 및 합격예정배수와 관계없이 합격처리

④ 채용일정(예정)

구분	시행일	결과발표일	합격배수	장소
지원서 접수	3.23(화)~4.7(수) 낮12:00까지(24시간제 기준)	–	–	–
서류전형	4.8(목)~4.15(목)	4.16(금)	50배수	온라인
필기전형	4.24(토) ※ 일반직(경력직) 온라인 코딩테스트 : 4.26(월)~4.27(화)	5.3(월)	4배수	서울/부산/ 광주
실무진 면접전형	5.10(월)~5.14(금)	5.20(목)	2배수	추후공지
경영진 면접전형	5.26(수)~5.28(금)	–	–	나주 본사
합격예정자 발표	–	6.2(수)	1배수	–
최종합격자 발표 (신체검사/신원조회)	6.2(수)~6.21(월)	6.22(화)	1배수	–

※ 합격예정자를 대상으로 증빙서류 취합을 시행하며, 증빙서류 제출과정을 통하여 허위사실 기재 및 제출 내용이 허위 또는 위·변조임이 판명될 경우 합격이 취소될 수 있음
※ 합격예정자 발표 후 신체검사, 신원조사를 시행하며, 신체검사에서 불합격 판정을 받거나 신원조사 결과 신규 채용자 결격사유에 해당하는 사항이 발견된 자는 합격 및 입사를 취소할 수 있음
※ 상기 일정은 당사 사정에 따라 변경될 수 있으니, 개별통지 안내문 참조

⑤ 우대사항

구분	서류전형	필기전형	면접전형
보훈대상자	• 법령에 따른 가산점		
장애인	• 장애의 정도가 심한 자(중증) : 만점의 10% 가산점 부여 • 장애의 정도가 심하지 않은 자(경증) : 만점의 5% 가산점 부여 ※ 장애인의 기준은 「장애인고용촉진 및 직업재활법」 및 같은 법 시행령에 따름		
이전지역 및 비수도권 인재	• 만점의 3% 가산점	해당사항 없음	
사회적 약자	• 기초생활수급자 : 만점의 3% 가산점 • 차상위계층 : 만점의 2% 가산점	해당사항 없음	
전력거래소 인턴 경험자	• 서류전형 면제	해당사항 없음	
인재양성형 재입사자*	※ 일반직(신입직)만 해당 • 인재양성형 채용 당시 공고문에 따른 가산점		

※ 이전지역 인재 : 대학까지의 최종학력을 기준(석사 이상 제외)으로 광주·전남 지역의 학교를 졸업(예정)·중퇴한 자 또는 재학·휴학 중인 자(※ 공무직 : 단, 고졸 전형 지원자의 경우 최종학력을 고등학교 기준으로 인정)
※ 비수도권 인재 : 대학까지의 최종학력을 기준(대학원 이상 제외)으로 서울, 경기, 인천, 해외, 광주·전남을 제외한 비수도권 지역의 학교를 졸업(예정)·중퇴한 자 또는 재학·휴학 중인 자(※ 공무직 : 단, 고졸 전형 지원자의 경우 최종학력을 고등학교 기준으로 인정)

※ 전력거래소 인턴을 수료하였거나 전력거래소 인턴으로 4개월 이상 근무한자에 한하여 서류전형 면제 (광주청년 일경험드림(Dream) 인턴 경험도 인정함. 단, 채용 지원 자격을 만족하여야 하며 타 기관 인턴 경험 인정 불가)

※ 동일한 지원자가 가산점 부여 항목 중 2개 이상에 해당될 경우, 가장 점수가 높은 하나의 항목에 대해서만 가산점 부여

※ 사회적 약자 : 본인 또는 가구원(부모 또는 배우자 한정)이 기초생활 수급자나 차상위계층에 해당하는 경우

※ [일반직(신입직)] 아래의 기준을 모두 만족하는 자에 한해 인재양성형 재입사자 가산점 부여

　1. 인재양성형 전형으로 전력거래소에 입사한 자
　2. 지원서 마감일 기준 전력거래소에 재직 중인 자
　3. 지원서 마감일 기준 학사학위 보유자
　4. 신입직(대졸 수준) 채용에 지원한 자

(2) 일반직(신입직)

① 채용예정인원

구분	일반채용	제한채용			합계
		이전지역	보훈	장애	
사무(상경)	2명	2명	1명	1명	6명
기술(전기)	5명	3명	1명	1명	10명
기술(IT)	–	–	1명	1명	2명
기술(건축)	1명	–	–	–	1명
합계	8명	5명	3명	3명	19명

② 지원 자격

※ 지원서 접수 마감일(2021. 4. 7.) 기준으로 아래 요건을 모두 만족하는 자에 한하여 지원 가능

㉠ 전력거래소 인사관리규정 제12조의 신규채용자 결격사유에 해당하지 않는 자

㉡ 병역필 또는 면제자(여성 포함)

㉢ 필수 어학요건 중 1개 이상을 만족하는 자

• 지원서 접수 마감일 기준(2021.4.7.) 발표된 성적

• 입사예정일 기준(2021.6.28.) 유효한 성적만 인정

　※ 2019.6.28. 이후 응시하여 2021.4.7.까지 발표된 성적이어야 함

[필수 어학요건]

구분	사무	기술
영어	• TOEIC 700점 이상 • TOEIC Speaking Level 5 이상 • OPIc IM1 이상 • NEW TEPS 300 이상 • IELTS(A/G) 6.5 이상 • TOEFL iBT 80점 이상	• TOEIC 600점 이상 • TOEIC Speaking Level 4 이상 • OPIc IL 이상 • NEW TEPS 260 이상 • IELTS(A/G) 5.5 이상 • TOEFL iBT 70점 이상

※ 청각장애(장애의 정도가 심한 자) 응시자 적용기준

구분	시험 구성	환산 적용
TOEIC	Reading 50%, Listening 50%	Reading × 200%
NEW TEPS	Reading 60%, Listening 40%	Reading × 167%
IELTS	(Reading, Listening, Speaking, Writing) 평균	(Reading, Speaking, Writing) 평균
TOEFL	Reading 25%, Listening 25%, Speaking 25%, Writing 25%	(Reading × 133%) + (Speaking × 133%) + (Writing × 133%)

※ 반드시 지원서상 기재한 장애유형 및 정도를 기준으로 적용함

※ 지원 자격 미충족 사실 발견 시 합격 또는 입사 취소

ⓔ 추가 지원자격

- 이전지역 제한채용의 경우, 대학까지의 최종학력 기준(대학원 학위 이상 제외) 광주·전남 지역의 학교를 졸업(예정)·중퇴한 자 또는 재학·휴학 중인 자에 한하여 지원 가능
- 보훈 제한채용의 경우, 「국가유공자 등 예우 및 지원에 관한 법률」에 의거한 취업지원대상자에 한하여 지원 가능
- 장애 제한채용의 경우, 「장애인고용촉진 및 직업재활법」에 의거한 장애인에 한하여 지원 가능

※ 지원 자격 미충족 사실 발견 시 합격 또는 입사 취소

③ 직무수행능력 주요 출제예정범위

※ 해당 출제범위는 지원자 참고용으로, 일부 내용이 변경 또는 추가·삭제될 수 있음

구분		과목	출제범위
사무	상경	경제학	미시경제학
			거시경제학
			계량경제학
		경영학	인사·조직관리
			마케팅관리
			중급회계
			재무관리
기술	전기	전기공학	발전공학
			송전공학
			전력계통공학
			전기기기
			전력전자
			전자기학
			배전공학
	IT	컴퓨터공학	IT 일반
			인터넷 일반
			하드웨어 일반
			네트워크 이해
			프로그래밍 언어
			소프트웨어 공학
			데이터베이스
	건축	건축공학	건축계획
			건축시공학
			건축구조학
			건축설비
			건축관계법규
한국사			조선 건국 ~ 현대

(3) 일반직(경력직)

① 채용예정인원

구분		채용예정인원	비고
기술	IT/개발자	4명	–
합계		4명	–

② 지원 자격

※ 지원서 접수 마감일(2021. 4. 7.) 기준으로 아래 요건을 모두 만족하는 자에 한하여 지원 가능

㉠ 전력거래소 인사관리규정 제12조의 신규채용자 결격사유에 해당하지 않는 자

㉡ 병역필 또는 면제자(여성 포함)

㉢ 아래 경력요건을 만족하는 자

- [경력] 채용공고 지원서 접수 마감일 기준 소프트웨어 개발 분야 실무 경력이 4년 이상인 자
  ※ 지원자격 미충족 사실 발견 시 합격 또는 입사 취소

(4) 별정직

① 채용예정인원

구분	채용예정인원	비고
변호사	1명	–
합계	1명	–

② 지원 자격

※ 지원서 접수 마감일(2021. 4. 7.) 기준으로 아래 요건을 모두 만족하는 자에 한하여 지원 가능

㉠ 전력거래소 인사관리규정 제12조의 신규채용자 결격사유에 해당하지 않는 자

㉡ 병역필 또는 면제자(여성 포함)

㉢ 아래 경력요건과 자격요건을 모두 만족하는 자

- [경력] 국내 변호사 자격 취득 후 실무경력이 1년 이상인 자(단, 사법연수원 교육기간, 변호사법 제21조의2 제1항에 따른 법률사무종사 또는 연수기간은 경력기간에서 제외)
- [자격증] 국내 변호사 자격증을 보유한 자
  ※ 경력산정은 지원서 접수 마감일 기준이며, 지원자격 미충족 사실 발견 시 합격 또는 입사 취소

(5) 공무직

① 채용예정인원

구분		제한채용		합계
		보훈	고졸	
사무보조	업무지원	1명	–	1명
	전화상담	–	1명	1명
합계		1명	1명	2명

② 지원 자격

※ 지원서 접수 마감일(2021. 4. 7.) 기준으로 아래 요건을 모두 만족하는 자에 한하여 지원 가능

㉠ 전력거래소 인사관리규정 제12조의 신규채용자 결격사유에 해당하지 않는 자

㉡ 병역필 또는 면제자(여성 포함)

㉢ 아래의 모집단위별 지원요건을 모두 만족하는 자

구분		지원자격
사무보조	업무지원(보훈)	• 「국가유공자 등 예우 및 지원에 관한 법률」에 의거한 취업지원 대상자
	전화상담(고졸)	• [학력] 최종학력 고등학교 졸업자 또는 대학 중퇴(제적)자 및 재학·휴학자 – 고등학교 검정고시 합격자 지원 가능 – 대학(전문대 포함) 졸업(수료)자 지원 불가 – 대학(전문대 포함) 학위 취득 또는 수료를 위해 필요

※ 고졸 전형의 경우, 고등학교 졸업예정자(현재 고등학교 재학 중인 자)는 지원이 불가

※ 고졸 전형 지원자는 추후 한국장학재단 대학 학자금·장학금 신청내역, 대학 재학 또는 휴학·제적증명서 등의 서류를 추가로 제출하여야 함 (추후 별도 안내 예정)

03 관련기사

전력거래소, 中企와 전력IT 유지관리 계약 체결

전과거 대기업 수행방식에서 탈피하여 전력분야 중소기업 생태계 확대

전력거래소는 23일 중소 IT기업과 전력IT 유지관리 위탁용역을 체결했다고 밝혔다. 전력IT 유지관리 용역은 24개월간 전력거래소의 전력·REC·수요반응자원 거래시스템 등을 관리하는 180억원 규모의 사업이다.

전력거래소의 전력IT 유지관리는 지금까지 제작사인 대기업이 수행했으나 이번에 최초로 중소 IT기업과 기술협상을 거쳐 원활한 기술 이전방안 등을 상호 도출해 계약을 체결했다. 중소 IT기업은 일정 기간의 인계인수를 통해 기존 대기업 사업자로부터의 유지관리 기술을 이전받으며 전력거래소는 시스템 산출물 제공 등 내부 기술력을 제공해 중소 IT기업이 안정적으로 사업을 수행할 수 있는 여건을 마련할 예정이다.

양성배 전력거래소 운영본부장은 "이번 기회를 통해 잠재 성장이 있는 중소 IT기업을 발굴 육성하고 전력IT기술의 저변이 확대하길 기원한다"고 전했다.

2021. 3. 23.

면접질문 • 대기업이 아닌 중소기업과의 상생이 전력거래소와 사회에 미칠 영향에 대해 말해 보시오.

전력거래소, 전남도 지방세 모범납세자 선정

전력거래소(이사장 조영탁)는 납세자의 날(3일)을 기념한, 전남도 지방세 모범납세자로 선정됐다.

전남도는 성실한 납세풍토를 조성하고 납세의식을 높이기 위해 2013년 '전라남도 모범납세자 우대 및 지원 조례'를 제정, 매년 모범납세자를 선정하고 있다.

모범납세자는 1월 1일 기준 최근 3년간 지방세 체납이 없고 연간 3건 이상 납부한 자로서, 납부액이 법인은 2천만 원, 개인은 200만 원 이상으로 납부 기한에 납부한 자를 대상으로 지방세심의위원회를 거쳐 선정한다.

모범납세자에게는 증명서가 수여되며, 전남도 금고인 농협은행과 광주은행으로부터 대출금리 인하와 수수료 면제 등 금융혜택을 받을 수 있다. 법인은 선정일로부터 3년간 세무조사 유예 등 혜택을 받는다.

이번 모범납세자에 선정된 전력거래소는 "코로나19로 어려운 경제상황이지만 성실한 세액 납세를 위해 최선의 노력을 다하겠다"고 밝혔다.

2021. 3. 20.

면접질문	• 지속성장을 위한 필수 경영 요소인 윤리경영의 필요성에 대해 말해 보시오. • 기업이나 개인의 이해관계가 상충될 경우, 윤리경영이 미칠 영향에 대해 말해 보시오.

PART

II

NCS 직업기초능력평가

01 의사소통능력

1 의사소통과 의사소통능력

(1) 의사소통

① 개념 … 사람들 간에 생각이나 감정, 정보, 의견 등을 교환하는 총체적인 행위로, 직장생활에서 의 의사소통은 조직과 팀의 효율성과 효과성을 성취할 목적으로 이루어지는 구성원 간의 정보 와 지식 전달 과정이라고 할 수 있다.

② 기능 … 공동의 목표를 추구해 나가는 집단 내의 기본적 존재 기반이며 성과를 결정하는 핵심 기능이다.

③ 의사소통의 종류
　　㉠ 언어적인 것 : 대화, 전화통화, 토론 등
　　㉡ 문서적인 것 : 메모, 편지, 기획안 등
　　㉢ 비언어적인 것 : 몸짓, 표정 등

④ 의사소통을 저해하는 요인 … 정보의 과다, 메시지의 복잡성 및 메시지 간의 경쟁, 상이한 직위와 과업지향형, 신뢰의 부족, 의사소통을 위한 구조상의 권한, 잘못된 매체의 선택, 폐쇄적인 의사소통 분위기 등

(2) 의사소통능력

① 개념 … 의사소통능력은 직장생활에서 문서나 상대방이 하는 말의 의미를 파악하는 능력, 자신의 의 사를 정확하게 표현하는 능력, 간단한 외국어 자료를 읽거나 외국인의 의사표시를 이해하는 능력을 포함한다.

② 의사소통능력 개발을 위한 방법
　　㉠ 사후검토와 피드백을 활용한다.
　　㉡ 명확한 의미를 가진 이해하기 쉬운 단어를 선택하여 이해도를 높인다.
　　㉢ 적극적으로 경청한다.
　　㉣ 메시지를 감정적으로 곡해하지 않는다.

2 의사소통능력을 구성하는 하위능력

(1) 문서이해능력

① 문서와 문서이해능력
  ㉠ 문서 : 제안서, 보고서, 기획서, 이메일, 팩스 등 문자로 구성된 것으로 상대방에게 의사를 전달하여 설득하는 것을 목적으로 한다.
  ㉡ 문서이해능력 : 직업현장에서 자신의 업무와 관련된 문서를 읽고, 내용을 이해하고 요점을 파악할 수 있는 능력을 말한다.

예제 1

다음은 신용카드 약관의 주요내용이다. 규정 약관을 제대로 이해하지 못한 사람은?

> [부가서비스]
> 카드사는 법령에서 정한 경우를 제외하고 상품을 새로 출시한 후 1년 이내에 부가서비스를 줄이거나 없앨 수가 없다. 또한 부가서비스를 줄이거나 없앨 경우에는 그 세부내용을 변경일 6개월 이전에 회원에게 알려주어야 한다.
> [중도 해지 시 연회비 반환]
> 연회비 부과기간이 끝나기 이전에 카드를 중도해지하는 경우 남은 기간에 해당하는 연회비를 계산하여 10 영업일 이내에 돌려줘야 한다. 다만, 카드 발급 및 부가서비스 제공에 이미 지출된 비용은 제외된다.
> [카드 이용한도]
> 카드 이용한도는 카드 발급을 신청할 때에 회원이 신청한 금액과 카드사의 심사 기준을 종합적으로 반영하여 회원이 신청한 금액 범위 이내에서 책정되며 회원의 신용도가 변동되었을 때에는 카드사는 회원의 이용한도를 조정할 수 있다.
> [부정사용 책임]
> 카드 위조 및 변조로 인하여 발생된 부정사용 금액에 대해서는 카드사가 책임을 진다. 다만, 회원이 비밀번호를 다른 사람에게 알려주거나 카드를 다른 사람에게 빌려주는 등의 중대한 과실로 인해 부정사용이 발생하는 경우에는 회원이 그 책임의 전부 또는 일부를 부담할 수 있다.

① 혜수 : 카드사는 법령에서 정한 경우를 제외하고는 1년 이내에 부가서비스를 줄일 수 없어.
② 진성 : 카드 위조 및 변조로 인하여 발생된 부정사용 금액은 일괄 카드사가 책임을 지게 돼.
③ 영훈 : 회원의 신용도가 변경되었을 때 카드사가 이용한도를 조정할 수 있어.
④ 영호 : 연회비 부과기간이 끝나기 이전에 카드를 중도 해지하는 경우에는 남은 기간에 해당하는 연회비를 카드사는 돌려줘야 해.

[출제의도]
주어진 약관의 내용을 읽고 그에 대한 상세 내용의 정보를 이해하는 능력을 측정하는 문항이다.
[해설]
② 부정사용에 대해 고객의 과실이 있으면 회원이 그 책임의 전부 또는 일부를 부담할 수 있다.

답 ②

② 문서의 종류

    ㉠ **공문서** : 정부기관에서 공무를 집행하기 위해 작성하는 문서로, 단체 또는 일반회사에서 정부기관을 상대로 사업을 진행할 때 작성하는 문서도 포함된다. 엄격한 규격과 양식이 특징이다.

    ㉡ **기획서** : 아이디어를 바탕으로 기획한 프로젝트에 대해 상대방에게 전달하여 시행하도록 설득하는 문서이다.

    ㉢ **기안서** : 업무에 대한 협조를 구하거나 의견을 전달할 때 작성하는 사내 공문서이다.

    ㉣ **보고서** : 특정한 업무에 관한 현황이나 진행 상황, 연구·검토 결과 등을 보고하고자 할 때 작성하는 문서이다.

    ㉤ **설명서** : 상품의 특성이나 작동 방법 등을 소비자에게 설명하기 위해 작성하는 문서이다.

    ㉥ **보도자료** : 정부기관이나 기업체 등이 언론을 상대로 자신들의 정보를 기사화 되도록 하기 위해 보내는 자료이다.

    ㉦ **자기소개서** : 개인이 자신의 성장과정이나, 입사 동기, 포부 등에 대해 구체적으로 기술하여 자신을 소개하는 문서이다.

    ㉧ **비즈니스 레터(E-mail)** : 사업상의 이유로 고객에게 보내는 편지다.

    ㉨ **비즈니스 메모** : 업무상 확인해야 할 일을 메모형식으로 작성하여 전달하는 글이다.

③ **문서이해의 절차** … 문서의 목적 이해→문서 작성 배경·주제 파악→정보 확인 및 현안문제 파악→문서 작성자의 의도 파악 및 자신에게 요구되는 행동 분석→목적 달성을 위해 취해야 할 행동 고려→문서 작성자의 의도를 도표나 그림 등으로 요약·정리

(2) 문서작성능력

① 작성되는 문서에는 대상과 목적, 시기, 기대효과 등이 포함되어야 한다.

② **문서작성의 구성요소**

    ㉠ 짜임새 있는 골격, 이해하기 쉬운 구조

    ㉡ 객관적이고 논리적인 내용

    ㉢ 명료하고 설득력 있는 문장

    ㉣ 세련되고 인상적인 레이아웃

예제 2

다음은 들은 내용을 구조적으로 정리하는 방법이다. 순서에 맞게 배열하면?

> ㉠ 관련 있는 내용끼리 묶는다.
> ㉡ 묶은 내용에 적절한 이름을 붙인다.
> ㉢ 전체 내용을 이해하기 쉽게 구조화한다.
> ㉣ 중복된 내용이나 덜 중요한 내용을 삭제한다.

① ㉠㉡㉢㉣

② ㉠㉡㉣㉢

③ ㉡㉠㉢㉣

④ ㉡㉢㉣㉢

③ 문서의 종류에 따른 작성방법

　㉠ 공문서

• 육하원칙이 드러나도록 써야 한다.

• 날짜는 반드시 연도와 월, 일을 함께 언급하며, 날짜 다음에 괄호를 사용할 때는 마침표를 찍지 않는다.

• 대외문서이며, 장기간 보관되기 때문에 정확하게 기술해야 한다.

• 내용이 복잡할 경우 '-다음-', '-아래-'와 같은 항목을 만들어 구분한다.

• 한 장에 담아내는 것을 원칙으로 하며, 마지막엔 반드시 '끝'자로 마무리 한다.

　㉡ 설명서

• 정확하고 간결하게 작성한다.

• 이해하기 어려운 전문용어의 사용은 삼가고, 복잡한 내용은 도표화 한다.

• 명령문보다는 평서문을 사용하고, 동어 반복보다는 다양한 표현을 구사하는 것이 바람직하다.

　㉢ 기획서

• 상대를 설득하여 기획서가 채택되는 것이 목적이므로 상대가 요구하는 것이 무엇인지 고려하여 작성하며, 기획의 핵심을 잘 전달하였는지 확인한다.

• 분량이 많을 경우 전체 내용을 한눈에 파악할 수 있도록 목차구성을 신중히 한다.

• 효과적인 내용 전달을 위한 표나 그래프를 적절히 활용하고 산뜻한 느낌을 줄 수 있도록 한다.

• 인용한 자료의 출처 및 내용이 정확해야 하며 제출 전 충분히 검토한다.

ⓔ 보고서

- 도출하고자 한 핵심내용을 구체적이고 간결하게 작성한다.
- 내용이 복잡할 경우 도표나 그림을 활용하고, 참고자료는 정확하게 제시한다.
- 제출하기 전에 최종점검을 하며 질의를 받을 것에 대비한다.

예제 3

다음 중 공문서 작성에 대한 설명으로 가장 적절하지 못한 것은?

① 공문서나 유가증권 등에 금액을 표시할 때에는 한글로 기재하고 그 옆에 괄호를 넣어 숫자로 표기한다.

② 날짜는 숫자로 표기하되 년, 월, 일의 글자는 생략하고 그 자리에 온점(.)을 찍어 표시한다.

③ 첨부물이 있는 경우에는 붙임 표시문 끝에 1자 띄우고 "끝."이라고 표시한다.

④ 공문서의 본문이 끝났을 경우에는 1자를 띄우고 "끝."이라고 표시한다.

[출제의도]
업무를 할 때 필요한 공문서 작성법을 잘 알고 있는지를 측정하는 문항이다.

[해설]
공문서 금액 표시
아라비아 숫자로 쓰고, 숫자 다음에 괄호를 하여 한글로 기재한다.
예) 금 123,456원(금 일십이만삼천사백오십육원)

답 ①

---

④ 문서작성의 원칙

ⓐ 문장은 짧고 간결하게 작성한다(간결체 사용).

ⓑ 상대방이 이해하기 쉽게 쓴다.

ⓒ 불필요한 한자의 사용을 자제한다.

ⓓ 문장은 긍정문의 형식을 사용한다.

ⓔ 간단한 표제를 붙인다.

ⓕ 문서의 핵심내용을 먼저 쓰도록 한다(두괄식 구성).

⑤ 문서작성 시 주의사항

ⓐ 육하원칙에 의해 작성한다.

ⓑ 문서 작성시기가 중요하다.

ⓒ 한 사안은 한 장의 용지에 작성한다.

ⓓ 반드시 필요한 자료만 첨부한다.

ⓔ 금액, 수량, 일자 등은 기재에 정확성을 기한다.

ⓕ 경어나 단어사용 등 표현에 신경 쓴다.

ⓖ 문서작성 후 반드시 최종적으로 검토한다.

⑥ 효과적인 문서작성 요령

  ㉠ **내용이해** : 전달하고자 하는 내용과 핵심을 정확하게 이해해야 한다.

  ㉡ **목표설정** : 전달하고자 하는 목표를 분명하게 설정한다.

  ㉢ **구성** : 내용 전달 및 설득에 효과적인 구성과 형식을 고려한다.

  ㉣ **자료수집** : 목표를 뒷받침할 자료를 수집한다.

  ㉤ **핵심전달** : 단락별 핵심을 하위목차로 요약한다.

  ㉥ **대상파악** : 대상에 대한 이해와 분석을 통해 철저히 파악한다.

  ㉦ **보충설명** : 예상되는 질문을 정리하여 구체적인 답변을 준비한다.

  ㉧ **문서표현의 시각화** : 그래프, 그림, 사진 등을 적절히 사용하여 이해를 돕는다.

(3) 경청능력

① **경청의 중요성** … 경청은 다른 사람의 말을 주의 깊게 들으며 공감하는 능력으로 경청을 통해 상대방을 한 개인으로 존중하고 성실한 마음으로 대하게 되며, 상대방의 입장에 공감하고 이해하게 된다.

② **경청을 방해하는 습관** … 짐작하기, 대답할 말 준비하기, 걸러내기, 판단하기, 다른 생각하기, 조언하기, 언쟁하기, 옳아야만 하기, 슬쩍 넘어가기, 비위 맞추기 등

③ **효과적인 경청방법**

  ㉠ **준비하기** : 강연이나 프레젠테이션 이전에 나누어주는 자료를 읽어 미리 주제를 파악하고 등장하는 용어를 익혀둔다.

  ㉡ **주의 집중** : 말하는 사람의 모든 것에 집중해서 적극적으로 듣는다.

  ㉢ **예측하기** : 다음에 무엇을 말할 것인가를 추측하려고 노력한다.

  ㉣ **나와 관련짓기** : 상대방이 전달하고자 하는 메시지를 나의 경험과 관련지어 생각해 본다.

  ㉤ **질문하기** : 질문은 듣는 행위를 적극적으로 하게 만들고 집중력을 높인다.

  ㉥ **요약하기** : 주기적으로 상대방이 전달하려는 내용을 요약한다.

  ㉦ **반응하기** : 피드백을 통해 의사소통을 점검한다.

다음은 면접스터디 중 일어난 대화이다. 민아의 고민을 해소하기 위한 조언으로 가장 적절한 것은?

> 지섭 : 민아씨, 어디 아파요? 표정이 안 좋아 보여요.
>
> 민아 : 제가 원서 넣은 공단이 내일 면접이어서요. 그동안 스터디를 통해서 면접 연습을 많이 했는데도 벌써부터 긴장이 되네요.
>
> 지섭 : 민아씨는 자기 의견도 명확히 피력할 줄 알고 조리 있게 설명을 잘 하시니 걱정 안하셔도 될 것 같아요. 아, 손에 꽉 쥐고 계신 건 뭔가요?
>
> 민아 : 아, 제가 예상 답변을 정리해서 모아둔거에요. 내용은 거의 외웠는데 이렇게 쥐고 있지 않으면 불안해서
>
> 지섭 : 그 정도로 준비를 철저히 하셨으면 걱정할 이유 없을 것 같아요.
>
> 민아 : 그래도 압박면접이거나 예상치 못한 질문이 들어오면 어떻게 하죠?
>
> 지섭 : _____

① 시선을 적절히 처리하면서 부드러운 어투로 말하는 연습을 해보는 건 어때요?
② 공식적인 자리인 만큼 옷차림을 신경 쓰는 게 좋을 것 같아요.
③ 당황하지 말고 질문자의 의도를 잘 파악해서 침착하게 대답하면 되지 않을까요?
④ 예상 질문에 대한 답변을 좀 더 정확하게 외워보는 건 어떨까요?

(4) 의사표현능력

① 의사표현의 개념과 종류

　㉠ 개념 : 화자가 자신의 생각과 감정을 청자에게 음성언어나 신체언어로 표현하는 행위이다.

　㉡ 종류

　　• 공식적 말하기 : 사전에 준비된 내용을 대중을 대상으로 말하는 것으로 연설, 토의, 토론 등이 있다.

　　• 의례적 말하기 : 사회 · 문화적 행사에서와 같이 절차에 따라 하는 말하기로 식사, 주례, 회의 등이 있다.

　　• 친교적 말하기 : 친근한 사람들 사이에서 자연스럽게 주고받는 대화 등을 말한다.

② 의사표현의 방해요인

　㉠ 연단공포증 : 연단에 섰을 때 가슴이 두근거리거나 땀이 나고 얼굴이 달아오르는 등의 현상으로 충분한 분석과 준비, 더 많은 말하기 기회 등을 통해 극복할 수 있다.

ⓛ 말 : 말의 장단, 고저, 발음, 속도, 쉼 등을 포함한다.

ⓒ 음성 : 목소리와 관련된 것으로 음색, 고저, 명료도, 완급 등을 의미한다.

ⓔ 몸짓 : 비언어적 요소로 화자의 외모, 표정, 동작 등이다.

ⓜ 유머 : 말하기 상황에 따른 적절한 유머를 구사할 수 있어야 한다.

③ 상황과 대상에 따른 의사표현법

ⓐ 잘못을 지적할 때 : 모호한 표현을 삼가고 확실하게 지적하며, 당장 꾸짖고 있는 내용에만 한정한다.

ⓛ 칭찬할 때 : 자칫 아부로 여겨질 수 있으므로 센스 있는 칭찬이 필요하다.

ⓒ 부탁할 때 : 먼저 상대방의 사정을 듣고 응하기 쉽게 구체적으로 부탁하며 거절을 당해도 싫은 내색을 하지 않는다.

ⓔ 요구를 거절할 때 : 먼저 사과하고 응해줄 수 없는 이유를 설명한다.

ⓜ 명령할 때 : 강압적인 말투보다는 '○○을 이렇게 해주는 것이 어떻겠습니까?'와 같은 식으로 부드럽게 표현하는 것이 효과적이다.

ⓗ 설득할 때 : 일방적으로 강요하기보다는 먼저 양보해서 이익을 공유하겠다는 의지를 보여주는 것이 좋다.

ⓢ 충고할 때 : 충고는 가장 최후의 방법이다. 반드시 충고가 필요한 상황이라면 예화를 들어 비유적으로 깨우쳐주는 것이 바람직하다.

ⓞ 질책할 때 : 샌드위치 화법(칭찬의 말 + 질책의 말 + 격려의 말)을 사용하여 청자의 반발을 최소화 한다.

■ 예제 5

당신은 팀장님께 업무 지시내용을 수행하고 결과물을 보고 드렸다. 하지만 팀장님께서는 "최대리 업무를 이렇게 처리하면 어떡하나? 누락된 부분이 있지 않은가."라고 말하였다. 이에 대해 당신이 행할 수 있는 가장 부적절한 대처 자세는?

① "죄송합니다. 제가 잘 모르는 부분이라 이수혁 과장님께 부탁을 했는데 과장님께서 실수를 하신 것 같습니다."

② "주의를 기울이지 못해 죄송합니다. 어느 부분을 수정보완하면 될까요?"

③ "지시하신 내용을 제가 충분히 이해하지 못하였습니다. 내용을 다시 한 번 여쭤보아도 되겠습니까?"

④ "부족한 내용을 보완하는 자료를 취합하기 위해서 하루정도가 더 소요될 것 같습니다. 언제까지 재작성하여 드리면 될까요?"

[출제의도]
상사가 잘못을 지적하는 상황에서 어떻게 대처해야 하는지를 묻는 문항이다.

[해설]
상사가 부탁한 지시사항을 다른 사람에게 부탁하는 것은 옳지 못하며 설사 그렇다고 해도 그 일의 과오에 대해 책임을 전가하는 것은 지양해야 할 자세이다.

답 ①

④ 원활한 의사표현을 위한 지침

    ㉠ 올바른 화법을 위해 독서를 하라.

    ㉡ 좋은 청중이 되라.

    ㉢ 칭찬을 아끼지 마라.

    ㉣ 공감하고, 긍정적으로 보이게 하라.

    ㉤ 겸손은 최고의 미덕임을 잊지 마라.

    ㉥ 과감하게 공개하라.

    ㉦ 뒷말을 숨기지 마라.

    ㉧ 첫마디 말을 준비하라.

    ㉨ 이성과 감성의 조화를 꾀하라.

    ㉩ 대화의 룰을 지켜라.

    ㉪ 문장을 완전하게 말하라.

⑤ 설득력 있는 의사표현을 위한 지침

    ㉠ 'Yes'를 유도하여 미리 설득 분위기를 조성하라.

    ㉡ 대비 효과로 분발심을 불러 일으켜라.

    ㉢ 침묵을 지키는 사람의 참여도를 높여라.

    ㉣ 여운을 남기는 말로 상대방의 감정을 누그러뜨려라.

    ㉤ 하던 말을 갑자기 멈춤으로써 상대방의 주의를 끌어라.

    ㉥ 호칭을 바꿔서 심리적 간격을 좁혀라.

    ㉦ 끄집어 말하여 자존심을 건드려라.

    ㉧ 정보전달 공식을 이용하여 설득하라.

    ㉨ 상대방의 불평이 가져올 결과를 강조하라.

    ㉩ 권위 있는 사람의 말이나 작품을 인용하라.

    ㉪ 약점을 보여 주어 심리적 거리를 좁혀라.

    ㉫ 이상과 현실의 구체적 차이를 확인시켜라.

    ㉬ 자신의 잘못도 솔직하게 인정하라.

    ㉭ 집단의 요구를 거절하려면 개개인의 의견을 물어라.

    ⓐ 동조 심리를 이용하여 설득하라.

    ⓑ 지금까지의 노고를 치하한 뒤 새로운 요구를 하라.

    ⓒ 담당자가 대변자 역할을 하도록 하여 윗사람을 설득하게 하라.

    ⓓ 겉치레 양보로 기선을 제압하라.

    ⓔ 변명의 여지를 만들어 주고 설득하라.

    ⓕ 혼자 말하는 척하면서 상대의 잘못을 지적하라.

(5) 기초외국어능력

① 기초외국어능력의 개념과 필요성
  ㉠ 개념 : 기초외국어능력은 외국어로 된 간단한 자료를 이해하거나, 외국인과의 전화응대와 간단한 대화 등 외국인의 의사표현을 이해하고, 자신의 의사를 기초외국어로 표현할 수 있는 능력이다.
  ㉡ 필요성 : 국제화·세계화 시대에 다른 나라와의 무역을 위해 우리의 언어가 아닌 국제적인 통용어를 사용하거나 그들의 언어로 의사소통을 해야 하는 경우가 생길 수 있다.

② 외국인과의 의사소통에서 피해야 할 행동
  ㉠ 상대를 볼 때 흘겨보거나, 노려보거나, 아예 보지 않는 행동
  ㉡ 팔이나 다리를 꼬는 행동
  ㉢ 표정이 없는 것
  ㉣ 다리를 흔들거나 펜을 돌리는 행동
  ㉤ 맞장구를 치지 않거나 고개를 끄덕이지 않는 행동
  ㉥ 생각 없이 메모하는 행동
  ㉦ 자료만 들여다보는 행동
  ㉧ 바르지 못한 자세로 앉는 행동
  ㉨ 한숨, 하품, 신음소리를 내는 행동
  ㉩ 다른 일을 하며 듣는 행동
  ㉪ 상대방에게 이름이나 호칭을 어떻게 부를지 묻지 않고 마음대로 부르는 행동

③ 기초외국어능력 향상을 위한 공부법
  ㉠ 외국어공부의 목적부터 정하라.
  ㉡ 매일 30분씩 눈과 손과 입에 밸 정도로 반복하라.
  ㉢ 실수를 두려워하지 말고 기회가 있을 때마다 외국어로 말하라.
  ㉣ 외국어 잡지나 원서와 친해져라.
  ㉤ 소홀해지지 않도록 라이벌을 정하고 공부하라.
  ㉥ 업무와 관련된 주요 용어의 외국어는 꼭 알아두자.
  ㉦ 출퇴근 시간에 외국어 방송을 보거나, 듣는 것만으로도 귀가 트인다.
  ㉧ 어린이가 단어를 배우듯 외국어 단어를 암기할 때 그림카드를 사용해 보라.
  ㉨ 가능하면 외국인 친구를 사귀고 대화를 자주 나눠 보라.

01 출제예상문제

┃1~2┃ 다음 글을 읽고 이어지는 물음에 답하시오.

WTO 설립협정은 GATT 체제에서 관행으로 유지되었던 의사결정 방식인 총의 제도를 명문화하였다. 동 협정은 의사결정 회의에 참석한 회원국 중 어느 회원국도 공식적으로 반대하지 않는 한, 검토를 위해 제출된 사항은 총의에 의해 결정되었다고 규정하고 있다. 또한 이에 따르면 회원국이 의사결정 회의에 불참하더라도 그 불참은 반대가 아닌 찬성으로 간주된다.

총의 제도는 회원국 간 정치·경제적 영향력의 차이를 보완하기 위하여 도입되었다. 그러나 회원국 수가 확대되고 이해관계가 첨예화되면서 현실적으로 총의가 이루어지기 쉽지 않았다. 이로 인해 WTO 체제 내에서 모든 회원국이 참여하는 새로운 무역협정이 체결되는 것이 어려웠고 결과적으로 무역자유화 촉진 및 확산이 저해되고 있다.

이러한 문제의 해결 방안으로 '부속서 4 복수국간 무역협정 방식'과 '임계질량 복수국간 무역협정 방식'이 모색되었다.

'부속서 4 복수국간 무역협정 방식'은 WTO 체제 밖에서 복수국간 무역협정을 체결하고 이를 WTO 설립협정 부속서 4에 포함하여 WTO 체제로 편입하는 방식이다. 복수국간 무역협정이 부속서 4에 포함되기 위해서는 모든 WTO 회원국 대표로 구성되는 각료회의의 승인이 있어야 한다. 현재 부속서 4에의 포함 여부가 논의 중인 전자상거래협정은 협정 당사국에게만 전자상거래시장을 개방하고 기술이전을 허용한다. '부속서 4 복수국간 무역협정 방식'은 협정상 혜택을 비당사국에 허용하지 않음으로써 해당 무역협정의 혜택을 누리고자 하는 회원국들의 협정 참여를 촉진하여 결과적으로 자유무역을 확산하는 기능을 한다.

'임계질량 복수국간 무역협정 방식'은 WTO 체제 밖에서 일부 회원국 간 무역협정을 채택하되 해당 협정의 혜택을 보편적으로 적용하여 무역자유화를 촉진하는 방식이다. 즉, 채택된 협정의 혜택은 최혜국대우원칙에 따라 협정 당사국뿐 아니라 모든 WTO 회원국에 적용되는 반면, 협정의 의무는 협정 당사국에만 부여된다. 다만, 해당 협정이 발효되기 위해서는 협정 당사국들의 협정 적용대상 품목의 무역량이 해당 품목의 전세계 무역량의 90% 이상을 차지하여야 한다. '임계질량 복수국간 무역협정 방식'의 대표적인 사례는 정보통신기술(ICT)제품의 국제무역 활성화를 위해 1996년 채택되어 1997년 발효된 정보기술협정이다.

1 위 글의 제목으로 가장 적절한 것은?

① WTO 회원국의 혜택 및 의무

② WTO 무역협정 방식에 따른 발효 조건

③ 부속서 4 복수국간 무역협정 방식과 임계질량 복수국간 무역협정 방식

④ WTO 총의 제도의 문제점과 그 대안으로서의 협정 방식

 글의 전반부에서 WTO의 관행적인 의사결정 방식인 '총의 제도'의 개념과 문제점에 대해 설명하고, 그에 대한 해결방안으로서 새로운 무역협정 방식 두 가지를 소개하고 있다.

2 다음은 위 글을 읽고 나눈 대화 내용이다. ( ) 안에 들어갈 말로 가장 적절한 것은?

> A : 그러니까 '부속서 4 복수국간 무역 협정 방식'과 '임계질량 복수국간 무역협정 방식'은 WTO의 관행적 의사결정 방식인 총의 제도의 문제점을 해결하기 위해 등장한 거네.
> B : 그렇지. 총의 제도 방식으로는 현실적으로 협정 체결이 어려웠다고 하잖아.
> C : 맞아. 그건 (   ).
> D : 결국 '정보기술협정'처럼 대안 방식을 통해서 체결된 협정도 생겨나고 있네.

① 총의 제도가 회원국 간에 정치·경제적인 영향력의 차이를 보완하려고 했기 때문이야.

② WTO 회의 안건이 당사국의 이해관계와 상충된다고 판단한 회원국들 중 일부가 반대 의견을 표명하는 경우가 많아졌기 때문일 거야.

③ 회원국 수가 많아지면서 점차 WTO 의사결정 회의에 불참하는 회원국들의 비율이 높아져서인 것 같아.

④ WTO의 의사결정 회의에 제안된 특정 안건을 지지하는 경우에 그 회의에 불참하는 것만으로 해당 안건에 대해 반대 의견을 나타낼 수 있었기 때문이야.

 총의 제도에서는 회의 안건에 이의가 있으면 공식적으로 반대 의견을 나타내야 한다. '회원국 수가 확대되고 이해관계가 첨예화되면서' '모든 회원국이 참여하는 새로운 무역협정이 체결되는 것이 어려웠다'고 하는 것으로 보아, ②와 같이 추론해 볼 수 있다.
① 총의 제도의 목적이며, 새로운 무역협정이 체결되는 것을 저해하는 직접적인 요인은 아니다.
③④ WTO 설립협정에 따르면 총의 제도 하에서는 회원국이 의사결정 회의에 불참하더라도 그 불참은 반대가 아닌 찬성으로 간주된다. 불참하는 비율이 높아지더라도 반대 의견을 내지 않는 한 협정 체결에 영향을 미치지 않을 것으로 추정할 수 있다.

Answer 1.④ 2.②

3 다음은 발전 분야 소속 직원의 청렴 행동지침이다. 다음 지침 중에서 잘못 쓰인 글자는 몇 개인가?

발전 분야 소속 직원의 청렴 행동지침

1. 발전설비의 설계 및 시공, 기자재품질 및 공장검사와 관련하여 법과 규정을 준수하고, 신뢰할 수 있도록 공정하게 직무를 수행한다.
2. 검수과정에서 이유여하를 막론하고 금품·항응이나 부당한 이익 제공을 요구하지도, 받지도 아니한다.
3. 시공업체 혹은 구매처와 공개된 장소에서 공식적으로 만나며, 개인적으로 만나 논의하거나 청탁을 받지 아니한다.
4. 혈연·학연·지연·종교 등 연고관계를 이유로 특정 거래업체를 우대하거나 유리하게 하지 아니한다.
5. 직무를 수행함에 있어서 식비의 대납 및 기념일 선물 등 일체의 금전이나 향응, 각종 편의를 단호히 거부한다.
6. 특정인에게 설계도면 및 시공개획 등의 주요자료를 사전 제공하는 일체의 특혜를 제공하지 아니한다.
7. 직무수행 중 알게 된 정보는 사적으로 이용하지 아니한다.

---

① 1개   ② 2개
③ 3개   ④ 4개

 이유여하를 막론하고 금품·<u>항응</u>이나 → 이유여하를 막론하고 금품·<u>향응</u>이나
설계도면 및 시공<u>개획</u>→설계도면 및 시공<u>계획</u>

4   다음 글을 통해 추론할 수 있는 것으로 가장 적절한 것은 어느 것인가?

> 많은 이들이 우리 사회 민주주의의 문제점들을 관계와 소통의 회복을 통해 극복하고
> 자 하는 노력들을 경주하고 있다. 이들은 네트워크 시대가 만들어낸 시민들의 개인화·
> 개별화 경향에 우려를 표하고 있다. 네트워크 시대의 개인은 복합적 네트워킹을 통해 너
> 무나 다양하고 폭넓은 관계를 맺고 살고 있지만, 개인들 간의 유대감은 낮기 때문에 그
> 관계는 지속적이기보다는 매우 유동적이고, 관계를 맺고 있는 개인들 간에 합의되어 나
> 오는 행동들도 매우 일시적인 경향을 띤다. 즉, 온라인 공론장은 개별 주체들의 모임으
> 로서 그 개별화된 개인들의 선택에 의해 매우 유동적으로 움직이게 된다.
>
> 예를 들어, 같은 사이트들이라도 이슈에 따라 공론장이 형성될 수도 형성되지 않을
> 수도 있으며, 이 공론장 형성 여부는 멤버들의 개인적·사적 이해관계에 따라 결정되는
> 경우가 많다. 나와 내 자녀들이 먹을 먹거리이기 때문에 쇠고기 수입에는 지대한 관심을
> 가지던 사람들은 나와는 아무런 관련이 없어 보이는 계약직 근로자의 부당한 대우에는
> 관심을 가질 필요가 없기 때문에 대화의 장을 마련할 이유를 찾지 못한다. 즉, 온라인
> 공론장은 때로는 시민사회를 포획하려는 지배 권력과 정치적 세력 또는 사적 영역에 대
> 한 대안적 채널로서 역할을 하지만 또 다른 경우에는 공공영역으로서의 역할을 전혀 하
> 지 못하는 모습을 보일 수 있다는 것이다. 이러한 점에서 분절적이고 분산된 네트워크를
> 보다 유기적으로 조직화하여 공공영역으로서의 지속성을 가질 수 있도록 하는 시도들이
> 필요하다 하겠다.

① 네트워크를 구성하는 개인들은 결속력이 매우 강한 모습을 보인다.
② 온라인상에서는 정보의 진위 여부를 떠나 집단 감성이 발현되기 매우 어렵다.
③ 유대감 없이는 인터넷 공간의 자율성이나 공개성이 신뢰 받기 어렵다.
④ 신뢰성을 바탕으로 상호이해를 도출하지 못하는 공론장은 무의미하다.

   온라인상에서는 정보의 진위 여부를 떠나 개인들의 선택에 의해 공론장이 매우 유동적으로 움직
이는 경향이 있으므로 집단 감성이 생성되기 어렵다고 설명하고 있다. 특정하게 형성된 집단 감
성에 동조하는 구성원들 간에는 강한 유대감이 형성되지만, 자신과 관계없는 분야에 있어서는
전혀 집단 감성이 형성되지 않는 것이다.
  ① 모든 면에 있어 그러한 것은 아니며, 사적인 이해관계에 따라 전혀 결속력이 없게 되는 경우
도 있다.
  ③ 유대감이 인터넷 공간의 자율성이나 공개성에 영향을 주는 것은 아니다.
  ④ 상호이해를 도출하는 것이 공론장으로서의 필수적인 조건이라고 할 수는 없다.

Answer↱ 3.② 4.②

┃5~6┃ 다음은 어느 회사의 송·배전용 전기설비 이용규정의 일부이다. 다음을 보고 물음에 답하시오.

제00조 이용신청 시기

　고객의 송·배전용 전기설비 이용신청은 이용 희망일부터 행정소요일수와 표본 공정(접속설비의 설계·공사계약체결·공사시공기간 등) 소요일수를 합산한 기간 이전에 하는 것을 원칙으로 한다. 다만, 필요시 고객과 협의하여 이용신청시기를 조정할 수 있다.

제00조 이용신청시 기술검토용 제출자료

　고객은 이용신청시 회사가 접속방안을 검토할 수 있도록 송·배전 기본계획자료를 제출하여야 한다. 고객은 자료가 확정되지 않은 경우에는 잠정 자료를 제출할 수 있으며, 자료가 확정되는 즉시 확정된 자료를 제출하여야 한다.

제00조 접속제의의 수락

　고객은 접속제의서 접수 후 송전용전기설비는 2개월, 배전용전기설비는 1개월 이내에 접속제의에 대한 수락의사를 서면으로 통지하여야 하며, 이 기간까지 수락의사의 통지가 없을 경우 이용신청은 효력을 상실한다. 다만, 고객과의 협의를 통해 수락의사 통지기간을 1회에 한하여 송전용전기설비는 2개월, 배전용전기설비는 1개월 이내에서 연장할 수 있다. 접속제의에 이의가 있거나 새로운 접속방안의 검토를 희망하는 경우, 고객은 2회에 한하여 접속제의의 재검토를 요청할 수 있으며, 재검토 기간은 송전용전기설비는 3개월, 배전용전기설비는 1개월을 초과할 수 없다.

제00조 끝자리 수의 처리

　이 규정에서 송·배전 이용요금 등의 계산에 사용하는 단위는 다음 표와 같으며 계산단위 미만의 끝자리 수는 계산단위 이하 첫째자리에서 반올림한다.

구분	계산단위
부하설비 용량	1kw
변압기설비 용량	1kVA
발전기 정격출력	1kw
계약전력	1kw
최대이용전력	1kw
요금적용전력	1kw
사용전력량	1k조
무효전력량	1kvarh
역률	1%

　송·배전 이용요금 등의 청구금액(부가세 포함)에 10원 미만의 끝자리 수가 있을 경우에는 국고금 관리법에 정한 바에 따라 그 끝자리 수를 버린다.

5 乙은 이용규정을 바탕으로 회사 홈페이지에 올라온 고객의 질의에 답변하려고 한다. 답변 내용 중 옳지 않은 것은?

① Q : 송·배전용 전기설비 이용신청은 언제 하여야 하나요?

　A : 이용신청은 이용 희망일부터 행정소요일수와 표본 공정소요일수를 합산한 기간 이전에 하여야 합니다.

② Q : 송·배전 기본계획자료가 아직 확정되지 않은 상태인데 어떻게 해야 하나요?

　A : 잠정 자료를 제출할 수 있으며, 자료가 확정되는 즉시 확정된 자료를 제출하면 됩니다.

③ Q : 수락의사 통지기간을 연장하고 싶은데 그 기간은 어느정도인가요?

　A : 회사와 고객 간의 협의를 통해 송전용전기설비는 1개월, 배전용전기설비는 2개월 이내에서 연장할 수 있습니다.

④ Q : 송·배전 이용요금 등의 청구금액에 10원 미만의 끝자리 수가 있을 경우는 어떻게 되나요?

　A : 끝자리 수가 있을 경우에는 국고금관리법에 정한 바에 따라 그 끝자리 수를 버리게 됩니다.

 ③ 고객과의 협의를 통해 수락의사 통지기간을 1회에 한하여 송전용전기설비는 2개월, 배전용전기설비는 1개월 이내에서 연장할 수 있다.

6 접속제의에 이의가 있거나 새로운 접속방안의 검토를 희망하는 경우, 고객은 몇 회에 한하여 재검토를 요청할 수 있는가?

① 1회　　　　　　　　　　　　② 2회

③ 3회　　　　　　　　　　　　④ 4회

 접속제의에 이의가 있거나 새로운 접속방안의 검토를 희망하는 경우, 고객은 2회에 한하여 접속제의의 재검토를 요청할 수 있다.

Answer ┌→ 5.③　6.②

7 다음은 신업현장 안전규칙이다. 선임 J씨가 신입으로 들어온 K씨에게 전달할 사항으로 옳지 않은 것은?

산업현장 안전규칙

- 작업 전 안전점검, 작업 중 정리정돈은 사용하게 될 기계·기구 등에 대한 이상 유무 등 유해·위험요인을 사전에 확인하여 예방대책을 강구하는 것으로 현장 안전관리의 출발점이다.
- 작업장 안전통로 확보는 작업장 내 통행 시 위험기계·기구들로 부터 근로자를 보호하며 원활한 작업진행에도 기여 한다.
- 개인보호구(헬멧 등) 지급착용은 근로자의 생명이나 신체를 보호하고 재해의 정도를 경감시키는 등 재해예방을 위한 최후 수단이다.
- 전기활선 작업 중 절연용 방호기구 사용으로 불가피한 활선작업에서 오는 단락·지락에 의한 아크화상 및 충전부 접촉에 의한 전격재해와 감전사고가 감소한다.
- 기계·설비 정비 시 잠금장치 및 표지판 부착으로 정비 작업 중에 다른 작업자가 정비 중인 기계·설비를 기동함으로써 발생하는 재해를 예방한다.
- 유해·위험 화학물질 경고표지 부착으로 위험성을 사전에 인식시킴으로써 사용 취급시의 재해를 예방한다.
- 프레스, 전단기, 압력용기, 둥근톱에 방호장치 설치는 신체부위가 기계·기구의 위험부분에 들어가는 것을 방지하고 오작동에 의한 위험을 사전 차단 해준다.
- 고소작업 시 안전 난간, 개구부 덮개 설치로 추락재해를 예방 할 수 있다.
- 추락방지용 안전방망 설치는 추락·낙하에 의한 재해를 감소 할 수 있다(성능검정에 합격한 안전방망 사용).
- 용접 시 인화성·폭발성 물질을 격리하여 용접작업 시 발생하는 불꽃, 용접불똥 등에 의한 대형화재 또는 폭발위험성을 사전에 예방한다.

---

① 작업장 안전통로에 통로의 진입을 막는 물건이 있으면 안 됩니다.

② 전기활선 작업 중에는 단락·지락이 절대 생겨서는 안 됩니다.

③ 어떤 상황에서도 작업장에서는 개인보호구를 착용하십시오.

④ 프레스, 전단기 등의 기계는 꼭 방호장치가 설치되어 있는지 확인하고 사용하십시오.

 ② 전기활선 작업 중에 단락·지락은 불가피하게 발생할 수 있다. 따라서 절연용 방호기구를 사용하여야 한다.

8 다음 글은 합리적 의사결정을 위해 필요한 절차적 조건 중의 하나에 관한 설명이다. 다음 보기 중 이 조건을 위배한 것끼리 묶은 것은?

> 합리적 의사결정을 위해서는 정해진 절차를 충실히 따르는 것이 필요하다. 고도로 복잡하고 불확실하나 문제상황 속에서 결정의 절차가 합리적이기 위해서는 다음과 같은 조건이 충족되어야 한다
>
> 〈조건〉
>
> 정책결정 절차에서 논의되었던 모든 내용이 결정절차에 참여하지 않은 다른 사람들에게 투명하게 공개되어야 한다. 그렇지 않으면 이성적 토론이 무력해지고 객관적 증거나 논리 대신 강압이나 회유 등의 방법으로 결론이 도출되기 쉽기 때문이다.

> 〈보기〉
> ㉠ 심의에 참여한 분들의 프라이버시 보호를 위해 오늘 회의의 결론만 간략히 알려드리겠습니다.
> ㉡ 시간이 촉박하니 회의 참석자 중에서 부장급 이상만 발언하도록 합시다.
> ㉢ 오늘 논의하는 안건은 매우 민감한 사안이니만큼 비참석자에게는 그 내용을 알리지 않을 것입니다. 그러니 회의자료 및 메모한 내용도 두고 가시기 바랍니다.
> ㉣ 우리가 외부에 자문을 구한 박사님은 이 분야의 최고 전문가이기 때문에 참석자 간의 별도 토론 없이 박사님의 의견을 그대로 채택하도록 합시다.
> ㉤ 오늘 안건은 매우 첨예한 이해관계가 걸려 있으니 상대방에 대한 반론은 자제해주시고 자신의 주장만 말씀해주시기 바랍니다.

① ㉠, ㉡ ② ㉠, ㉢
③ ㉢, ㉣ ④ ㉣, ㉤

Tip 합리적 의사결정의 조건으로 회의에서 논의된 내용이 투명하게 공개되어야 한다는 조건을 명시하고 있으나, ㉠과 ㉢에서는 비공개주의를 원칙으로 하고 있기 때문에 조건에 위배된다.

Answer⤑ 7.② 8.②

9 다음은 출산율 저하와 인구정책에 관한 글을 쓰기 위해 정리한 글감과 생각이다. 〈보기〉와 같은 방식으로 내용을 전개하려고 할 때 바르게 연결된 것은?

> ㉠ 가임 여성 1인당 출산율이 1.3명으로 떨어졌다.
> ㉡ 여성의 사회 활동 참여율이 크게 증가하고 있다.
> ㉢ 현재 시행되고 있는 출산장려 정책은 큰 효과가 없다.
> ㉣ 새롭고 실제 가정에 도움이 되는 출산장려 정책이 추진되어야 한다.
> ㉤ 가치관의 변화로 자녀의 필요성을 느끼지 않는다.
> ㉥ 인구 감소로 인해 노동력 부족 현상이 심화된다.
> ㉦ 노동 인구의 수가 국가 산업 경쟁력을 좌우한다.
> ㉧ 인구 문제에 대한 정부 차원의 대책을 수립한다.

> 〈보기〉
> 문제 상황→상황의 원인→주장→주장의 근거→종합 의견

	문제 상황	상황의 원인	예상 문제점	주장	주장의 근거	종합 의견
①	㉠, ㉡	㉤	㉢	㉣	㉥, ㉦	㉧
②	㉠	㉡, ㉤	㉥, ㉦	㉣	㉢	㉧
③	㉡, ㉤	㉥	㉠	㉢, ㉣	㉧	㉦
④	㉢	㉠, ㉡, ㉤	㉦	㉧	㉥	㉣

- 문제 상황: 출산율 저하(㉠)
- 출산율 저하의 원인: 여성의 사회 활동 참여율(㉡), 가치관의 변화(㉤)
- 출산율 저하의 문제점: 노동 인구의 수가 국가 산업 경쟁력을 좌우(㉦)하는데 인구 감소로 인해 노동력 부족 현상이 심화된다(㉥).
- 주장: 새롭고 실제 가정에 도움이 되는 출산장려 정책이 추진되어야 한다(㉣).
- 주장의 근거: 현재 시행되고 있는 출산장려 정책은 큰 효과가 없다(㉢).
- 종합 의견: 인구 문제에 대한 정부 차원의 대책을 수립한다(㉧).

10 다음은 SNS 회사에 함께 인턴으로 채용된 두 친구의 대화이다. 두 사람이 제출했을 토론 주제로 적합한 것은?

> 여 : 대리님께서 말씀하신 토론 주제는 정했어? 난 인터넷에서 '저무는 육필의 시대'라는 기사를 찾았는데 토론 주제로 괜찮을 것 같아서 그걸 정리해 가려고 하는데.
>
> 남 : 난 아직 마땅한 게 없어서 찾는 중이야. 그런데 육필이 뭐야?
>
> 여 : SNS 회사에 입사했다는 애가 그것도 모르는 거야? 컴퓨터로 글을 쓰는 게 디지털 글쓰기라면 손으로 글을 쓰는 걸 육필이라고 하잖아.
>
> 남 : 아! 그런 거야? 그럼 우리는 디지털 글쓰기 세대겠네?
>
> 여 : 그런 셈이지. 요즘 다들 컴퓨터로 글을 쓰니까. 그나저나 너는 디지털 글쓰기의 장점이 뭐라고 생각해?
>
> 남 : 음, 우선 떠오르는 대로 빨리 쓸 수 있다는 점 아닐까? 또 쉽게 고칠 수도 있고. 그래서 누구나 쉽게 글을 쓸 수 있다는 점이 디지털 글쓰기의 최대 장점이라고 생각하는데.
>
> 여 : 맞아. 기존의 글쓰기가 소수의 전유물이었다면, 디지털 글쓰기 덕분에 누구나 쉽게 글을 쓰고 의사소통을 할 수 있게 되었다는 게 내가 본 기사의 핵심이었어. 한마디로 글쓰기의 민주화가 이루어진 거지.
>
> 남 : 글쓰기의 민주화⋯⋯. 멋있어 보이기는 하는데, 디지털 글쓰기가 꼭 장점만 있는 것 같지는 않아. 누구나 쉽게 글을 쓸 수 있게 됐다는 건, 그만큼 글이 가벼워졌다는 거 아냐? 우리 주변에서도 그런 글들은 엄청나잖아.
>
> 여 : 하긴, 디지털 글쓰기 때문에 과거보다 진지하게 글을 쓰는 사람이 적어진 건 사실이야. 남의 글을 베끼거나 근거 없는 내용을 담은 글들도 많아지고.
>
> 남 : 우리 이 주제로 토론을 해 보는 게 어때?

① 세대 간 정보화 격차
② 디지털 글쓰기와 정보화
③ 디지털 글쓰기의 장단점
④ 디지털 글쓰기와 의사소통의 관계

 ③ 대화 속의 남과 여는 디지털 글쓰기의 장점과 단점에 대해 이야기하고 있다. 따라서 두 사람이 제출했을 토론 주제로는 '디지털 글쓰기의 장단점'이 적합하다.

Answer → 9.② 10.③

11 다음 글의 내용과 부합하지 않는 것은?

"강한 인공지능과 약한 인공지능 가운데 어느 편이 더 강한가"하는 물음은 이상해 보인다. 마치 "초록색 물고기와 주황색 물고기 중 어느 것이 초록색에 가까운가"하는 싱거운 물음과 비슷하기 때문이다. 그러나 앞의 물음은 뒤의 물음과 성격이 다르다. 앞의 물음에서 '인공지능'이라는 명사를 수식하는 '강한'이라는 표현의 의미가 우리가 일반적으로 '강하다'는 말을 사용할 때의 그것과 다르기 때문이다. '강한 인공지능'이라는 표현은 철학자 썰이 인공지능을 논하며 제안했던 전문용어로, 인공지능이 말의 의미를 이해하는 능력이라는 특정한 속성을 지녔음을 의미한다. 반면에 '약한 인공지능'은 그런 속성을 지니지 못한 경우를 가리킨다. 이런 기준에 따르면 말의 의미를 이해하는 인공지능은 해낼 줄 아는 일이 별로 없더라도 '강한 인공지능'인 반면, 그런 능력이 없는 인공지능은 아무리 다양한 종류의 과업을 훌륭하게 해낼 수 있더라도 '약한 인공지능'이다.

일상적으로 가령 '어느 편이 강한가'라고 묻는 상황에서 우리는 서로 겨루면 누가 이길 것인지를 궁금해 한다. 문제를 빠르게 해결하는 것이 중요한 상황에서 사람들은 다른 인공지능 프로그램보다 한층 더 빠르게 문제를 푸는 인공지능 프로그램을 강하다고 평가할 것이다. 단일한 인공지능 프로그램이 더 다양한 문제를 해결할 수 있을 때 더 강한 인공지능이라고 평가될 수도 있을 것이다. 그러나 인공지능에 관한 전문적인 논의에서는 이 개념을 학문적 토론의 세계에 처음 소개한 썰의 용어 사용을 존중할 필요가 있다. 썰이 주장한 것처럼 아무리 뛰어난 성능의 인공지능이라고 해도 자극의 외형적 구조를 다룰 뿐 말의 의미를 파악하지는 못한다. 다시 말해 강한 인공지능이 실현될 가능성은 거의 없다. 이런 견해는 많은 비판을 받기도 했지만, 상당한 설득력을 지닌다. 인공지능 스피커에 탑재된 프로그램이 "오늘 날씨는 어제보다 차갑습니다. 외출할 때는 옷을 따뜻하게 입으세요."라고 말한다고 해서 그것이 '외출'이나 '차갑다'는 말의 의미를 이해하고 있으리라고 생각되지는 않는다. 인공지능으로 작동하는 번역기가 순식간에 한국어 문장을 번듯한 영어 문장으로 번역하는 것은 감탄스럽지만, 그것이 문장의 의미를 이해한다고 볼 이유를 제공하지는 않는다.

강한 인공지능과 비슷해 보이지만 구별해야 할 개념이 인공일반지능이다. 우리는 비록 아주 뛰어나게 잘 하지는 못해도 본 것을 식별하고, 기억하고, 기억을 활용하여 판단을 내리고, 말로 생각을 표현하고, 상대방의 표정에서 감정을 읽고 또 자기 감정을 표현하는 등 온갖 능력을 발휘한다. 이처럼 하나의 인지 체계가 온갖 종류의 지적 능력을 발휘할 때 일반지능이라고 하는데, 인공지능 연구의 한 가지 목표는 인간처럼 일반지능의 성격을 실현하는 인공지능을 만드는 일이다. 일반지능을 갖춘 것처럼 보이는 인공지능을 우리는 '인공일반지능'이라고 부른다. 일부 사람들은 이러한 지능이 강한 인공지능이라고 생각하지만 그것은 잘못된 생각이다. 왜냐하면 일반지능을 갖춘 것처럼 보인다는 것과 일반지능을 갖춘 것과는 서로 다르기 때문에 전자로부터 후자는 따라 나오지 않으며, 마찬가지 이유로 말의 의미를 이해하는 것처럼 보인다는 것으로부터 말의 의미를 이해한다는 것이 따라 나오지 않기 때문이다.

① 인공지능 번역기에 탑재된 인공지능은 약한 인공지능이다.

② 가장 많은 종류의 문제를 해결하는 인공지능이 강한 인공지능이다.

③ 인간의 온갖 지적 능력을 발휘하는 것처럼 보이는 인공지능은 인공일반지능이다.

④ 약한 인공지능은 특정한 과업에서 강한 인공지능을 능가하는 역량을 발휘할 수 있다.

 글의 첫 문단에서 '강한 인공지능'이라는 표현은 인공지능이 말의 의미를 이해하는 능력이라는 특정한 속성을 지녔음을 의미하며, '해낼 줄 아는 일이 별로 없더라도' 말의 의미를 이해하는 인공지능을 '강한 인공지능'이라 하였다.

12 IT분야에 근무하고 있는 K는 상사로부터 보고서를 검토해달라는 요청을 받고 보고서를 검토 중이다. 보고서의 교정 방향으로 적절하지 않은 것은?

> 국가경제 성장의 핵심 역할을 하는 IT산업은 정보통신서비스, 정보통신기기, 소프트웨어 부문으로 구분된다. 2010년 IT산업의 생산규모는 전년대비 15% 이상 증가한 385.4조원을 기록하였다. 한편, 소프트웨어 산업은 경기위축에 선행하고 경기회복에 후행하는 산업적 특성 때문에 전년대비 2% 이하의 성장에 머물렀다.
> 2010년 정보통신서비스 생산규모는 IPTV 등 신규 정보통신서비스 확대로 전년대비 4.6% 증가한 63.4조원을 기록하였다. 2010년 융합서비스는 전년대비 생산규모 ㉠증가률이 정보통신서비스 중 가장 높았고, 정보통신서비스에서 차지하는 생산규모 비중도 가장 컸다. ㉡또한 R&D 투자액이 매년 증가하여 GDP 대비 R&D 투자액 비중이 증가하였다.
> IT산업 전체의 생산을 견인하고 있는 정보통신기기 생산규모는 통신기기를 제외한 다른 품목의 생산 호조에 따라 2010년 전년대비 25.6% 증가하였다. ㉢한편, 2006~2010년 동안 정보통신기기 생산규모에서 통신기기, 정보기기, 음향기기, 전자부품, 응용기기가 차지하는 비중의 순위는 매년 변화가 없었다. 2010년 전자부품 생산규모는 174.4조원으로 정보통신기기 전체 생산규모의 59.0%를 차지한다. 전자부품 중 반도체와 디스플레이 패널의 생산규모는 전년대비 각각 48.6%, 47.4% 증가하여 전자부품 생산을 ㉣유도하였다. 2005년~2010년 동안 정보통신기기 부문에서 전자부품과 응용기기 각각의 생산규모는 매년 증가하였다.

① ㉠은 맞춤법에 맞지 않는 표현으로 '증가율'로 수정해야 합니다.

② ㉡은 문맥에 맞지 않는 문장으로 삭제하는 것이 좋습니다.

③ ㉢은 앞 뒤 문장이 인과구조이므로 '따라서'로 수정해야 합니다.

④ ㉣ '유도'라는 어휘 대신 문맥상 적합한 '주도'라는 단어로 대체해야 합니다.

 ③ 인과구조가 아니며, '한편'으로 쓰는 것이 더 적절하다.

Answer ↪ 11.② 12.③

13 다음은 아래 기사문을 읽고 나눈 직원들의 대화이다. 대화의 흐름상 빈 칸에 들어갈 말로 가장 적절한 것은 어느 것인가?

영양과 칼로리 면에서 적절한 식량 공급보다 인간의 건강과 복지에 더 중요한 것은 없다. 지난 50년 동안 세계 인구의 상당 부분이 영양실조를 겪었지만 식량 확보에 실패한 것은 생산보다는 분배의 문제였다. 실제로 지난 50년 동안 우리는 주요 작물의 잉여를 경험했다. 이로 인해 많은 사람들이 식량 부족에 대해 걱정하지 않게 되었다. 2013년에 생산된 수백만 톤의 가장 중요한 주요 식량은 옥수수(1,018 Mt), 논 쌀(746 Mt), 밀(713 Mt), 대두(276 Mt)였다. 이 네 가지 작물은 전 세계적으로 소비되는 칼로리의 약 2/3를 차지한다. 더욱이, 이들 작물 각각에 대한 토지 단위 면적당 평균 수확량은 1960년 이후 두 배 이상 증가했다. 그렇다면 지금 왜 식량 안보에 대해 걱정해야 할까? 한 가지 이유는 주요 작물의 이러한 전 세계적인 잉여물로 인해 식물 과학 연구 및 작물 개선에 대한 관심이 점진적으로 줄어들었기 때문이다. 이는 세계적인 수준으로 나타났다. 그러나 이러한 무관심은 현재의 세계 인구 및 식량 소비 경향에 직면하여 근시안적이다. 전 세계 인구는 오늘날 70억 명에서 2050년 95억 명까지 증가할 것으로 예상된다. 인구가 증가하는 곳은 주로 도시가 될 것이고, 식단이 구황 작물에서 가공 식품으로 점차 바뀌게 될 것이다. 그러면 많은 육류 및 유제품이 필요하고 그보다 더 많은 사료가 필요하다. 예를 들어 1kg의 소를 생산하기 위해서는 10kg의 사료가 필요하다. 도시 인구의 증가는 동물성 식품에 대한 수요 증가를 가져오고 예상되는 인구 증가에만 기초하여 추정된 것보다 훨씬 빠른 작물 생산량의 증가를 요구할 것이다. 이 추세는 계속될 것으로 예상되며, 세계는 2013년 대비 2050년까지 85% 더 많은 기본 식료품이 필요할 것으로 예측된다.

A : 식량 문제가 정말 큰일이군. 이러다가 대대적인 식량난에 직면하게 될지도 모르겠다.
B : 현재의 기술로 농작물 수확량을 증가시키면 큰 문제는 없지 않을까?
A : 문제는 (   )
B : 그래서 생산보다 분배가 더 문제라는 거구나.

① 과학기술이 수요량을 따라가지 못할 거라는 점이야.
② 인구의 증가가 너무 빠른 속도로 진행되고 있다는 사실이야.
③ 지구의 일부 지역에서는 농작물 수확량 향상 속도가 정체될 거라는 사실이지.
④ 지구의 모든 지역에서 식량 소비 속도가 동일하지는 않다는 점이지.

 B의 마지막 말 '생산보다 분배가 더 문제'라는 것에 해당하는 지문을 찾는다. 또, 지문의 도입부에서 식량 확보 실패의 원인이 생산보다 분배임을 언급하고 있다. '지구의 모든 지역에서 농작물 수확량 향상 속도가 동일하지 않다'는 것이 이에 해당한다. 따라서 분배의 불균형 문제에 대한 원인이 되는 것은 보기③의 내용밖에 없다.

14 다음은 아래 기사문을 읽고 나눈 직원들의 대화이다. 대화의 결론으로 가장 적절한 것은 어느 것인가?

경력단절 여성이란 '임신, 출산, 육아와 가족구성원의 돌봄 등을 이유로 경제활동을 중단하거나 경제활동을 한 적이 없는 여성 중에서 취업을 희망하는 여성'으로 정의된다 (「경력단절 여성 등 경제활동촉진법」 제2조). 경력단절의 개념은 여성 본인의 자발적인 의지와 선택이라기보다는 출산과 양육 등 돌봄 책임으로 노동시장에서 이탈하게 된 상황에 대한 문제의식을 포함하고 있다. 정책 영역에서 경력단절 여성은 임신, 출산, 육아와 가족구성원의 돌봄 등을 이유로 경제활동을 중단한 여성을 지칭한다. 이러한 맥락에서 고용률 70%라는 목표 아래 갑자기 주목받은 시간제 일자리와 같은 논의선상에 놓여 있다. 불안정 노동으로서 시간제 일자리는 경력단절 여성이 일하면서도 가족을 돌볼 수 있는 일자리로 기획되었다. 우리나라 경력단절 여성의 경우 출산 및 양육 시기를 전후하여 취업률이 현격히 낮아지고 결혼 전 취업 상태를 회복하지 못하는 M자형 경제활동 참가율이 뚜렷하게 나타난다. 남성이 젊을 때 가장 많이 일하고 있는 모습인 역U자 모양과는 확연히 다르다.

A : 경력단절 문제를 해결하기 위해서는 경력단절 현상 자체만을 보아서는 안 되겠네.
B : 그렇지, 사회적 관행이나 가치관 등에서 원인을 찾는 노력이 더 중요해 보여.
A : (   )
B : 결국 우리 사회에서 경력단절 여성의 문제는 비정규직의 문제이자 일·가족 양립의 문제로 귀결된다고 볼 수 있군.

① 여성이 자발적인 선택으로 노동 시장에서 이탈한 것이 아니라는 점을 명심할 필요가 있어.
② 자녀의 양육은 전적으로 여성이 책임져야 한다는 사회적 인식이 개선되어야 한다는 거지.
③ 경력단절 여성이 과거에 정규직이었다 할지라도 대부분 비정규직으로 노동시장에 재진 입한다는 점만 봐도 그렇지.
④ 비정규직의 대부분이 여성이라는 점은 잘못된 관행으로부터 비롯된 결과라는 점을 알아야 해.

 지문에서는 시간제 일자리가 주목받고 있음을 언급하였다. 시간제 일자리의 등장은, 아이를 낳고 기르는 일이 여성에게 맡겨져 여성이 일보다는 가족 돌봄 책임을 우선시하는 선택으로 일을 그만두었다가 출산과 자녀 양육 후 다시 취업을 희망할 때 비정규직 일자리 말고는 받아주는 곳이 거의 없게 된다는 것을 의미한다.

┃15~16┃ 다음 글을 읽고 이어지는 물음에 답하시오.

경쟁의 승리는 다른 사람의 재산권을 침탈하지 않으면서 이기는 경쟁자의 능력, 즉 경쟁력에 달려 있다. 공정경쟁에서 원하는 물건의 소유주로부터 선택을 받으려면 소유주가 원하는 대가를 치를 능력이 있어야 하고 남보다 먼저 신 자원을 개발하거나 신 발상을 창안하려면 역시 그렇게 해낼 능력을 갖추어야 한다. 다른 기업보다 더 좋은 품질의 제품을 더 값싸게 생산하는 기업은 시장경쟁에서 이긴다. 우수한 자질을 타고났고, 탐사 또는 연구개발에 더 많은 노력을 기울인 개인이나 기업은 새로운 자원이나 발상을 대체로 남보다 앞서서 찾아낸다.

개인의 능력은 천차만별인데 그 차이는 타고나기도 하고 후천적 노력에 의해 결정되기도 한다. 능력이 후천적 노력만의 소산이라면 능력의 우수성에 따라 결정되는 경쟁 결과를 불공정하다고 불평하기는 어렵다. 그런데 능력의 많은 부분은 타고난 것이거나 부모에게서 직간접적으로 물려받은 유무형적 재산에 의한 것이다. 후천적 재능 습득에서도 그 성과는 보통 개발자가 타고난 자질에 따라 서로 다르다. 타고난 재능과 후천적 능력을 딱 부러지게 구분하기도 쉽지 않은 것이다.

어쨌든 내가 능력 개발에 소홀했던 탓에 경쟁에서 졌다면 패배를 승복해야 마땅하다. 그러나 순전히 타고난 불리함 때문에 불이익을 당했다면 억울함이 앞선다. 이 점을 내세워 타고난 재능으로 벌어들이는 소득은 그 재능 보유자의 몫으로 인정할 수 없다는 필자의 의견에 동의하는 학자도 많다. 자신의 재능을 발휘하여 경쟁에서 승리하였다 하더라도 해당 재능이 타고난 것이라면 승자의 몫이 온전히 재능 보유자의 것일 수 없고 마땅히 사회에 귀속되어야 한다는 말이다.

그런데 재능도 노동해야 발휘할 수 있으므로 재능발휘를 유도하려면 그 노고를 적절히 보상해주어야 한다. 이론상으로는 재능발휘로 벌어들인 수입에서 노고에 대한 보상만큼은 재능보유자의 소득으로 인정하고 나머지만 사회에 귀속시키면 된다.

15 윗글을 읽고 나눈 다음 대화의 ㉠~㉣ 중, 글의 내용에 따른 합리적인 의견 제기로 볼 수 없는 것은 어느 것인가?

A : "타고난 재능과 후천적 노력에 대하여 어떻게 보아야 할지에 대한 필자의 의견이 담겨 있는 글입니다."

B : "맞아요. 앞으로는 ㉠ 선천적인 재능에 대한 경쟁이 더욱 치열해질 것 같습니다."

A : "그런데 우리가 좀 더 확인해야 할 것은, ㉡ 과연 얼마만큼의 보상이 재능 발휘 노동의 제공에 대한 몫이냐 하는 점입니다."

B : "그와 함께, ㉢ 얻어진 결과물에서 어떻게 선천적 재능에 의한 부분을 구별해낼 수 있을까에 대한 물음 또한 과제로 남아 있다고 볼 수 있겠죠."

A : "그뿐이 아닙니다. ㉣ 타고난 재능이 어떤 방식으로 사회에 귀속되어야 공정한 것인지, 특별나게 열심히 재능을 발휘할 유인은 어떻게 찾을 수 있을지에 대한 고민도 함께 이루어져야 하겠죠."

① ㉠   ② ㉡

③ ㉢   ④ ㉣

타고난 재능은 인정하지 않고 재능을 발휘한 노동의 부분에 대해서만 그 소득을 인정하게 된다면 특별나게 열심히 재능을 발휘할 유인을 찾기 어려워 결국 그 재능은 상당 부분 사장되고 말 것이다. 따라서 이러한 사회에서 ㉠과 같이 선천적 재능 경쟁이 치열해진다고 보는 의견은 글의 내용에 따른 논리적인 의견 제기로 볼 수 없다.

16 윗글에서 필자가 주장하는 내용과 견해가 다른 것은 어느 것인가?

① 경쟁에서 승리하기 위해서는 능력이 필요하다.

② 능력에 의한 경쟁 결과가 불공정하다고 불평할 수 없다.

③ 선천적인 능력이 우수한 사람은 경쟁에서 이길 수 있는 확률이 높다.

④ 후천적인 능력이 모자란 결과에 대해서는 승복해야 한다.

 필자가 언급하는 '능력'은 선천적인 것과 후천적인 것이 있다고 말하고 있으며, 후천적인 능력에 따른 결과에는 승복해야 하지만 선천적인 능력에 따른 결과에 대해서는 일정 부분 사회에 환원하는 것이 마땅하다는 것이 필자의 주장이다.
따라서 능력에 의한 경쟁 결과가 반드시 불평의 여지가 없이 공정하다고만은 볼 수 없다는 것이 필자의 견해라고 할 수 있다.

Answer 15.① 16.②

17 다음 글에서 형식이가 의사소통능력을 향상시키기 위해 노력한 것으로 옳지 않은 것은?

> ○○기업에 다니는 형식이는 평소 자기주장이 강하고 남의 말을 잘 듣지 않는다. 오늘도 그는 같은 팀 동료들과 새로운 프로젝트를 위한 회의에서 자신의 의견만을 고집하다가 결국 일부 팀 동료들이 자리를 박차고 나가 마무리를 짓지 못했다. 이로 인해 형식은 팀 내에서 은근히 따돌림을 당했고 자신의 행동에 잘못이 있음을 깨달았다. 그 후 그는 서점에서 다양한 의사소통과 관련된 책을 읽으면서 조금씩 자신의 단점을 고쳐나가기로 했다. 먼저 그는 자신이 너무 자기주장만을 내세운다고 생각하고 이를 절제하기 위해 꼭 하고 싶은 말만 간단명료하게 하기로 마음먹었다. 그리고 말을 할 때에도 상대방의 입장에서 먼저 생각하고 상대방을 배려하는 마음을 가지려고 노력하였다. 또한 남의 말을 잘 듣기 위해 중요한 내용은 메모하는 습관을 들이고 상대방이 말할 때 적절하게 반응을 보였다. 이렇게 6개월을 꾸준히 노력하자 등을 돌렸던 팀 동료들도 그의 노력에 감탄하며 다시 마음을 열기 시작했고 이후 그의 팀은 중요한 프로젝트를 성공적으로 해내 팀원 전원이 한 직급씩 승진을 하게 되었다.

① 메모하기   ② 배려하기
③ 시선공유   ④ 반응하기

 시선공유도 바람직한 의사소통을 위한 중요한 요소이지만 위 글에 나오는 형식이의 노력에서는 찾아볼 수 없다.

18 다음 면접 상황을 읽고 동수가 잘못한 원인을 바르게 찾은 것은?

> 카페창업에 실패한 29살의 영식과 동수는 생존을 위해 한 기업에 함께 면접시험을 보러 가게 되었다. 영식이 먼저 면접시험을 치르게 되었다.
>
> 면접관 : 자네는 좋아하는 스포츠가 있는가?
> 영식 : 예, 있습니다. 저는 축구를 아주 좋아합니다.
> 면접관 : 그럼 좋아하는 축수선수가 누구입니까?
> 영식 : 예전에는 홍명보선수를 좋아했으나 최근에는 손흥민선수를 좋아합니다.
> 면접관 : 그럼 좋아하는 위인은 누구인가?
> 영식 : 제가 좋아하는 위인으로는 우리나라를 왜군의 세력으로부터 지켜주신 이순신 장군입니다.
> 면접관 : 자네는 메르스가 위험한 질병이라고 생각하는가?
> 영식 : 저는 메르스가 그렇게 위험한 질병이라고 생각하지는 않습니다. 제 개인적인 생각으로는 건강상 문제가 없으면 감기처럼 지나가는 질환이고, 면역력이 약하다면 합병증을 유발하여 그 합병증 때문에 위험하다고 생각합니다.
>
> 무사히 면접시험을 마친 영식은 매우 불안해하는 동수에게 자신이 답한 내용을 모두 알려주었다. 동수는 그 답변을 달달 외우기 시작하였다. 이제 동수의 면접시험 차례가 돌아왔다.
>
> 면접관 : 자네는 좋아하는 음식이 무엇인가?
> 동수 : 네, 저는 축구를 좋아합니다.
> 면접관 : 그럼 자네는 이름이 무엇인가?
> 동수 : 예전에는 홍명보였으나 지금은 손흥민입니다.
> 면접관 : 허. 자네 아버지 성함은 무엇인가?
> 동수 : 예, 이순신입니다.
> 면접관 : 자네는 지금 자네의 상태가 어떻다고 생각하는가?
> 동수 : 예, 저는 건강상 문제가 없다면 괜찮은 것이고, 면역력이 약해졌다면 합병증을 유발하여 그 합병증 때문에 위험할 것 같습니다.

① 묻는 질문에 대해 명확하게 답변을 하였다.
② 면접관의 의도를 빠르게 파악하였다.
③ 면접관의 질문을 제대로 경청하지 못했다.
④ 면접관의 신분을 파악하지 못했다.

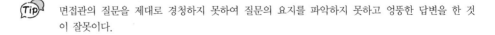 면접관의 질문을 제대로 경청하지 못하여 질문의 요지를 파악하지 못하고 엉뚱한 답변을 한 것이 잘못이다.

Answer⌐ 17.③ 18.③

사용 전 주의사항 : 환기
- 가스를 사용하기 전에는 연소기 주변을 비롯한 실내에서 특히 냄새를 맡아 가스가 새지 않았는가를 확인하고 창문을 열어 환기시키는 안전수칙을 생활화 합니다.
- 연소기 부근에는 가연성 물질을 두지 말아야 합니다.
- 콕, 호스 등 연결부에서 가스가 누출되는 경우가 많기 때문에 호스 밴드로 확실하게 조이고, 호스가 낡거나 손상되었을 때에는 즉시 새것으로 교체합니다.
- 연소 기구는 자주 청소하여 불꽃구멍 등에 음식찌꺼기 등이 끼어있지 않도록 유의합니다.

사용 중 주의사항 : 불꽃확인
- 사용 중 가스의 불꽃 색깔이 황색이나 적색인 경우는 불완전 연소되는 것으로, 연소 효율이 좋지 않을 뿐 아니라 일산화탄소가 발생되므로 공기조절장치를 움직여서 파란불꽃 상태가 되도록 조절해야 합니다.
- 바람이 불거나 국물이 넘쳐 불이 꺼지면 가스가 그대로 누출되므로 사용 중에는 불이 꺼지지 않았는지 자주 살펴봅니다. 구조는 버너, 삼발이, 국물받이로 간단히 분해할 수 있게 되어 있으며, 주로 가정용으로 사용되고 있다.
- 불이 꺼질 경우 소화 안전장치가 없는 연소기는 가스가 계속 누출되고 있으므로 가스를 잠근 다음 샌 가스가 완전히 실외로 배출된 것을 확인한 후에 재점화 해야 합니다. 폭발범위 안의 농도로 공기와 혼합된 가스는 아주 작은 불꽃에 의해서도 인화 폭발되므로 배출시킬 때에는 환풍기나 선풍기 같은 전기제품을 절대로 사용하지 말고 방석이나 빗자루를 이용함으로써 전기스파크에 의한 폭발을 막아야 합니다.
- 사용 중에 가스가 떨어져 불이 꺼졌을 경우에도 반드시 연소기의 콕과 중간밸브를 잠그도록 해야 합니다.

사용 후 주의사항 : 밸브잠금
- 가스를 사용하고 난 후에는 연소기에 부착된 콕은 물론 중간밸브도 확실하게 잠그는 습관을 갖도록 해야 합니다.
- 장기간 외출시에는 중간밸브와 함께 용기밸브(LPG)도 잠그고, 도시가스를 사용하는 곳에서는 가스계량기 옆에 설치되어 있는 메인밸브까지 잠가 두어야 밀폐된 빈집에서 가스가 새어나와 냉장고 작동시 생기는 전기불꽃에 의해 폭발하는 등의 불의의 사고를 예방할 수 있습니다.
- 가스를 다 사용하고 난 빈 용기라도 용기 안에 약간의 가스가 남아 있는 경우가 많으므로 빈용기라고 해서 용기밸브를 열어놓은 채 방치하면 남아있는 가스가 새어나올 수 있으므로 용기밸브를 반드시 잠근 후에 화기가 없는 곳에 보관하여야 합니다.

19 가스안전사용요령을 읽은 甲의 행동으로 옳지 않은 것은?

① 甲은 호스가 낡아서 즉시 새것으로 교체를 하였다.

② 甲은 가스의 불꽃이 적색인 것을 보고 정상적인 것으로 생각해 그냥 내버려 두었다.

③ 甲은 장기간 집을 비우게 되어 중간밸브와 함께 용기밸브(LPG)도 잠그고 메인벨브까지 잠가두고 집을 나갔다.

④ 甲은 연소 기구를 자주 청소하여 음식물 등이 끼지 않도록 하였다.

 ② 사용 중 가스의 불꽃 색깔이 황색이나 적색인 경우는 불완전 연소되는 것으로, 연소 효율이 좋지 않을 뿐 아니라 일산화탄소가 발생되므로 공기조절장치를 움직여서 파란불꽃 상태가 되도록 조절해야 한다.

20 가스 사용 중에 가스가 떨어져 불이 꺼졌을 경우에는 어떻게 해야 하는가?

① 창문을 열어 환기시킨다.

② 연소기구를 청소한다.

③ 용기밸브를 열어 놓는다.

④ 연소기의 콕과 중간밸브를 잠그도록 해야 한다.

 ④ 사용 중에 가스가 떨어져 불이 꺼졌을 경우에도 반드시 연소기의 콕과 중간밸브를 잠그도록 해야 한다.

Answer → 19.② 20.④

│21~22│ 다음은 어느 쇼핑몰 업체의 자주 묻는 질문을 모아놓은 것이다. 다음을 보고 물음에 답하시오.

Q1. 주문한 상품은 언제 배송되나요?
Q2. 본인인증에 자꾸 오류가 나는데 어떻게 해야 하나요?
Q3. 비회원으로는 주문을 할 수가 없나요?
Q4. 교환하려는 상품은 어디로 보내면 되나요?
Q5. 배송 날짜와 시간을 지정할 수 있나요?
Q6. 반품 기준을 알고 싶어요.
Q7. 탈퇴하면 개인정보는 모두 삭제되나요?
Q8. 메일을 수신거부 했는데 광고 메일이 오고 있어요.
Q9. 휴대폰 결제시 인증번호가 발송되지 않습니다.
Q10. 취소했는데 언제 환불되나요?
Q11. 택배사에서 상품을 분실했다고 하는데 어떻게 해야 하나요?
Q12. 휴대폰 소액결제시 현금영수증을 발급 받을 수 있나요?
Q13. 교환을 신청하면 언제쯤 새 상품을 받아볼 수 있나요?
Q14. 배송비는 얼마인가요?

21 쇼핑몰 사원 L씨는 고객들이 보기 쉽게 질문들을 분류하여 정리하려고 한다. ㉠~㉣에 들어갈 질문으로 연결된 것 중에 적절하지 않은 것은?

자주 묻는 질문			
배송 문의	회원 서비스	주문 및 결제	환불/반품/교환
㉠	㉡	㉢	㉣

① ㉠ : Q1, Q5, Q11
② ㉡ : Q2, Q7, Q8
③ ㉢ : Q3, Q9, Q12
④ ㉣ : Q4, Q6, Q10, Q13, Q14

 Q14는 ㉠에 들어갈 내용이다.

22 쇼핑몰 사원 L씨는 상사의 조언에 따라 메뉴를 변경하려고 한다. [메뉴]−[키워드]−질문의 연결로 옳지 않은 것은?

> 〈상사의 조언〉
> 고객들이 보다 손쉽게 정보를 찾을 수 있도록 질문을 키워드 중심으로 정리해 놓으세요.

① [배송 문의]−[배송 비용]−Q14
② [주문 및 결제]−[휴대폰 결제]−Q9
③ [환불/반품/교환]−[환불시기]−Q10
④ [환불/반품/교환]−[교환시기]−Q4

 Q4는 [환불/반품/교환]−[교환장소]에 들어갈 내용이다.

23 다음 글에서 주장하는 바를 가장 함축적으로 요약한 것은 어느 것인가?

> 새로운 지식의 발견은 한 학문 분과 안에서만 영향을 끼치지 않는다. 가령 뇌 과학의 발전은 버추얼 리얼리티라는 새로운 현상을 가능하게 하고 이것은 다시 영상공학의 발전으로 이어진다. 이것은 새로운 인지론의 발전을 촉발시키는 한편 다른 쪽에서는 신경 경제학, 새로운 마케팅 기법의 발견 등으로 이어진다. 이것은 다시 새로운 윤리적 관심사를 촉발하며 이에 따라 법학적 논의도 이루어지게 된다. 다른 쪽에서는 이러한 새로운 현상을 관찰하며 새로운 문학, 예술 형식이 발견되고 콘텐츠가 생성된다. 이와 같이 한 분야에서의 지식의 발견과 축적은 계속적으로 마치 도미노 현상처럼 인접 분야에 영향을 끼칠 뿐 아니라 예측하기 어려운 방식으로 환류한다. 이질적 학문에서 창출된 지식들이 융합을 통해 기존 학문은 변혁되고 새로운 학문이 출현하며 또다시 이것은 기존 학문의 발전을 이끌어내고 있는 것이다.

① 학문의 복잡성
② 이질적 학문의 상관관계
③ 지식의 상호 의존성
④ 신지식 창출의 형태와 변화 과정

 주어진 글에서는 하나의 지식이 탄생하여 다른 분야에 연쇄적인 영향을 미치고 환류 되는 것을 뇌과학 분야의 사례를 통해 조명하고 있다. 이러한 모습은 학문이 그만큼 복잡하다거나, 서로 다른 학문들이 어떻게 상호 연관을 맺는지를 규명하는 것이 아니며, 지식이나 학문의 발전은 독립적인 것이 아닌 상호 의존성을 가지고 있다는 점을 강조하는 것이 글의 핵심 내용으로 가장 적절할 것이다.

Answer↪ 21.④ 22.④ 23.③

24 다음은 사학연금제도를 설명한 글이다. 각 단락의 제목으로 가장 적절하지 않은 것은?

> ㈎ 사립학교 교직원들도 국·공립학교 교직원들과 마찬가지로 처우에 대한 형평성을 유지하고 교직생활의 안정을 기할 목적으로 1975년에 도입한 사학연금제도는 사회연대성의 원칙과 보험의 원칙을 적용하여 사회정책을 수행하기 위한 사회경제 제도로서 사회보험의 성격을 가진다. 사학연금이 사회보험인 이유는 가입자와 사용자의 보험료 수입을 근간으로 재정을 운영하고 있고, 연금급여의 본질이 보험급여로서의 성격을 가지고 있으며, 급여수준은 보험료 납부기간과 납부수준에 연계되기 때문이다.
>
> ㈏ 사학연금제도를 운영하기 위하여 소요되는 비용은 그 비용의 예상액과 개인부담금·국가부담금·법인부담금·재해보상부담금 및 그 예정운용 수익금의 합계액이 장래에 있어 균형이 유지되도록 하여야 한다. 이는 연금급여에 소요되는 비용의 조달계획을 설명하는 것으로, 사학연금 재정이 단기보다는 장기적 차원에서 수지균형이 이루어지도록 비용부담률을 결정해야 함을 의미한다.
>
> ㈐ 사학연금의 경우 갹출형 제도를 채택하여 가입자인 사학교직원과 사용자인 법인 및 국가가 공동으로 비용을 부담한다. 급여에 소요되는 비용을 수익자 부담원칙에 입각하여 가입자가 필요재원의 일정 부분을 담당할 목적으로 갹출금의 일정액을 납입하는 방식을 '갹출형 제도(Contributory Pension Scheme)'라고 한다. 다만, 재해보상급여와 퇴직수당에 소요되는 비용은 재정부담 전액을 고용주가 부담하는 방식인 '비갹출형 제도(Non-Contributory Pension Scheme)' 방식을 취하고 있다.
>
> ㈑ 연금급여 수준이 사전적으로 결정되는지 혹은 사후적으로 결정되는지에 따라 확정급부형 제도와 확정갹출형 제도로 구분된다. 확정갹출형 제도는 기본적으로 갹출금이 사전에 결정되고 갹출원금과 갹출금 적립 기간 동안에 발생한 투자수익에 기초하여 급여 수준이 사후적으로 결정되는 방식이며, 확정급부형 제도는 연금급여 수준이 법령에서 정한 급여산식에 따라 사전적으로 결정되고 급여지출을 충당하기 위한 재원조달이 사후적으로 결정되는 방식이다. 우리나라 공적연금 중 하나인 사학연금도 전형적인 확정급부형 제도를 취하고 있다.

① ㈎ - 사학연금제도의 성격
② ㈏ - 재정운영 체계
③ ㈐ - 갹출형 제도와 비갹출형 제도
④ ㈑ - 연금급여 설계방식

 ㈐ 단락에서는 사학연금 제도의 비용부담 방식을 설명하고 있다. '갹출형 제도'와 '비갹출형 제도'에 대한 설명이 중심내용이 아니며, 사학연금 제도에서 경우에 따라 채택하고 있는 비용부담 방식을 '갹출형 제도'와 '비갹출형 제도'로 나누어 설명하는 글이다.

25 다음에 제시된 글의 주제와 연결하여 이어질 글의 주제로 판단하기에 가장 적절한 것은 어느 것인가?

> 국민경제는 크게 생산 활동을 통한 소득의 창출과정, 창출된 소득을 분배하고 처분하는 과정, 그리고 처분하고 남은 자본을 축적하거나 부족한 자본을 조달하는 과정을 반복하면서 성장을 하게 되는데 이 순환과정을 소득의 순환이라고 한다.
>
> 생산자는 기계나 건물과 같은 기초자산에 노동력 등의 생산요소와 원료 등을 투입하여 새로운 재화와 서비스를 생산하는데 생산된 재화와 서비스가 투자나 소비의 목적으로 판매될 때 판매액 중 생산원가를 초과하는 부분이 바로 소득의 창출에 해당된다.
>
> 소득의 분배는 창출된 소득을 노동, 자본, 경영 등의 생산요소를 제공한 경제주체들에게 분배하는 과정으로 노동을 제공한 가계에 대해서는 임금과 급여 등 피용자보수가, 생산 활동을 주관한 생산주체인 기업에게는 영업잉여가, 정부에 대해서는 생산 및 수입세가 각각 분배된다.
>
> 소득의 처분은 경제주체에게 분배된 소득을 각자의 경제활동을 수행하기 위해 필요한 재화와 서비스를 구입하는 데 사용하고 나머지는 투자재원으로 활용되기 위해 저축하는 과정으로 설명할 수 있다.
>
> 경제주체가 지속적으로 소득을 창출하기 위해서는 반드시 생산시설에 대한 투자가 수반되어야 하는데 자본의 조달은 투자에 필요한 자금의 원천을 의미하고, 자본의 축적은 생산시설에 대한 투자로 나타난다. 예를 들어 기업의 경우 투자에 필요한 자본은 우선 자체 사내유보(저축, 감가상각비)로 충당하고 부족한 자금은 은행 등 금융기관으로부터 차입(간접금융)을 하거나 직접 주식 및 회사채를 발행(직접금융)하여 조달한다. 이렇게 다양한 방법으로 조달된 자본은 기계, 공장부지, 건물 등을 구입(자본축적)하는 데 쓰인다.
>
> 이러한 국민경제의 순환을 구체적인 수치로 나타낸 것이 바로 국민소득계정(생산계정, 소득계정, 자본계정, 금융계정)이며, 동 계정을 통해 국민경제의 흐름을 신속 · 정확하게 종합적 · 체계적으로 파악할 수 있다.

	윗글의 주제	이어질 글의 주제
①	국민경제의 순환	국민 생활수준과 경제상황
②	소득 창출과 투자	국민소득 관련 계정체계
③	국민경제의 순환	국민소득 관련 계정체계
④	국민경제의 핵심요소	국민 생활수준과 경제상황

 제시된 글은 국민경제는 소득의 창출, 분배, 처분의 단계를 순환하면서 지속적으로 영위된다는 것이 주제라고 볼 수 있으며, 글 말미에 이러한 국민경제의 순환을 효과적으로 파악할 수 있는 수치에 대한 언급이 시작되는 것을 알 수 있다. 따라서 다음에 이어질 글에서는 국민소득계정 같은 계정체계를 제시함으로써 국민경제 순환 파악의 효율적인 툴(tool)이 언급될 것이라고 보는 것이 가장 합리적인 판단이라 할 수 있다.

Answer 24.③ 25.③

26 태후산업 유시진 팀장은 외부 일정을 마치고 오후 3시경에 돌아왔다. 유 팀장은 서 대리에게 메시지가 있었는지 물었고, 외근 중에 다음과 같은 상황이 있었다. 서 대리가 유 팀장에게 부재 중 메시지를 보고하는 방법으로 가장 적절한 것은?

> 유 팀장이 점심약속으로 외출한 후 11시 30분경 H 자동차 홍 팀장이 사장님을 뵈러 왔다가 잠시 들렀다 갔다. 1시 15분에는 재무팀장이 의논할 내용이 있다며 오늘 중으로 급히 면담을 요청하는 전화가 왔다. 2시경에는 유 팀장의 집에서 전화 달라는 메시지를 남겼고, 2시 30분에는 사장님께서 찾으시며 들어오면 사장실로 와달라는 메시지를 남기셨다.

① 재무팀장의 면담 요청이 급하므로 가장 우선적으로 면담하도록 보고한다.
② 이 경우에는 시간 순으로 보고 드리는 것이 상사에게 더욱 효과적으로 전달될 수 있다.
③ 보고를 할 때에는 부재 중 메모와 함께 서 대리가 업무를 처리한 사항을 함께 보고하면 좋다.
④ 부재 중 메시지가 많을 경우는 구두 보고로 신속하게 일을 처리한다.

 ①② 급한 용무 순으로 보고하되, 우선순위는 상사가 정할 수 있도록 전달한다.
④ 부재 중 메시지가 많을 경우에는 메모와 함께 보고하여 정확하게 전달할 수 있도록 처리한다.

27 다음 A 출판사 B 대리의 업무보고서이다. 이 업무보고서를 통해 알 수 있는 내용이 아닌 것은?

업무 내용	비고
09:10~10:00 [실내 인테리어] 관련 신간 도서 저자 미팅	※ 외주 업무 진행 보고
10:00~12:30 시장 조사(시내 주요 서점 방문)	1. [보세사] 원고 도착
12:30~13:30 점심식사	2. [월간 무비스타] 영화평론 의뢰
13:30~17:00 시장 조사 결과 분석 및 보고서 작성	
17:00~18:00 영업부 회의 참석	※ 중단 업무
※ 연장근무 1. 문화의 날 사내 행사 기획 회의	1. [한국어교육능력] 기출문제 분석 2. [관광통역안내사] 최종 교정

① B 대리는 A 출판사 영업부 소속이다.
② [월간 무비스타]에 실리는 영화평론은 A 출판사 직원이 쓴 글이 아니다.
③ B 대리는 시내 주요 서점을 방문하고 보고서를 작성하였다.
④ A 출판사에서는 문화의 날에 사내 행사를 진행할 예정이다.

 ① B 대리가 영업부 회의에 참석한 것은 사실이나, 해당 업무보고서만으로 A 출판사 영업부 소속이라고 단정할 수는 없다.

28 우리나라의 고령화와 저출산에 대한 다음 제시글을 참고할 때, 〈보기〉와 같은 논점들이 갖는 특성에 대하여 적절한 설명이 아닌 것은 어느 것인가?

> 우리나라의 합계출산율은 2016년 1.17명으로 세계 최저 수준인 가운데 기대수명은 높아지면서 인구구조 고령화가 빠른 속도로 진행되고 있다. 2025년에는 이 비중이 20%인 초고령사회에 진입할 것으로 예상되고 있는 상황이다.
>
> 저출산과 기대수명 연장으로 특징지어지는 인구구조 고령화는 우리경제의 경제성장률, 소비, 경상수지, 인플레이션 등 거시경제변수와 함께 가계의 대내외 금융행태를 변화시키고 금융·주택·노동시장과 산업구조 등 경제 전반에 큰 영향을 주게 된다. 또한 복지지출을 포함한 정부의 재정정책과 중앙은행의 통화정책 수행 여건에도 적지 않은 변화를 초래하게 될 것이다.
>
> 따라서 거시적이고 장기적인 관점에서 인구고령화의 영향을 점검하고 이에 잘 대비하는 것이 중요하다. 이에 대응하여 우리나라 정부는 2004년 저출산, 고령화 문제를 국가적 의제로 설정하고 2006년부터 세 차례에 걸쳐 5년 단위로 저출산, 고령사회 기본계획을 수립, 추진하여 왔으나 가시적인 성과가 미흡하다는 평가가 다수이다. 인구 정책이 그 성과를 내는 데에 최소 한 세대 이상의 물리적 시간이 소요되는 만큼 미진한 점을 진단하고 개선하는 데 지체한다면 미래세대에 돌이키기 힘든 결과를 초래할 것이다.

> 〈보기〉
> ㈎ OECD 회원국의 자료를 이용한 출산율 저하요인 분석 및 우리나라 고령화의 특징에 대한 주요국과의 비교
> ㈏ 주택가격상승률과 출산율과의 상관관계 분석
> ㈐ 출산율 제고를 위한 의료복지 시스템 개선 및 보장제도 확대
> ㈑ 남성의 근로시간 연장에 따른 출산율에 미치는 부정적인 영향 파악

① ㈎는 저출산과 고령화에 따른 우리 사회의 변화에 대응하기 위한 방향을 제시한다.
② ㈏는 저출산의 원인을 파악하여 육아 비용 부담에 대한 사회적 공감을 가능케 한다.
③ ㈐와 ㈑는 저출산과 고령화 문제에 대한 해결 방안을 제시한다.
④ ㈎, ㈏, ㈑는 제시된 글의 주제를 뒷받침한다.

 제시된 글의 두 번째 단락에서는 저출산과 고령화에 따른 우리 사회 다방면에서의 변화를 전망하고 있다. 따라서 ㈎와 같은 비교 자료는 이러한 변화에 대한 대응 방향을 제시해 줄 수 있다. ㈏와 ㈑는 특히 저출산에 대한 직접적인 원인인 주택가격상승으로 인한 육아 비용 부담, 육아를 위한 전제가 되어야 할 남성의 가사분담을 더욱 어렵게 만드는 근로시간 연장 등의 문제를 다룸으로 해서 전체 글의 주제를 더욱 강화할 수 있는 역할을 한다.
그러나 ㈐에서 이야기하는 것은 저출산에 대한 근본 해결책이 아닐 뿐 아니라, 저출산의 원인을 의료복지 시스템의 문제로 왜곡 분석한 것이며, 저출산을 단순히 출산율을 높이는 데에만 초점을 둔 과거의 출산장려정책에 회귀하는 것으로 볼 수 있다. 따라서 ㈐는 저출산과 고령화 문제에 대한 해결 방안을 제시한다고 볼 수 없다.

Answer ↱ 26.③ 27.① 28.③

29 문화체육관광부 홍보팀에 근무하는 김문화 씨는 '탈춤'에 관한 영상물을 제작하는 프로젝트를 맡게 되었다. 제작계획서 중 다음의 제작 회의 결과가 제대로 반영되지 않은 것은?

- 제목 : 탈춤 체험의 기록임이 나타나도록 표현
- 주 대상층 : 탈춤에 무관심한 젊은 세대
- 내용 : 실제 경험을 통해 탈춤을 알아가고 가까워지는 과정을 보여 주는 동시에 탈춤에 대한 정보를 함께 제공
- 구성 : 간단한 이야기 형식으로 구성
- 전달방식 : 정보들을 다양한 방식으로 전달

〈제작계획서〉

제목		'기획 특집 – 탈춤 속으로 떠나는 10일간의 여행'	①
제작 의도		젊은 세대에게 우리 고유의 문화유산인 탈춤에 대한 관심을 불러일으킨다.	②
전체 구성	중심 얼개	• 대학생이 우리 문화 체험을 위해 탈춤이 전승되는 마을을 찾아가는 상황을 설정한다. • 탈춤을 배우기 시작하여 마지막 날에 공연으로 마무리한다는 줄거리로 구성한다.	③
	보조 얼개	탈춤에 대한 정보를 별도로 구성하여 중간 중간에 삽입한다.	
전달 방식	해설	내레이션을 통해 탈춤에 대한 학술적 이견들을 깊이 있게 제시하여 탈춤에 조예가 깊은 시청자들의 흥미를 끌도록 한다.	④
	영상 편집	• 탈에 대한 정보를 시각 자료로 제시한다. • 탈춤의 종류, 지역별 탈춤의 특성 등에 대한 그래픽 자료를 보여 준다. • 탈춤 연습 과정과 공연 장면을 현장감 있게 보여 준다.	

 ④ 해당 영상물의 제작 의도는 탈춤에 무관심한 젊은 세대를 대상으로 하여 우리 고유의 문화유산인 탈춤에 대한 관심을 불러일으키기 위한 것이다. 따라서 탈춤에 대한 학술적 이견들을 깊이 있게 제시하는 것은 제작 의도와 맞지 않는다.

30 다음에 제시된 개요의 결론으로 알맞은 것을 고르면?

> 제목 : 생태 관광
> Ⅰ. 서론 : 생태 관광의 의의와 현황
>
> Ⅱ. 본론
>   ㉠ 문제점 분석
>   • 생태자원 훼손
>   • 지역 주민들의 참여도 부족
>   • 수익 위주의 운영
>   • 안내 해설 미흡
>   ㉡ 개선 방안 제시
>   • 인지도 및 관심 증대
>   • 지역 주민들의 참여 유도
>   • 관련 법규의 재정비
>   • 생태관광가이드 육성
>
> Ⅲ. 결론 : (   )

① 자연생태계 훼손 최소화

② 생태 관광의 지속적인 발전

③ 생물자원의 가치 증대

④ 바람직한 생태 관광을 위한 노력 촉구

 ④ 본론에서 생태 관광에 대한 문제점을 지적하고 그에 대한 개선 방안을 제시하였으므로 결론에서는 주장을 정리하는 '바람직한 생태 관광을 위한 노력 촉구'가 적절하다.

Answer ▸ 29.④ 30.④

31 다음은 '화석 연료 사용으로 인한 문제점과 해결 방안'에 관한 글을 쓰기 위해 작성한 개요이다. 수정 의견 및 보완 사항으로 적절하지 않은 것은?

Ⅰ. 서론

Ⅱ. 본론
 1. 화석 연료 사용으로 인한 문제점
   가. 기온 상승으로 인한 지구 온난화
   나. 환경오염으로 인한 생태계 파괴
   다. 탄소 배출 증가로 인한 온실 효과
 2. 화석 연료 문제를 해결하기 위한 방안
   가. 탄소 배출을 억제하는 산업의 육성
   나. 생태계 보전을 위한 화석 연료 사용 규제
   다. 탄소 배출권 확보를 위한 정책 마련

Ⅲ. 결론: 탄소 배출 억제를 통한 지구 생태계 보전

---

① Ⅱ-1의 '가'는 Ⅱ-1의 '다'와 합쳐 '탄소 배출 증가로 인한 지구온난화'로 고친다.
② Ⅱ-1에 '화석 연료 고갈로 인한 에너지 자원 부족'이라는 내용을 추가한다.
③ Ⅱ-2에 '화석 연료를 대체할 에너지 자원 개발'이라는 내용을 추가한다.
④ Ⅲ의 결론을 '환경오염 예방과 생태계 보전을 위한 노력'으로 고친다.

> (Tip) 본론에서는 화석 연료의 사용으로 증가한 탄소 배출로 인해 환경오염과 생태계 파괴가 일어났다고 보고, 화석 연료 사용 규제 및 탄소 배출 억제를 통해 이를 해결해야 한다고 주장한다. 따라서 결론은 수정할 필요가 없다.

32 다음 보기 중, 아래 제시글의 내용을 토대로 할 때 밑줄 친 부분에 들어갈 만한 내용으로 적절하지 않은 것은 무엇인가?

> 2014년 7월부터 시행되고 있는 기초연금은 노인의 생활안정과 복지증진을 목적으로 65세 이상 노인 70%를 대상으로 단독인 경우 2016년 기준으로 최대 204,010원, 부부인 경우 최대 326,400원을 지급하고 있다. 이러한 기초연금은 기존 기초노령연금과 비교할 때 급여액이 최대 2배 상향되었고, 기초노령연금의 '한시적' 성격을 극복하여 우리나라 노인기초보장제도의 전환을 가져왔다고 평가할 수 있다. 또한 급여 확대를 통해 기존 기초노령연금과 비교할 때 기초연금 예산이 증가하여 2015년 기초연금 지급액으로 연간 10조 원(국비 7조 6천억, 지방비 2조 4천억)이 집행되었다. 이렇게 대규모 예산이 투입되는 기초연금이 제도의 본래 목적을 잘 달성하고 있는지, 또한 기초연금 수급자에게 미치는 영향이나 효과는 어떠한지 현 시점에서 검토하고 평가할 필요가 있다. 보다 구체적으로는 기초연금 도입에 따라, ＿＿＿＿＿＿＿＿＿＿＿＿＿＿＿＿＿와 관련된 내용이 그 예가 될 수 있겠다.

① 노인의 소득이 증가하면서 그에 따라 수급자들의 지출이 증가하였는지

② 기초연금 수급자들은 기초연금 급여를 주로 어디에 사용하며 기초연금이 생활에 얼마나 도움을 주고 있는지

③ 제도 도입 시점의 기금 운용 계획과 집행 예산 내역을 비교하여 효과적인 기초연금 지급이 이루어지고 있는지

④ 제도 도입에 대한 평가와 기초연금제도에 대한 만족도와 같은 수급자들의 제도에 대한 인식과 평가는 어떠한지

 제시글의 서두에서 기초연금제도는 노인의 생활안정과 복지증진을 목적으로 하고 있다고 밝히고 있다. 따라서 이와 관련한, 수급자에게 미치는 영향이나 효과를 알아보는 방식의 사례가 등장하여야 할 것이다. 보기③은 재원 유지 측면에서 기초연금 수급자가 아닌 공단 측의 검토 내용이 되어야 할 것이다.

33 제시된 글의 내용으로 볼 때, 밑줄 친 부분에 들어가야 할 문구로 가장 적절한 것은 다음 보기 중 어느 것인가?

인간이 불확정적인 존재라는 현대 철학 이론들은 결국 인간에 대한 우리의 인식에 혼돈만을 가져다 줄 뿐인가? 데리다, 라깡, 보들리야르, 들뢰즈 등의 현대 철학자들의 이론은 인간의 사유와 존재에 대한 각각 다른, 그리고 매우 심층적인 해답을 제시한다. 물론 이것들 중 그 어느 하나가 완벽하다거나 인간의 모든 현상을 한꺼번에 통째로 설명해 줄 수 있는 것은 아니다. 다만 확실한 것은 이러한 이론들이 우리가 이제까지 인식하지 못했고 포착하지도 못했던 삶의 진실들을 하나씩 들어 설명하고 있다는 점이고 그것들은 어떤 하나가 그 자체로 완벽한 것은 아닐지라도 세상과 나에 대한 인식의 지평을 넓혀가고 있다는 사실이다. 전체를 통괄하는 전지전능한 이론의 출현을 기대하기는 어렵겠지만 어쨌든 인간이라는 혼돈의 아틀란티스에서 패턴과 원리를 발견하고 있기는 한 것이다.

이와 같은 현상은 과학계에서도 마찬가지로 발견된다. 복잡해 보이는 자연 현상 속에 숨겨진 법칙이 근대 과학자들이 믿었듯이 아주 간단하고 단순한 원리인 것은 아니라 할지라도, 오히려 자연 현상 뒤에는 무수히 많은 변수가 존재하고 자연이란 이것들이 뒤엉켜 결합하는 혼돈의 상태라 하더라도, 그 혼돈 속에서 어떤 규칙성을 찾아낼 수 있다는 것이 제임스 글리크가 〈카오스〉에서 주장하는 바이다. 그의 주장은 큰 반향을 불러 일으켰다. 객관성, 증명가능성, 실험을 통한 반복 가능성 등 이제까지 과학의 근본 원리라고 믿어져 왔던 모든 원칙을 부인하면서도 동시에 혼돈 속에서 질서를 찾아내는 과학의 가능성을 설파하는 그의 주장은 과학뿐 아니라 많은 철학 이론을 잉태하였고 또한 예술과 사회과학 분야에서도 여러 가지로 원용되고 있다. 가령 '나비 효과' '프랙탈 이론' 등이 그 좋은 예인데 이러한 용어들은 인문학, 사회과학, 자연과학, 공학 기술, 예술 등 모든 분야에서 현실의 혼돈 혹은 복잡계 현상을 설명하는 도구로 사용된다.

결국 현대 인문학과 과학은 추구하는 방법은 다르지만 어떤 한 가지 지향점을 향하여 간다고 할 수 있다. 그것은 바로 ＿＿＿＿＿＿＿＿＿＿＿＿＿＿＿＿이다. 현대 학문은 인간, 사회, 자연 이 모든 것들이 우리가 처음에 생각했던 것처럼 그렇게 단순하지 않으며, 겹겹의 층을 이루고 있고 게다가 그것이 복잡하게 얽혀있음을 보여준다. 분과학문의 발전은 역설적이게도 어떤 현상의 설명을 위해서는 하나의 이론만으로는 불충분하다는 점을 보여주게 된 것이다. 여러 학문적 노력이 서로 만나고 의지하고 소통할 때에 좀 더 온전한 이해가 가능하다는 것이다.

① 어떤 식으로든 전체를 관통하는 패턴을 찾아낸다는 것
② 인간 자신을 이해하고 인간이 살고 있는 세계인 자연과 사회를 이해하려는 노력
③ 우리의 사고와 행동에 기준이 되는 지침을 제공하고 있다는 점
④ 명쾌하게 연결되어 역사를 이어가고 있는 커다란 단서의 제공

 인문학과 과학은 우리의 삶과 삶 속에서 마주치는 인간, 자연, 사회에 대하여 완벽하게 전체를 관통하는 이론을 뒷받침하지는 못한다. 그러나 그러한 복잡하고 혼란한 가치들을 이해할 수 있는 방향을 제시하고 그 안에서 질서와 원리를 끊임없이 찾아내려는 시도를 하고 있다고 필자는 주장한다. 따라서 인문학과 과학의 지향점은 결국 인간과 인간이 살고 있는 자연, 사회를 이해하려는 노력이라고 보는 것이 가장 타당하고 적절하다.

34 다음 글의 밑줄 친 부분에 들어갈 가장 알맞은 말은 어느 것인가?

> 은행은 불특정 다수로부터 예금을 받아 자금 수요자를 대상으로 정보생산과 모니터링을 하며 이를 바탕으로 대출을 해주는 고유의 자금중개기능을 수행한다. 이 고유 기능을 통하여 은행은 어느 나라에서나 경제적 활동과 성장을 위한 금융지원에 있어서 중심적인 역할을 담당하고 있다. 특히 글로벌 금융위기를 겪으면서 주요 선진국을 중심으로 직접금융이나 그림자 금융의 취약성이 드러남에 따라 은행의 정보생산 활동에 의하여 비대칭정보 문제를 완화하고 리스크를 흡수하거나 분산시키며 금융부문에 대한 충격을 완화하는 역할에 대한 관심이 크게 높아졌다. 또한 국내외 금융시장에서 비은행 금융회사의 업무 비중이 늘어나는 추세를 보이고 있음에도 불구하고 은행은 여전히 금융시스템에서 가장 중요한 기능을 담당하고 있는 것으로 인식되고 있으며, 은행의 자금중개기능을 통한 유동성 공급의 중요성이 부각되고 있다.
>
> 한편 은행이 외부 충격을 견뎌 내고 금융시스템의 안정 유지에 기여하면서 금융중개라는 핵심 기능을 원활히 수행하기 위해서는 _____ 뒷받침되어야 한다. 그렇지 않으면 은행의 건전성에 대한 고객의 신뢰가 떨어져 수신기반이 취약해지고, 은행이 '고위험 – 고수익'을 추구하려는 유인을 갖게 되어 개별 은행 및 금융산업 전체의 리스크가 높아지며, 은행의 자금중개기능이 약화되는 등 여러 가지 부작용이 초래되기 때문이다. 결론적으로 은행이 수익성 악화로 부실해지면 금융시스템의 안정성이 저해되고 금융중개 활동이 위축되어 실물경제가 타격을 받을 수 있으므로 은행이 적정한 수익성을 유지하는 것은 개별 은행과 금융시스템은 물론 한 나라의 전체 경제 차원에서도 중요한 과제라고 할 수 있다. 이러한 관점에서 은행의 수익성은 학계는 물론 은행 경영층, 금융시장 참가자, 금융정책 및 감독 당국, 중앙은행 등의 주요 관심대상이 되는 것이다.

① 외부 충격으로부터 보호받을 수 있는 제도적 장치가
② 건전성과 아울러 적정 수준의 수익성이
③ 유동성 문제의 해결과 함께 건전성이
④ 제도 개선과 함께 수익성이

 글의 전반부에서 비은행 금융회사의 득세에도 불구하고 여전히 은행이 가진 유동성 공급의 중요성을 언급한다. 여기서는 은행이 글로벌 금융위기를 겪으며 제기된 비대칭정보 문제를 언급하며, 금융시스템 안정을 위해서 필요한 은행의 건전성을 간접적으로 강조하고 있다. 후반부에서는 수익성이 함께 뒷받침되지 않을 경우의 부작용을 직접적으로 언급하며, 은행의 수익성은 한 나라의 경제 전반을 뒤흔들 수 있는 중요한 과제임을 강조한다. 따라서 후반부가 시작되는 첫 문장은 건전성과 아울러 수익성도 중요하다는 화제를 제시하는 문구가 가장 적절하다고 볼 수 있다. 또한, 자칫 수익성만 강조하게 되면 국가 경제 전반에 영향을 줄 수 있는 불건전한 은행의 문제점이 드러날 수 있으므로 '적정 수준'이라는 문구를 포함시킨 것으로 볼 수 있다.

Answer 33.② 34.②

35 다음 글을 바탕으로 볼 때 만족감이 가장 클 것으로 기대되는 사례는?

우리의 경제 활동을 들여다보면 가끔 이해하기 어려운 현상을 만날 때가 있다. 예컨대, 똑같이 백만 원을 벌었는데도 어떤 사람은 만족하고 어떤 사람은 만족하지 못한다. 또 한 번도 당첨된 적이 없는데도 복권을 사는 데 많은 돈을 쓰는 사람들이 있다. 왜 그럴까? 지금부터 '준거점'과 '손실회피성'이라는 개념을 통해 이러한 현상의 원인을 이해해 보자.

먼저 다음 예를 살펴보자. A의 용돈은 만 원, B의 용돈은 천 원이다. 그런데 용돈에 변화가 생겨서 A의 용돈은 만천 원이 되고, B의 용돈은 이천 원이 되었다. 이때 둘 중에 누가 더 만족할까? 객관적인 기준으로 본다면 A는 B보다 여전히 더 많은 용돈을 받으므로 A가 더 만족해야 한다. 그러나 용돈이 천 원 오른 것에 대해 A는 원래 용돈인 만 원을 기준으로, B는 천 원을 기준으로 그 가치를 느낄 것이므로 실제로는 B가 더 만족할 것이다. 이렇게 경제적인 이익이나 손실의 가치를 판단할 때 작동하는 내적인 기준을 경제 이론에서는 '준거점'이라고 한다. 사람들은 이러한 준거점에 의존하여 이익과 손실의 가치를 판단한다.

그런데 사람들은 똑같은 금액의 이익과 손실이 있을 때, 이익으로 인한 기쁨보다 손실로 인한 고통을 더 크게 느낀다. 즉, 백만 원이 생겼을 때 느끼는 기쁨보다 백만 원을 잃었을 때 느끼는 슬픔을 더 크게 느낀다는 것이다. 이러한 심리적 특성으로 인해 사람들은 경제 활동을 할 때 손실이 일어나는 것을 회피하려는 경향이 있다. 이것을 '손실회피성'이라고 한다.

손실회피성은 주식에 투자하는 사람들의 행동에서 쉽게 찾아 볼 수 있다. 주식에 십만 원을 투자했는데 오만 원을 잃은 사람이 있다고 가정하자. 그가 그 시점에서 주식 투자를 그만 두면 그는 확실히 오만 원의 손실을 입는다. 그러나 주식 투자를 계속하면 이미 잃은 오만 원은 확실한 손실이 아닐 수 있다. 왜냐하면 주식 투자를 계속 할 경우 잃은 돈을 다시 벌 수 있는 가능성이 있기 때문이다. 이러한 상황에서 사람들은 확실한 손실보다는 불확실한 손실을 선택하여 자신이 입을 손실을 회피하려고 한다.

① 인턴사원 A는 급여가 백만 원에서 백십만 원으로 인상되었다.
② 아르바이트생 B는 오십만 원의 급여를 받다가 이달부터 육십만 원을 받게 되었다.
③ 신입사원 C는 연봉 이천오백만 원을 받았는데 올해부터 삼천오백만 원을 받았다.
④ 인턴사원 D는 백만 원씩 받던 급여를 이달부터 이백만 원씩 받았다.

 준거점에 근거하여 만족감이 큰 순으로 나열하면 D > C > B > A이다.
④ 인턴사원 D의 준거점은 백만 원으로 준거점 대비 100% 인상되었다.
① 인턴사원 A의 준거점은 백만 원으로 준거점 대비 10% 인상되었다.
② 아르바이트생 B의 준거점은 오십만 원으로 준거점 대비 20% 인상되었다.
③ 신입사원 C의 준거점은 이천오백만 원으로 준거점 대비 40% 인상되었다.

Answer ↪ 35.④

02 문제해결능력

1 문제와 문제해결

(1) 문제의 정의와 분류

① 정의 : 문제란 업무를 수행함에 있어서 답을 요구하는 질문이나 의논하여 해결해야 되는 사항이다.

② 문제의 분류

구분	창의적 문제	분석적 문제
문제제시 방법	현재 문제가 없더라도 보다 나은 방법을 찾기 위한 문제 탐구→문제 자체가 명확하지 않음	현재의 문제점이나 미래의 문제로 예견될 것에 대한 문제 탐구→문제 자체가 명확함
해결방법	창의력에 의한 많은 아이디어의 작성을 통해 해결	분석, 논리, 귀납과 같은 논리적 방법을 통해 해결
해답 수	해답의 수가 많으며, 많은 답 가운데 보다 나은 것을 선택	답의 수가 적으며 한정되어 있음
주요특징	주관적, 직관적, 감각적, 정성적, 개별적, 특수성	객관적, 논리적, 정량적, 이성적, 일반적, 공통성

(2) 업무수행과정에서 발생하는 문제 유형

① 발생형 문제(보이는 문제) : 현재 직면하여 해결하기 위해 고민하는 문제이다. 원인이 내재되어 있기 때문에 원인지향적인 문제라고도 한다.
ㄱ 일탈문제 : 어떤 기준을 일탈함으로써 생기는 문제
ㄴ 미달문제 : 어떤 기준에 미달하여 생기는 문제

② 탐색형 문제(찾는 문제) : 현재의 상황을 개선하거나 효율을 높이기 위한 문제이다. 방치할 경우 큰 손실이 따르거나 해결할 수 없는 문제로 나타나게 된다.
ㄱ 잠재문제 : 문제가 잠재되어 있어 인식하지 못하다가 확대되어 해결이 어려운 문제
ㄴ 예측문제 : 현재로는 문제가 없으나 현 상태의 진행 상황을 예측하여 찾아야 앞으로 일어날 수 있는 문제가 보이는 문제

ⓒ 발견문제 : 현재로서는 담당 업무에 문제가 없으나 선진기업의 업무 방법 등 보다 좋은 제도나 기법을 발견하여 개선시킬 수 있는 문제

③ 설정형 문제(미래 문제) : 장래의 경영전략을 생각하는 것으로 앞으로 어떻게 할 것인가 하는 문제이다. 문제해결에 창조적인 노력이 요구되어 창조적 문제라고도 한다.

D회사 신입사원으로 입사한 귀하는 신입사원 교육에서 업무수행과정에서 발생하는 문제 유형 중 설정형 문제를 하나씩 찾아오라는 지시를 받았다. 이에 대해 귀하는 교육받은 내용을 다시 복습하려고 한다. 설정형 문제에 해당하는 것은?

① 현재 직면하여 해결하기 위해 고민하는 문제
② 현재의 상황을 개선하거나 효율을 높이기 위한 문제
③ 앞으로 어떻게 할 것인가 하는 문제
④ 원인이 내재되어 있는 원인지향적인 문제

[출제의도]
업무수행 중 문제가 발생하였을 때 문제 유형을 구분하는 능력을 측정하는 문항이다.
[해설]
업무수행과정에서 발생하는 문제 유형으로는 발생형 문제, 탐색형 문제, 설정형 문제가 있으며 ①④는 발생형 문제이며 ②는 탐색형 문제, ③이 설정형 문제이다.

답 ③

---

(3) 문제해결

① 정의 : 목표와 현상을 분석하고 이 결과를 토대로 과제를 도출하여 최적의 해결책을 찾아 실행·평가해 가는 활동이다.

② 문제해결에 필요한 기본적 사고
　　㉠ 전략적 사고 : 문제와 해결방안이 상위 시스템과 어떻게 연결되어 있는지를 생각한다.
　　㉡ 분석적 사고 : 전체를 각각의 요소로 나누어 그 의미를 도출하고 우선순위를 부여하여 구체적인 문제해결방법을 실행한다.
　　㉢ 발상의 전환 : 인식의 틀을 전환하여 새로운 관점으로 바라보는 사고를 지향한다.
　　㉣ 내·외부자원의 활용 : 기술, 재료, 사람 등 필요한 자원을 효과적으로 활용한다.

③ 문제해결의 장애요소
　　㉠ 문제를 철저하게 분석하지 않는 경우
　　㉡ 고정관념에 얽매이는 경우
　　㉢ 쉽게 떠오르는 단순한 정보에 의지하는 경우
　　㉣ 너무 많은 자료를 수집하려고 노력하는 경우

④ 문제해결방법
   ⊙ **소프트 어프로치**: 문제해결을 위해서 직접적인 표현보다는 무언가를 시사하거나 암시를 통하여 의사를 전달하여 문제해결을 도모하고자 한다.
   ⊙ **하드 어프로치**: 상이한 문화적 토양을 가지고 있는 구성원을 가정하고, 서로의 생각을 직설적으로 주장하고 논쟁이나 협상을 통해 서로의 의견을 조정해 가는 방법이다.
   ⓒ **퍼실리테이션(facilitation)**: 촉진을 의미하며 어떤 그룹이나 집단이 의사결정을 잘 하도록 도와주는 일을 의미한다.

2 문제해결능력을 구성하는 하위능력

(1) 사고력

① **창의적 사고**: 개인이 가지고 있는 경험과 지식을 통해 새로운 가치 있는 아이디어를 산출하는 사고능력이다.
   ⊙ 창의적 사고의 특징
   • 정보와 정보의 조합
   • 사회나 개인에게 새로운 가치 창출
   • 창조적인 가능성

예제 2

M사 홍보팀에서 근무하고 있는 귀하는 입사 5년차로 창의적인 기획안을 제출하기로 유명하다. S부장은 이번 신입사원 교육 때 귀하에게 창의적인 사고란 무엇인지 교육을 맡아달라고 부탁하였다. 창의적인 사고에 대한 귀하의 설명으로 옳지 않은 것은?

① 창의적인 사고는 새롭고 유용한 아이디어를 생산해 내는 정신적인 과정이다.
② 창의적인 사고는 특별한 사람들만이 할 수 있는 대단한 능력이다.
③ 창의적인 사고는 기존의 정보들을 특정한 요구조건에 맞거나 유용하도록 새롭게 조합시킨 것이다.
④ 창의적인 사고는 통상적인 것이 아니라 기발하거나, 신기하며 독창적인 것이다.

[출제의도]
창의적 사고에 대한 개념을 정확히 파악하고 있는지를 묻는 문항이다.
[해설]
흔히 사람들은 창의적인 사고에 대해 특별한 사람들만이 할 수 있는 대단한 능력이라고 생각하지만 그리 대단한 능력이 아니며 이미 알고 있는 경험과 지식을 해체하여 다시 새로운 정보로 결합하여 가치 있는 아이디어를 산출하는 사고라고 할 수 있다.

답 ②

ⓛ 발산적 사고 : 창의적 사고를 위해 필요한 것으로 자유연상법, 강제연상법, 비교발상법 등을 통해 개발할 수 있다.

구분	내용
자유연상법	생각나는 대로 자유롭게 발상 ex) 브레인스토밍
강제연상법	각종 힌트에 강제적으로 연결 지어 발상 ex) 체크리스트
비교발상법	주제의 본질과 닮은 것을 힌트로 발상 ex) NM법, Synectics

Point 》 브레인스토밍
　　ⓐ 진행방법
　　　• 주제를 구체적이고 명확하게 정한다.
　　　• 구성원의 얼굴을 볼 수 있는 좌석 배치와 큰 용지를 준비한다.
　　　• 구성원들의 다양한 의견을 도출할 수 있는 사람을 리더로 선출한다.
　　　• 구성원은 다양한 분야의 사람들로 5~8명 정도로 구성한다.
　　　• 발언은 누구나 자유롭게 할 수 있도록 하며, 모든 발언 내용을 기록한다.
　　　• 아이디어에 대한 평가는 비판해서는 안 된다.
　　ⓑ 4대 원칙
　　　• 비판엄금(Support) : 평가 단계 이전에 결코 비판이나 판단을 해서는 안 되며 평가는 나중까지 유보한다.
　　　• 자유분방(Silly) : 무엇이든 자유롭게 말하고 이런 바보 같은 소리를 해서는 안 된다는 등의 생각은 하지 않아야 한다.
　　　• 질보다 양(Speed) : 질에는 관계없이 가능한 많은 아이디어들을 생성해내도록 격려한다.
　　　• 결합과 개선(Synergy) : 다른 사람의 아이디어에 자극되어 보다 좋은 생각이 떠오르고, 서로 조합하면 재미있는 아이디어가 될 것 같은 생각이 들면 즉시 조합시킨다.

② 논리적 사고 : 사고의 전개에 있어 전후의 관계가 일치하고 있는가를 살피고 아이디어를 평가하는 사고능력이다.
　　㉠ 논리적 사고를 위한 5가지 요소 : 생각하는 습관, 상대 논리의 구조화, 구체적인 생각, 타인에 대한 이해, 설득
　　㉡ 논리적 사고 개발 방법
　　　• 피라미드 구조 : 하위의 사실이나 현상부터 사고하여 상위의 주장을 만들어가는 방법
　　　• so what기법 : '그래서 무엇이지?'하고 자문자답하여 주어진 정보로부터 가치 있는 정보를 이끌어 내는 사고 기법

③ 비판적 사고 : 어떤 주제나 주장에 대해서 적극적으로 분석하고 종합하며 평가하는 능동적인 사고이다.
　　㉠ 비판적 사고 개발 태도 : 비판적 사고를 개발하기 위해서는 지적 호기심, 객관성, 개방성, 융통성, 지적 회의성, 지적 정직성, 체계성, 지속성, 결단성, 다른 관점에 대한 존중과 같은 태도가 요구된다.

ⓛ 비판적 사고를 위한 태도

- 문제의식 : 비판적인 사고를 위해서 가장 먼저 필요한 것은 바로 문제의식이다. 자신이 지니고 있는 문제와 목적을 확실하고 정확하게 파악하는 것이 비판적인 사고의 시작이다.
- 고정관념 타파 : 지각의 폭을 넓히는 일은 정보에 대한 개방성을 가지고 편견을 갖지 않는 것으로 고정관념을 타파하는 일이 중요하다.

(2) 문제처리능력과 문제해결절차

① 문제처리능력 : 목표와 현상을 분석하고 이를 토대로 문제를 도출하여 최적의 해결책을 찾아 실행·평가하는 능력이다.

② 문제해결절차 : 문제 인식 → 문제 도출 → 원인 분석 → 해결안 개발 → 실행 및 평가

ⓞ 문제 인식 : 문제해결과정 중 'waht'을 결정하는 단계로 환경 분석 → 주요 과제 도출 → 과제 선정의 절차를 통해 수행된다.

- 3C 분석 : 환경 분석 방법의 하나로 사업환경을 구성하고 있는 요소인 자사(Company), 경쟁사(Competitor), 고객(Customer)을 분석하는 것이다.

예제 3

L사에서 주력 상품으로 밀고 있는 TV의 판매 이익이 감소하고 있는 상황에서 귀하는 B부장으로부터 3C분석을 통해 해결방안을 강구해 오라는 지시를 받았다. 다음 중 3C에 해당하지 않는 것은?

① Customer
② Company
③ Competitor
④ Content

[출제의도]
3C의 개념과 구성요소를 정확히 숙지하고 있는지를 측정하는 문항이다.

[해설]
3C 분석에서 사업 환경을 구성하고 있는 요소인 자사(Company), 경쟁사(Competitor), 고객을 3C(Customer)라고 한다. 3C 분석에서 고객 분석에서는 '고객은 자사의 상품·서비스에 만족하고 있는지를, 자사 분석에서는 '자사가 세운 달성목표와 현상 간에 차이가 없는지를 경쟁사 분석에서는 '경쟁기업의 우수한 점과 자사의 현상과 차이가 없는지에 대한 질문을 통해서 환경을 분석하게 된다.

답 ④

• SWOT 분석 : 기업내부의 강점과 약점, 외부환경의 기회와 위협요인을 분석·평가하여 문제해결 방안을 개발하는 방법이다.

		내부환경요인	
		강점(Strengths)	약점(Weaknesses)
외부환경요인	기회 (Opportunities)	SO 내부강점과 외부기회 요인을 극대화	WO 외부기회를 이용하여 내부약점을 강점으로 전환
	위협 (Threat)	ST 외부위협을 최소화하기 위해 내부 강점을 극대화	WT 내부약점과 외부위협을 최소화

ⓛ 문제 도출 : 선정된 문제를 분석하여 해결해야 할 것이 무엇인지를 명확히 하는 단계로, 문제 구조 파악→핵심 문제 선정 단계를 거쳐 수행된다.
 • Logic Tree : 문제의 원인을 파고들거나 해결책을 구체화할 때 제한된 시간 안에서 넓이와 깊이를 추구하는데 도움이 되는 기술로 주요 과제를 나무모양으로 분해·정리하는 기술이다.
ⓒ 원인 분석 : 문제 도출 후 파악된 핵심 문제에 대한 분석을 통해 근본 원인을 찾는 단계로 Issue 분석→Data 분석→원인 파악의 절차로 진행된다.
ⓔ 해결안 개발 : 원인이 밝혀지면 이를 효과적으로 해결할 수 있는 다양한 해결안을 개발하고 최선의 해결안을 선택하는 것이 필요하다.
ⓜ 실행 및 평가 : 해결안 개발을 통해 만들어진 실행계획을 실제 상황에 적용하는 활동으로 실행계획 수립→실행→Follow-up의 절차로 진행된다.

예제 4

C사는 최근 국내 매출이 지속적으로 하락하고 있어 사내 분위기가 심상치 않다. 이에 대해 Y부장은 이 문제를 극복하고자 문제처리 팀을 구성하여 해결방안을 모색하도록 지시하였다. 문제처리 팀의 문제해결 절차를 올바른 순서로 나열한 것은?

① 문제 인식 → 원인 분석 → 해결안 개발 → 문제 도출 → 실행 및 평가
② 문제 도출 → 문제 인식 → 해결안 개발 → 원인 분석 → 실행 및 평가
③ 문제 인식 → 원인 분석 → 문제 도출 → 해결안 개발 → 실행 및 평가
④ 문제 인식 → 문제 도출 → 원인 분석 → 해결안 개발 → 실행 및 평가

[출제의도]
실제 업무 상황에서 문제가 일어났을 때 해결 절차를 알고 있는지를 측정하는 문항이다.
[해설]
일반적인 문제해결절차는 '문제 인식 → 문제 도출 → 원인 분석 → 해결안 개발 → 실행 및 평가로 이루어진다.

답 ④

02 출제예상문제

1 다음의 상황에서 교장이 정확하게 선생님인지 학생인지 알 수 있는 사람은 누구인가?

> 어느 노인대학에 진실만을 말하는 선생님과 짓궂은 학생들이 모여 있다. 짓궂은 학생들은 거짓말만 한다. 누가 선생님인지 누가 학생인지 모르는 교장이 자기 앞에 서있는 다섯 사람에게 자신 또는 다른 사람에 대해 이야기해보라고 했다.
>
> A : 저는 선생님입니다.
> B : D는 학생입니다.
> C : 저 빼고 다 학생입니다.
> D : 저는 선생님이고, B는 거짓말을 하고 있습니다.
> E : A는 거짓말을 하고 있습니다.

① A   ② B

③ C   ④ D

 ㉠ A가 선생님이면 C와 E는 거짓말을 하고 있으므로 학생이다.
㉡ A가 학생이면, E는 진실을 말하고 있으므로 선생님이고 C는 거짓말을 하고 있으므로 학생이다.
㉢ B가 선생님이면 D는 학생이고, B가 학생이면 D는 선생님이다.
위의 세 가지를 표로 나타내면 다음과 같다.

A	선생님	선생님	학생	학생
B	선생님	학생	선생님	학생
C	학생	학생	학생	학생
D	학생	선생님	학생	선생님
E	학생	학생	선생님	선생님

따라서 교장이 정확하게 알 수 있는 것은 C가 학생이라는 것과 선생님이 두 명이라는 것뿐이다.

Answer ▸ 1.③

2 다음의 상황에서 옳은 것은?

> 다음은 자동차 외판원 A, B, C, D, E, F의 판매실적에 대한 진술이다.
> • A는 B에게 실적에서 앞서 있다.
> • C는 D에게 실적에서 뒤졌다.
> • E는 F에게 실적에서 뒤졌지만, A에게는 실적에서 앞서 있다.
> • B는 D에게 실적에서 앞서 있지만, E에게는 실적에서 뒤졌다.

① 외판원 C의 실적은 꼴찌가 아니다.
② B의 실적보다 안 좋은 외판원은 3명이다.
③ 두 번째로 실적이 좋은 외판원은 B이다.
④ 실적이 가장 좋은 외판원은 F이다.

 제시된 조건을 통해 외판원들의 판매실적을 유추하면 A>B, D>C이다. 또한 F>E>A, E>B>
D임을 알 수 있다. 결과적으로 F>E>A>B>D>C가 된다.
① 외판원 C의 실적은 꼴지이다.
② B의 실적보다 안 좋은 외판원은 2명이다.
③ 두 번째로 실적이 좋은 외판원은 E이다.

3 A, B, C, D, E 5명의 입사성적을 비교하여 높은 순서로 순번을 매겼더니 다음과 같은 사항을 알게 되었다. 입사성적이 두 번째로 높은 사람은?

> • 순번 상 E의 앞에는 2명 이상의 사람이 있고 C보다는 앞이었다.
> • D의 순번 바로 앞에는 B가 있다.
> • A의 순번 뒤에는 2명이 있다.

① A   ② B
③ C   ④ D

 조건에 따라 순번을 매겨 높은 순으로 정리하면 BDAEC가 된다.

┃4~5┃ 다음 글을 읽고 물음에 답하시오.

○○통신회사 직원 K씨가 고객으로부터 걸려온 전화를 응대하고 있다. 고객은 K씨에게 가장 저렴한 통신비를 문의하고 있다.

K씨 : 안녕하십니까? ○○텔레콤 K○○입니다. 무엇을 도와드릴까요?
고객 : 네. 저는 저에게 맞는 통신비를 추천받고자 합니다.
K씨 : 고객님이 많이 사용하시는 부분이 무엇입니까?
고객 : 저는 통화는 별로 하지 않고 인터넷을 한 달에 평균 3기가 정도 사용합니다.
K씨 : 아, 고객님은 인터넷을 많이 사용하시는군요. 그럼 인터넷 외에 다른 서비스는 필요하신 부분이 없으십니까?
고객 : 저는 매달 컬러링을 바꾸고 싶습니다.
K씨 : 아 그럼 매달 3기가 이상의 인터넷과 무료 컬러링이 필요하신 것입니까?
고객 : 네. 그럼 될 것 같습니다.

요금제명	무료 인터넷 용량	무료 통화 용량	무료 부가서비스	가격
35요금제	1기가	40분	없음	30,000원
45요금제	2기가	60분	없음	40,000원
55요금제	3기가	120분	컬러링 월 1회	50,000원
65요금제	4기가	180분	컬러링 월 2회	60,000원

4 K씨가 고객에게 가장 적합하다고 생각하는 요금제는 무엇인가?

① 35요금제   ② 45요금제
③ 55요금제   ④ 65요금제

 고객이 원하는 3기가 이상의 인터넷과 1회 컬러링이 부가된 것은 55요금제이다.

5 만약 동일한 조건에서 고객이 통화를 1달에 1시간 30분 정도 사용한다고 한다면 이 고객에게 가장 적합한 요금제는 무엇인가?

① 35요금제   ② 45요금제
③ 55요금제   ④ 65요금제

 55요금제는 매월 3기가의 인터넷과 120분의 통화, 1회의 컬러링이 무료로 사용할 수 있다.

Answer↪ 2.④ 3.④ 4.③ 5.③

6 A, B, C, D는 영업, 사무, 전산, 관리의 일을 각각 맡아서 하기로 하였다. A는 영업과 사무 분야의 업무를 싫어하고, B는 관리 업무를 싫어하며, C는 영업 분야 일을 하고 싶어하고, D는 전산 분야 일을 하고 싶어한다. 인사부에서 각자의 선호에 따라 일을 시킬 때 옳게 짝지은 것은?

① A – 관리   ② B – 영업

③ C – 전산   ④ D – 사무

 조건에 따르면 영업과 사무 분야의 일은 A가 하는 것이 아니고, 관리는 B가 하는 것이 아니므로 'A – 관리, B – 사무, C – 영업, D – 전산'의 일을 하게 된다.

7 지하철 이용과 관련한 다음 명제들을 통해 추론한 설명으로 올바른 것은 어느 것인가?

> • 1호선을 타 본 사람은 2호선도 타 보았다.
> • 2호선을 타 본 사람은 5호선도 타 보았다.
> • 5호선을 타 본 사람은 3호선을 타 보지 않았다.
> • 3호선을 타 본 사람은 4호선을 타 보지 않았다.
> • 4호선을 타 본 사람은 1호선을 타 보지 않았다.

① 5호선을 타 보지 않은 사람은 1호선을 타 보았다.

② 3호선을 타 본 사람은 1호선을 타 보지 않았다.

③ 4호선을 타 보지 않은 사람은 5호선을 타 보았다.

④ 2호선을 타 본 사람은 4호선을 타 보았다.

 대우 명제를 이용하여 해결하는 문제이다. 대우 명제를 생각하기 전에 주어진 명제들의 삼단논법에 의한 연결 형태를 먼저 찾아보아야 한다. 주어진 다섯 개의 명제들 중 첫 번째, 두 번째, 세 번째 명제는 단순 삼단논법으로 연결되어 1호선→2호선→5호선→~3호선의 관계가 성립됨을 쉽게 알 수 있다.
따라서 이것의 대우 명제인 3호선→~1호선(3호선을 타 본 사람은 1호선을 타 보지 않았다)도 옳은 명제가 된다.

8 오 부장, 최 차장, 박 과장, 남 대리, 조 사원, 양 사원 6명은 주간회의를 진행하고 있다. 둥근 테이블에 둘러 앉아 회의를 하는 사람들의 위치가 다음과 같을 때, 조 사원의 양 옆에 위치한 사람으로 짝지어진 것은 어느 것인가?

> • 최 차장과 남 대리는 마주보고 앉았다.
> • 박 과장은 오 부장의 옆에 앉았다.
> • 오 부장은 회의의 진행을 맡기로 하였다.
> • 남 대리는 양 사원이 앉은 기준으로 오른쪽에 앉았다.

① 양 사원, 최 차장
② 양 사원, 남 대리
③ 박 과장, 최 차장
④ 오 부장, 양 사원

 둥글게 앉은 자리를 일렬로 펼쳐 생각해 볼 수 있다.

최 차장과 남 대리가 마주보고 앉았다는 것은 이 두 사람을 기준으로 양쪽으로 두 개의 자리씩 있다는 것이 된다. 또한 오 부장과 박 과장이 나란히 앉아 있으므로 오 부장과 박 과장은 최 차장과 남 대리가 둘로 가른 양쪽 중 어느 한쪽을 차지하고 앉아 있게 된다.

남 대리가 양 사원의 오른쪽에 앉았다고 했으므로 양 사원의 왼쪽은 남은 조 사원이 앉게 되는 경우만 있게 됨을 알 수 있다.

따라서 오 부장과 박 과장의 정확한 자리만 결정되지 않았으며, 이를 오 부장을 중심으로 시계 방향으로 순서대로 정리하면, 오 부장-박 과장-남 대리-양 사원-조 사원-최 차장의 순서 또는 오 부장-남 대리-양 사원-조 사원-최 차장-박 과장의 순서가 됨을 알 수 있다.

결국 조 사원의 양 옆에는 두 가지 경우에 모두 양 사원과 최 차장이 앉아 있게 된다.

Answer → 6.① 7.② 8.①

9 다음과 같은 구조를 가진 어느 호텔에 A~H 8명이 투숙하고 있고, 알 수 있는 정보가 다음과 같다. B의 방이 204호일 때, D의 방은? (단, 한 방에는 한 명씩 투숙한다)

a라인	201	202	203	204	205
복도					
b라인	210	209	208	207	206

- 비어있는 방은 한 라인에 한 개씩 있고, A, B, F, H는 a라인에, C, D, E, G는 b라인에 투숙하고 있다.
- A와 C의 방은 복도를 사이에 두고 마주보고 있다.
- F의 방은 203호이고, 맞은 편 방은 비어있다.
- C의 오른쪽 옆방은 비어있고 그 옆방에는 E가 투숙하고 있다.
- B의 옆방은 비어있다.
- H와 D는 누구보다 멀리 떨어진 방에 투숙하고 있다.

① 202호 ② 205호
③ 206호 ④ 207호

 가장 확실한 조건(B는 204호, F는 203호)을 바탕으로 조건들을 채워나가면 다음과 같다.

a라인	201 H	202 A	203 F	204 B	205 빈 방
복도					
b라인	210 G	209 C	208 빈 방	207 E	206 D

∴ D의 방은 206호이다.

10 서울 출신 두 명과 강원도 출신 두 명, 충청도, 전라도, 경상도 출신 각 1명이 다음의 조건대로 줄을 선다. 앞에서 네 번째에 서는 사람의 출신지역은 어디인가?

- 충청도 사람은 맨 앞 또는 맨 뒤에 선다.
- 서울 사람은 서로 붙어 서있어야 한다.
- 강원도 사람 사이에는 다른 지역 사람 1명이 서있다.
- 경상도 사람은 앞에서 세 번째에 선다.

① 서울 ② 강원도
③ 충청도 ④ 전라도

경상도 사람은 앞에서 세 번째에 서고 강원도 사람 사이에는 다른 지역 사람이 서있어야 하므로 강원도 사람은 경상도 사람의 뒤쪽으로 서게 된다. 서울 사람은 서로 붙어있어야 하므로 첫 번째, 두 번째에 선다. 충청도 사람은 맨 앞 또는 맨 뒤에 서야하므로 맨 뒤에 서게 된다. 강원도 사람 사이에는 자리가 정해지지 않은 전라도 사람이 서게 된다.
서울 – 서울 – 경상도 – 강원도 – 전라도 – 강원도 – 충청도

11 홍보팀에서는 신입사원 6명(A, B, C, D, E, F)을 선배직원 3명(갑, 을, 병)이 각각 2명씩 맡아 문서작성 및 결재 요령에 대하여 1주일간 교육을 실시하고 있다. 다음 조건을 만족할 때, 신입사원과 교육을 담당한 선배직원의 연결에 대한 설명이 올바른 것은 어느 것인가?

> • B와 F는 같은 조이다.
> • 갑은 A에게 문서작성 요령을 가르쳐 주었다.
> • 을은 C와 F에게 문서작성 및 결재 요령에 대하여 가르쳐 주지 않았다.

① 병은 A를 교육한다.
② D는 을에게 교육을 받지 않는다.
③ C는 갑에게 교육을 받는다.
④ 갑과 병 중에 E를 교육하는 사람이 있다.

 주어진 조건에서 확정 조건은 다음과 같다.

B, F	A, ( )	C, D, E 중 2명
( )	갑	( )

그런데 세 번째 조건에서 을은 C와 F에게 교육을 하지 않았다고 하였으므로 을은 'F가 있는 조'와 '갑이 교육하는 조'를 맡지 않았다. 따라서 맨 오른쪽은 을이 되어야 하고 남는 한 조인 B, F 조는 병이 될 수밖에 없다.
또한 이 경우, 을이 C를 교육하지 않았다고 하였으므로 을의 조는 D와 E가 남게 되며, C는 A와 한 조가 되어 결국 다음과 같이 정리될 수 있다.

B, F	A, C	D, E
병	갑	을

12 다음 글을 근거로 판단할 때, 서연이가 구매할 가전제품과 구매할 상점을 옳게 연결한 것은?

> 서원이는 가전제품 A~E를 1대씩 구매하기 위하여 상점 '갑, 을, 병'의 가전제품 판매가격을 알아보았다.
>
> 〈상점별 가전제품 판매가격〉
>
> (단위 : 만 원)
>
> | 구분 | A | B | C | D | E |
> |---|---|---|---|---|---|
> | 갑 | 150 | 50 | 50 | 20 | 20 |
> | 을 | 130 | 45 | 60 | 20 | 10 |
> | 병 | 140 | 40 | 50 | 25 | 15 |
>
> 서원이는 각각의 가전제품을 세 상점 중 어느 곳에서나 구매할 수 있으며, 아래의 〈혜택〉을 이용하여 총 구매 금액을 최소화하고자 한다.
>
> 〈혜 택〉
>
> 1. '갑' 상점 : 200만 원 이상 구매 시 전 품목 10% 할인
> 2. '을' 상점 : A를 구매한 고객에게는 C, D를 20% 할인
> 3. '병' 상점 : C, D를 모두 구매한 고객에게는 E를 5만 원에 판매

① A – 갑 ② B – 을

③ C – 병 ④ E – 을

 • A, B, C, D 구매금액 비교

'갑' 상점	총 243만 원	=(150 + 50 + 50 + 20) × 0.9
'을' 상점	총 239만 원	=130 + 45 + 60×0.8 + 20×0.8

'갑' 상점에서 A와 B를 구매하여 C, D의 상품 금액까지 10% 할인을 받는다고 해도 '을' 상점에서 혜택을 받아 A, B, C, D를 구매하는 것이 유리하다.

• C, D, E 구매금액 비교

'을' 상점(A 구매 가정)	총 74만 원	= 60×0.8+20×0.8+10
'병' 상점	총 75만 원	=50 + 25 + 5

A 금액이 가장 저렴한 '을' 상점에서 C, D제품까지 구매하는 것이 유리하며, E 역시 '을' 상점에서 구매하는 것이 가장 적은 금액이 든다.

B의 경우 '병' 상점에서 40만 원으로 구매하여 A, B, C, D, E를 최소 금액 244만 원으로 구매할 수 있다.

13 다음 글과 〈상황〉을 근거로 판단할 때, 다음 중 옳지 않은 것은?

> A~E로 구성된 '갑'팀은 회식을 하고자 한다. 회식메뉴는 다음의 〈메뉴 선호 순위〉와 〈메뉴 결정 기준〉을 고려하여 정한다.
>
> 〈메뉴 선호 순위〉
>
> | 팀원＼메뉴 | 탕수육 | 양고기 | 바닷가재 | 방어회 | 삼겹살 |
> |:---:|:---:|:---:|:---:|:---:|:---:|
> | A | 3 | 2 | 1 | 4 | 5 |
> | B | 4 | 3 | 1 | 5 | 2 |
> | C | 3 | 1 | 5 | 4 | 2 |
> | D | 2 | 1 | 5 | 3 | 4 |
> | E | 3 | 5 | 1 | 4 | 2 |
>
> 〈메뉴 결정 기준〉
>
> - 기준1 : 1순위가 가장 많은 메뉴로 정한다.
> - 기준2 : 5순위가 가장 적은 메뉴로 정한다.
> - 기준3 : 1순위에 5점, 2순위에 4점, 3순위에 3점, 4순위에 2점, 5순위에 1점을 부여하여 각각 합산한 뒤, 점수가 가장 높은 메뉴로 정한다.
> - 기준4 : 기준3에 따른 합산 점수의 상위 2개 메뉴 중, 1순위가 더 많은 메뉴로 정한다.
> - 기준5 : 5순위가 가장 많은 메뉴를 제외하고 남은 메뉴 중, 1순위가 가장 많은 메뉴로 정한다.
>
> 〈상황〉
>
> - D는 바닷가재가 메뉴로 정해지면 회식에 불참한다.
> - D가 회식에 불참하면 C도 불참한다.
> - E는 양고기가 메뉴로 정해지면 회식에 불참한다.

① 기준1과 기준4 중 어느 것에 따르더라도 같은 메뉴가 정해진다.

② 기준2에 따르면 탕수육으로 메뉴가 정해진다.

③ 기준3에 따르면 모든 팀원이 회식에 참석한다.

④ 기준5에 따르면 E는 회식에 참석하지 않는다.

 각 기준에 따라 결정되는 메뉴는 다음과 같다.
- 기준1 : 바닷가재(1순위 3개)
- 기준2 : 탕수육(5순위 0개)
- 기준3 : 양고기(양고기 : 18 > 바닷가재 : 17 > 탕수육 = 삼겹살 : 15 > 방어회 : 10)
- 기준4 : 바닷가재(상위 2순위 양고기와 바닷가재 중 바닷가재가 1순위 3번으로 더 많음)
- 기준5 : 양고기(바닷가재 제외 후, 1순위가 2번으로 가장 많음)

Answer↪ 12.④ 13.③

14 다음 글을 근거로 판단할 때, 서원 씨가 출연할 요일과 프로그램을 옳게 짝지은 것은?

> 서원 씨는 ○○방송국으로부터 아래와 같이 프로그램 특별 출연을 요청받았다.
>
> | 매체 | 프로그램 | 시간대 | 출연 가능 요일 |
> |---|---|---|---|
> | TV | 모여라 남극유치원 | 오전 | 월, 수, 금 |
> | | 펭귄극장 | 오후 | 화, 목, 금 |
> | | 남극의 법칙 | 오후 | 월, 수, 목 |
> | 라디오 | 지금은 남극시대 | 오전 | 화, 수, 목 |
> | | 펭귄파워 | 오전 | 월, 화, 금 |
> | | 열시의 펭귄 | 오후 | 월, 수, 금 |
> | | 굿모닝 남극대행진 | 오전 | 화, 수, 금 |
>
> 서원 씨는 다음주 5일(월요일~금요일) 동안 매일 하나의 프로그램에 출연하며, 한 번 출연한 프로그램에는 다시 출연하지 않는다. 또한 동일 매체에 2일 연속 출연하지 않으며, 동일 시간대에도 2일 연속 출연하지 않는다.

요일	프로그램
① 월요일	펭귄파워
② 화요일	굿모닝 남극대행진
③ 수요일	열시의 펭귄
④ 목요일	펭귄극장

 표의 프로그램을 순서대로 각각 A~G라고 했을 때, 다음과 같이 정리할 수 있다.

시간대＼요일	월	화	수	목	금
오전	A E	D E G	A D G	D	A E G
오후	C F	B C F	C F	B C	B F

동일 시간대에 2일 연속 출연하지 않는다고 했으므로, 다음 두 가지 경우가 가능하다.
1) 월요일 오전 – 화요일 오후 – 수요일 오전 – 목요일 오후 – 금요일 오전
2) 월요일 오후 – 화요일 오전 – 수요일 오후 – 목요일 오전 – 금요일 오후
1)의 경우 화요일 오후 일정(B)을 기준으로 시작하여, 월요일 오전에는 E(동일 매체에 2일 연속 출연하지 않는다고 했으므로), 수요일 오전에는 D 또는 G, 목요일 오후 C, 금요일 오전에는 G에 출연하게 된다.
2)의 경우 목요일 오전 D 출연을 기준으로 시작하여 금요일 오후 B, 수요일 오후 C, 화요일 오전 E 또는 G에 출연이 가능하다. 그런데 월요일 오후에 출연할 수 있는 프로그램은 F뿐인데 화요일 오전의 E 또는 G와 동일 매체에 2일 연속 출연하게 되므로 2)의 경우는 불가능하다.

15 다음 글을 근거로 판단할 때, A가 구매해야 할 재료와 그 양으로 옳은 것은?

A는 아내, 아들과 함께 짬뽕을 만들어 먹기로 했다. 짬뽕요리에 필요한 재료를 사기 위해 근처 전통시장에 들른 A는 아래 〈조건〉을 만족하도록 재료를 모두 구매한다. 다만 짬뽕요리에 필요한 각 재료의 절반 이상이 냉장고에 있으면 그 재료는 구매하지 않는다.

〈조건〉
1) A와 아내는 각각 성인 1인분, 아들은 성인 0.5인분을 먹는다.
2) 매운 음식을 잘 먹지 못하는 아내를 고려하여 '고추'라는 단어가 들어간 재료는 모두 절반만 넣는다.
3) 아들은 성인 1인분의 새우를 먹는다.

냉장고에 있는 재료	면 200g, 오징어 240g, 돼지고기 100g, 청양고추 15g, 양파 100g, 고추기름 100ml, 대파 10cm, 간장 80ml, 마늘 5g
짬뽕요리 재료 (성인 1인분 기준)	면 200g, 해삼 40g, 소라 30g, 오징어 60g, 돼지고기 90g, 새우 40g, 양파 60g, 양송이버섯 50g, 죽순 40g, 고추기름 20ml, 건고추 8g, 청양고추 10g, 대파 10cm, 마늘 10g, 청주 15ml

① 면 200g　　　　　　　② 양파 50g
③ 돼지고기 125g　　　　④ 건고추 7g

 상황과 조건에 따른 내용을 정리해보면 다음과 같다.

요리 재료	필요량	냉장고에 있는 재료	구매여부(구매량)
면	$200 \times 2.5^{조건1)} = 500$	200	○(300)
해삼	$40 \times 2.5 = 100$	–	○(100)
소라	$30 \times 2.5 = 75$	–	○(75)
오징어	$60 \times 2.5 = 150$	240	×
돼지고기	$90 \times 2.5 = 225$	100	○(125)
새우	$40 \times 3^{조건3)} = 120$	–	○(120)
양파	$60 \times 2.5 = 150$	100	×
양송이버섯	$50 \times 2.5 = 125$	–	○(125)
죽순	$40 \times 2.5 = 100$	–	○(100)
고추기름	$20 \times 2.5 \times 0.5^{조건2)} = 25$	100	×
건고추	$8 \times 2.5 \times 0.5 = 10$	–	○(10)
청양고추	$10 \times 2.5 \times 0.5 = 12.5$	15	×
대파	$10 \times 2.5 = 25$	10	○(15)
마늘	$10 \times 2.5 = 25$	5	○(20)
청주	$15 \times 2.5 = 37.5$	–	○(37.5)
		간장 80	–

Answer ⟶ 14.① 15.③

16 전문가 6명(A～F)의 '회의 참여 가능 시간'과 '회의 장소 선호도'를 반영하여 〈조건〉을 충족하는 회의를 월요일～금요일 중에 개최하려 한다. 다음에 제시된 '표' 및 〈조건〉을 보고 판단한 것 중 옳은 것은?

〈회의 참여 가능 시간〉

요일 전문가	월	화	수	목	금
A	13:00~16:20	15:00~17:30	13:00~16:20	15:00~17:30	16:00~18:30
B	13:00~16:10	–	13:00~16:10	–	16:00~18:30
C	16:00~19:20	14:00~16:20	–	14:00~16:20	16:00~19:20
D	17:00~19:30	–	17:00~19:30	–	17:00~19:30
E	–	15:00~17:10	–	15:00~17:10	–
F	16:00~19:20	–	16:00~19:20	–	16:00~19:20

〈회의 장소 선호도〉

(단위 : 점)

장소 \ 전문가	A	B	C	D	E	F
가	5	4	5	6	7	5
나	6	6	8	6	8	8
다	7	8	5	6	3	4

〈조 건〉

1) 전문가 A~F 중 3명 이상이 참여할 수 있어야 회의 개최가 가능하다.
2) 회의는 1시간 동안 진행되며, 회의 참여자는 회의 시작부터 종료까지 자리를 지켜야 한다.
3) 회의 시간이 정해지면, 해당 일정에 참여 가능한 전문가들의 선호도를 합산하여 가장 높은 점수가 나온 곳을 회의 장소로 정한다.

① 월요일에는 회의를 개최할 수 없다.
② 금요일 16시에 회의를 개최할 경우 회의 장소는 '가'이다.
③ 금요일 18시에 회의를 개최할 경우 회의 장소는 '다'이다.
④ C, D를 포함하여 4명 이상이 참여해야 할 경우 금요일 17시에 회의를 개최할 수 있다.

 금요일 17시에 회의를 개최할 경우 C, D를 포함하여 A, B, F가 회의에 참여할 수 있다.
　① 17:00~19:20 사이에 3명(C, D, F)의 회의가능 시간이 겹치므로 월요일에 회의를 개최할 수 있다.
　② 금요일 16시 회의에 참여 가능한 전문가는 A, B, C, F이며 네 명의 회의 장소 선호도는 '가: 19점', '나: 28점', '다: 24점'으로 가장 높은 점수인 '나'가 회의 장소가 된다.

③ 금요일 18시 회의에 참여하는 전문가는 C, D, F이고 회의 장소 선호도를 합산한 결과 '나' 장소가 된다(나: 22점 〉 가: 16점 〉 다: 15점).

17 다음 〈상황〉과 〈자기소개〉를 근거로 판단할 때 옳지 않은 것은?

〈상황〉

5명의 직장인(A~E)이 커플 매칭 프로그램에 참여했다.

1) 남성이 3명이고 여성이 2명이다.

2) 5명의 나이는 34세, 32세, 30세, 28세, 26세이다.

3) 5명의 직업은 의사, 간호사, TV드라마감독, 라디오작가, 요리사이다.

4) 의사와 간호사는 성별이 같다.

5) 라디오작가는 요리사와 매칭 된다.

6) 남성과 여성의 평균 나이는 같다.

7) 한 사람당 한 명의 이성과 매칭이 가능하다.

〈자기소개〉

A : 안녕하세요. 저는 32세이고 의료 관련 일을 합니다.

B : 저는 방송업계에서 일하는 남성입니다.

C : 저는 20대 남성입니다.

D : 반갑습니다. 저는 방송업계에서 일하는 여성입니다.

E : 제가 이 중 막내네요. 저는 요리사입니다.

---

① TV드라마감독은 B보다 네 살이 많다.

② 의사와 간호사 나이의 평균은 30세이다.

③ D는 의료계에서 일하는 두 사람 중 나이가 적은 사람보다 두 살 많다.

④ A의 나이는 방송업계에서 일하는 사람들 나이의 평균과 같다.

 남성이 3명, 여성이 2명이라고 했고, B와 D가 방송업계 남녀로 나뉘고, 의사와 간호사가 성별이 같다고 했으므로 의사와 간호사는 남성이다. 또 요리사는 여성(26세)임을 알 수 있다. 요리사와 매칭 되는 라디오작가가 남성이므로 TV드라마감독은 여성이다. 남성과 여성의 평균 나이가 같다고 했으므로 남성 A(32), B, C(28)와 여성 D, E(26)에서 B는 30세, D는 34세임을 알 수 있다.

• A : 32세, 남성, 의사 또는 간호사
• B : 30세, 남성, 라디오 작가
• C : 28세, 남성, 의사 또는 간호사
• D : 34세, 여성, TV드라마감독
• E : 26세, 여성, 요리사

Answer → 16.④ 17.③

| 18~19 | 다음 상황과 자료를 보고 물음에 답하시오.

도서출판 서원각에 근무하는 K씨는 고객으로부터 9급 건축직 공무원 추천도서를 요청받았다. K씨는 도서를 추천하기 위해 다음과 같은 9급 건축직 발행도서의 종류와 특성을 참고하였다.

K씨 : 감사합니다. 도서출판 서원각입니다.
고객 : 9급 공무원 건축직 관련 도서 추천을 좀 받고 싶습니다.
K씨 : 네, 어떤 종류의 도서를 원하십니까?
고객 : 저는 기본적으로 이론은 대학에서 전공을 했습니다. 그래서 많은 예상문제를 풀 수 있는 것이 좋습니다.
K씨 : 아. 문제가 많은 것이라면 딱 잘라서 말씀드리기가 어렵습니다.
고객 : 알아요. 그래도 적당히 가격도 그리 높지 않고 예상문제가 많이 들어 있는 것이면 됩니다.
K씨 : 네. 알겠습니다. 많은 예상문제풀이가 가능한 것 외에는 다른 필요한 사항은 없으십니까?
고객 : 가급적이면 20,000원 이하가 좋을 듯 합니다.

도서명	예상문제 문항 수	기출문제 수	이론 유무	가격
실력평가모의고사	400	120	무	18,000
전공문제집	500	160	유	25,000
문제완성	600	40	무	20,000
합격선언	300	200	유	24,000

18 다음 중 K씨가 고객의 요구에 맞는 도서를 추천해 주기 위해 가장 우선적으로 고려해야 하는 특성은 무엇인가?

① 기출문제 수 　　　　　　　　② 이론 유무
③ 가격 　　　　　　　　　　　　④ 예상문제 문항 수

 고객은 많은 문제를 풀어보기를 원하므로 우선적으로 예상문제의 수가 많은 것을 찾아야 한다.

19 고객의 요구를 종합적으로 반영하였을 때 많은 문제와 가격을 맞춘 가장 적당한 도서는?

① 실력평가모의고사 　　　　　　② 전공문제집
③ 문제완성 　　　　　　　　　　④ 합격선언

 고객의 요구인 20,000원 가격선과 예상문제의 수가 많은 도서는 문제완성이 된다.

20

> '사일로 효과'란 곡식을 저장해두는 굴뚝 모양의 창고인 사일로(silo)에서 유래된 말로 다른 부서와의 협력과 교류 없이 자신이 속한 부서의 이익만을 추구하는 조직 장벽과 부서 이기주의를 뜻한다. 최근 성과주의가 심화되면서 기업의 부서 내에 지나친 경쟁 심리가 조직 이기주의라는 문화적 병리 현상을 유발하고 있어서 사일로 현상은 더욱 고착화되는 경향이 짙다. 하지만 기업 전체 목표에서 살펴본다면 이러한 부서 간의 갈등은 당연히 기업이나 조직의 발전에 위험이 될 수 있음을 유의해야 할 것이다.

① 사일로 효과란 조직의 부서들이 서로 다른 부서와 담을 쌓고 내부 이익만을 추구하는 현상을 뜻한다.
② 고객의 니즈에 대하여 고민하고, 기업의 발전을 위해 노력해야 할 시간에 내부 직원들 간의 갈등은 기업 전체의 경쟁력에 있어 소모적일 뿐이다.
③ 나, 우리 부서만을 생각할 것이 아니라 조직의 전체목표를 바라볼 수 있어야 한다.
④ 성과주의의 심화는 사일로 효과를 약화시킬 것이다.

　　(Tip) ④ 성과주의의 심화는 기업의 부서 내에 지나친 경쟁 심리를 조장하여 사일로 효과를 증폭시킬 수 있다.

21

> 요즘 소비자들은 이야기를 재구성해 퍼뜨리기를 좋아하는 '호모나랜스(homonarrans)' 의 성격이 강하다. 호모나랜스의 특징은 다음과 같다.
> 　첫째, 수동적으로 정보를 받기보다 관심 있는 정보를 적극적으로 찾아다닌다.
> 　둘째, 상품 정보를 동료 소비자들과 소통하는 공간(We media)에서 찾는다.
> 　셋째, 흥미로운 이야기를 자신만의 방식으로 재구성하는 데 능하고, 그 과정 자체를 즐긴다.
> 　넷째, 인터넷 콘텐츠를 만들어 온라인에 게재하고, 자신의 취향과 관심사를 표현하는 것을 매우 중요하게 생각한다.

① 최근 소비자들은 홈페이지의 상품 정보보다 다른 소비자들의 상품평을 더 신뢰한다.
② 최근 소비자들은 재구성한 이야기를 다시 다른 사람들과 공유한다.
③ 최근 소비자들은 정보를 독식하고 타인과 공유하기를 꺼려한다.
④ 최근 소비자들은 온라인 콘텐츠를 적극적으로 활용하여 자신들의 소비생활에 활용한다.

　　(Tip) ③ 호모나랜스의 성격이 강한 최근의 소비자들은 상품 정보를 동료 소비자들과 공유하는 등 서로 소통하는데 많은 노력을 기울이고 있다.

Answer┌→ 18.④　19.③　20.④　21.③

22 다음은 주식회사 서원각의 팀별 성과급 지급 기준이다. Y팀의 성과평가결과가 다음과 같다면 지급되는 성과급의 1년 총액은?

〈성과급 지급 방법〉
(개) 성과급 지급은 성과평가 결과와 연계함.
(내) 성과평가는 유용성, 안전성, 서비스 만족도의 총합으로 평가함. 단, 유용성, 안전성, 서비스 만족도의 가중치를 각각 0.4, 0.4, 0.2로 부여함.
(대) 성과평가 결과를 활용한 성과급 지급 기준

성과평가 점수	성과평가 등급	분기별 성과급 지급액	비고
9.0 이상	A	100만 원	성과평가 등급이 A이면 직전분기 차감액의 50%를 가산하여 지급
8.0 이상 9.0 미만	B	90만 원 (10만 원 차감)	
7.0 이상 8.0 미만	C	80만 원 (20만 원 차감)	
7.0 미만	D	40만 원 (60만 원 차감)	

구분	1/4 분기	2/4 분기	3/4 분기	4/4 분기
유용성	8	8	10	8
안전성	8	6	8	8
서비스 만족도	6	8	10	8

① 350만 원
② 360만 원
③ 370만 원
④ 380만 원

 먼저 아래 표를 항목별로 가중치를 부여하여 계산하면,

구분	1/4 분기	2/4 분기	3/4 분기	4/4 분기
유용성	$8 \times \frac{4}{10} = 3.2$	$8 \times \frac{4}{10} = 3.2$	$10 \times \frac{4}{10} = 4.0$	$8 \times \frac{4}{10} = 3.2$
안전성	$8 \times \frac{4}{10} = 3.2$	$6 \times \frac{4}{10} = 2.4$	$8 \times \frac{4}{10} = 3.2$	$8 \times \frac{4}{10} = 3.2$
서비스 만족도	$6 \times \frac{2}{10} = 1.2$	$8 \times \frac{2}{10} = 1.6$	$10 \times \frac{2}{10} = 2.0$	$8 \times \frac{2}{10} = 1.6$
합계	7.6	7.2	9.2	8
성과평가 등급	C	C	A	B
성과급 지급액	80만 원	80만 원	110만 원	90만 원

성과평가 등급이 A이면 직전분기 차감액의 50%를 가산하여 지급한다고 하였으므로, 3/4분기의 성과급은 직전분기 차감액 20만 원의 50%인 10만 원을 가산하여 지급한다.
∴ $80 + 80 + 110 + 90 = 360$(만 원)

23 다음은 이○○씨가 A지점에서 B지점을 거쳐 C지점으로 출근을 할 때 각 경로의 거리와 주행속도를 나타낸 것이다. 이○○씨가 오전 8시 정각에 A지점을 출발해서 B지점을 거쳐 C지점으로 갈 때, 이에 대한 설명 중 옳은 것을 고르면?

구간	경로	주행속도(km/h)		거리(km)
		출근 시간대	기타 시간대	
A→B	경로 1	30	45	30
	경로 2	60	90	
B→C	경로 3	40	60	40
	경로 4	80	120	

※ 출근 시간대는 오전 8시부터 오전 9시까지이며, 그 이외의 시간은 기타 시간대임.

① C지점에 가장 빨리 도착하는 시각은 오전 9시 10분이다.

② C지점에 가장 늦게 도착하는 시각은 오전 9시 20분이다.

③ B지점에 가장 빨리 도착하는 시각은 오전 8시 40분이다.

④ 경로 2와 경로 3을 이용하는 경우와, 경로 1과 경로 4를 이용하는 경우 C지점에 도착하는 시각은 동일하다.

 시간 $= \dfrac{거리}{속도}$ 공식을 이용하여, 먼저 각 경로에서 걸리는 시간을 구한다.

구간	경로	시간			
		출근 시간대		기타 시간대	
A→B	경로 1	$\dfrac{30}{30} = 1.0$	1시간	$\dfrac{30}{45} \fallingdotseq 0.67$	약 40분
	경로 2	$\dfrac{30}{60} = 0.5$	30분	$\dfrac{30}{90} \fallingdotseq 0.33$	약 20분
B→C	경로 3	$\dfrac{40}{40} = 1.0$	1시간	$\dfrac{40}{60} \fallingdotseq 0.67$	약 40분
	경로 4	$\dfrac{40}{80} = 0.5$	30분	$\dfrac{40}{120} \fallingdotseq 0.33$	약 20분

④ 경로 2와 3을 이용하는 경우와 경로 1과 경로 4를 이용하는 경우 C지점에 도착하는 시각은 1시간 30분으로 동일하다.

① C지점에 가장 빨리 도착하는 방법은 경로 2와 경로 4를 이용하는 경우이므로, 가장 빨리 도착하는 시각은 1시간이 걸려서 오전 9시가 된다.

② C지점에 가장 늦게 도착하는 방법은 경로 1과 경로 3을 이용하는 경우이므로, 가장 늦게 도착하는 시각은 2시간이 걸려서 오전 10시가 된다.

③ B지점에 가장 빨리 도착하는 방법은 경로 2이므로, 가장 빨리 도착하는 시각은 30분이 걸려서 오전 8시 30분이 된다.

24 함께 여가를 보내려는 A, B, C, D, E 다섯 사람의 자리를 원형 탁자에 배정하려고 한다. 다음 글을 보고 옳은 것을 고르면?

> - A 옆에는 반드시 C가 앉아야 된다.
> - D의 맞은편에는 A가 앉아야 된다.
> - 여가시간을 보내는 방법은 책읽기, 수영, 영화 관람이다.
> - C와 E는 취미생활을 둘이서 같이 해야 한다.
> - B와 C는 취미가 같다.

① A의 오른편에는 B가 앉아야 한다.
② B가 책읽기를 좋아한다면 E도 여가 시간을 책읽기로 보낸다.
③ B는 E의 옆에 앉아야 한다.
④ A와 D 사이에 C가 앉아있다.

 ② B와 C가 취미가 같고, C는 E와 취미생활을 둘이서 같이 하므로 B가 책읽기를 좋아한다면 E 도 여가 시간을 책읽기로 보낸다.

25 민수, 영민, 민희 세 사람은 제주도로 여행을 가려고 한다. 제주도까지 가는 방법에는 고속버스 → 배 → 지역버스, 자가용 → 배, 비행기의 세 가지 방법이 있을 때 민수는 고속버스를 타기 싫어하고 영민이는 자가용 타는 것을 싫어한다면 이 세 사람이 선택할 것으로 생각되는 가장 좋은 방법은?

① 고속버스, 배
② 자가용, 배
③ 비행기
④ 지역버스, 배

 민수는 고속버스를 싫어하고, 영민이는 자가용을 싫어하므로 비행기로 가는 방법을 선택하면 된다.

26 다음 글을 통해서 볼 때, 그림을 그린 사람(들)은 누구인가?

> 송화, 진수, 경주, 상민, 정란은 대학교 회화학과에 입학하기 위해 △△미술학원에서 그림을 그린다. 이들은 특이한 버릇을 가지고 있다. 송화, 경주, 정란은 항상 그림이 마무리되면 자신의 작품 밑에 거짓을 쓰고, 진수와 상민은 자신의 그림에 언제나 참말을 써넣는다. 우연히 다음과 같은 글귀가 적힌 그림이 발견되었다.
>
> "이 그림은 진수가 그린 것이 아님"

① 진수 ② 상민
③ 송화, 경주 ④ 경주, 정란

 작품 밑에 참인 글귀를 적는 진수와 상민이 그렸다면, 진수일 경우 진수가 그리지 않았으므로 진수는 그림을 그린 것이 아니고 상민일 경우 문제의 조건에 맞으므로 상민이 그린 것이 된다.

27 A, B, C, D, E는 4시에 만나서 영화를 보기로 약속했다. 이들이 도착한 것이 다음과 같다면 옳은 것은?

> • A 다음으로 바로 B가 도착했다.
> • B는 D보다 늦게 도착했다.
> • B보다 늦게 온 사람은 한 명뿐이다.
> • D는 가장 먼저 도착하지 못했다.
> • 동시에 도착한 사람은 없다.
> • E는 C보다 일찍 도착했다.

① D는 두 번째로 약속장소에 도착했다.
② C는 약속시간에 늦었다.
③ A는 가장 먼저 약속장소에 도착했다.
④ E는 제일 먼저 도착하지 못했다.

 약속장소에 도착한 순서는 E - D - A - B - C 순이고, 제시된 사실에 따르면 C가 가장 늦게 도착하긴 했지만 약속시간에 늦었는지는 알 수 없다.

28 다음 상황에서 옳은 것은?

> 왼쪽 길은 마을로 가고, 오른쪽 길은 공동묘지로 가는 두 갈래로 나누어진 길 사이에 장승이 하나 있는데, 이 장승은 딱 두 가지 질문만 받으며 두 질문 중 하나는 진실로, 하나는 거짓으로 대답한다. 또한 장승이 언제 진실을 얘기할지 거짓을 얘기할지 알 수 없다. 마을로 가기 위해 찾아온 길을 모르는 한 나그네가 규칙을 다 들은 후에 장승에게 다음과 같이 질문했다. "너는 장승이니?" 장승이 처음 질문에 대답한 후에 나그네가 다음 질문을 했다. "오른쪽 길로 가면 마을이 나오니?" 이어진 장승의 대답 후에 나그네는 한쪽 길로 사라졌다.

① 나그네가 길을 찾을 수 있을지 없을지는 알 수 없다.
② 장승이 처음 질문에 "그렇다."라고 대답하면 나그네는 마을을 찾아갈 수 없다.
③ 장승이 처음 질문에 "아니다."라고 대답하면 나그네는 마을을 찾아갈 수 없다.
④ 장승이 처음 질문에 무엇이라 대답하든 나그네는 마을을 찾아갈 수 있다.

 장승이 처음 질문에 "그렇다."라고 대답하면 그 대답은 진실이므로 다음 질문에 대한 대답은 반드시 거짓이 되고, "아니다."라고 대답하면 그 대답은 거짓이므로 다음 질문에 대한 대답은 반드시 진실이 된다. 장승이 처음 질문에 무엇이라 대답하든 나그네는 다음 질문의 대답이 진실인지 거짓인지 알 수 있으므로 마을로 가는 길이 어느 쪽 길인지 알 수 있게 된다.

29 다음 상황에서 진실을 얘기하고 있는 사람이 한 명 뿐일 때 총을 쏜 범인과 진실을 이야기 한 사람으로 바르게 짝지어진 것은?

> 어느 아파트 옥상에서 한 남자가 총에 맞아 죽은 채 발견됐다. 그의 죽음을 조사하기 위해 형사는 죽은 남자와 관련이 있는 용의자 A, B, C, D 네 남자를 연행하여 심문하였는데 이들은 다음과 같이 진술하였다.
> A : B가 총을 쐈습니다. 내가 봤어요.
> B : C와 D는 거짓말쟁이입니다. 그들의 말은 믿을 수 없어요!
> C : A가 한 짓이 틀림없어요. A와 그 남자는 사이가 아주 안 좋았단 말입니다.
> D : 내가 한 짓이 아니에요. 나는 D를 죽일 이유가 없습니다.

① 범인 : A, 진실 : C   ② 범인 : B, 진실 : A
③ 범인 : C, 진실 : D   ④ 범인 : D, 진실 : B

 B의 진술이 거짓이라면 C와 D는 거짓말쟁이가 아니므로 진실을 말한 사람이 두 사람이 되므로 진실을 얘기하고 있는 사람이 한 명 뿐이라는 단서와 모순이 생기므로 B의 진술이 진실이다. B의 진술이 진실이고 모두의 진술이 거짓이므로 A의 거짓진술에 의해 B는 범인이 아니며, C의 거짓진술에 의해 A도 범인이 아니다. D의 거짓진술에 의해 범인은 D가 된다.

▌30~31▐ A공사에 입사한 甲은 회사 홈페이지에서 국내 다섯 개 댐에 대해 조류 예보를 관리하는 업무를 담당하게 되었다. 다음 내용을 바탕으로 물음에 답하시오.

<조류 예보 단계 및 발령기준>

조류 예보 단계		발령기준(CHI-a)
파란색	평상	$15mg/m^3$ 미만
노란색	주의	$15mg/m^3$ 이상
주황색	경보	$25mg/m^3$ 이상
빨간색	대발생	$100mg/m^3$ 이상

30 다음은 甲이 지난 7개월 동안 시간 흐름에 따른 조류량 변화 추이를 댐별로 정리한 자료이다. 이에 대한 분석으로 틀린 것은?

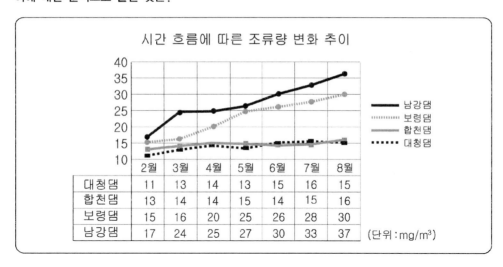

① 대청댐의 조류량이 2월부터 5월까지는 "평상" 단계였지만, 6월부터 "주의" 단계로 격상했구나.

② 합천댐은 대청댐과 마찬가지로 총 세 번의 "주의" 단계가 발령되었구나.

③ 보령댐은 2월부터 시간이 지날수록 조류량이 많아져서 줄곧 "주의" 단계였네.

④ 남강댐은 제시된 댐들 중에 매월 조류량이 가장 많고, 4월부터 "경보" 단계였구나.

 ③ 보령댐은 2월부터 시간이 지날수록 조류량이 많아져 2~4월은 "주의", 5~8월은 "경보" 단계였다.

Answer⌐➔ 28.④ 29.④ 30.③

31 甲이 다음과 같은 소식을 댐 관리자로부터 전달 받았을 때, 각 댐에 내려야 하는 예보가 적절하게 묶인 것은?

발신인 : 乙

수신인 : 甲

제목 : 장마에 따른 조류량 변화

• 장마로 인하여 상류로부터의 오염물질 다량유입, 수온 상승과 일조량 증가로 조류가 성장하기에 적합한 환경이 조성됨에 따라, 우점 조류인 아나베나(Anabaena)가 급증하고 있는 것으로 보입니다.

• 현재 조류량이 급격히 늘어나고 있는데, 현재 시각인 14시를 기준으로 대청댐은 $27\mathrm{mg/m}^3$, 보령댐은 $26\mathrm{mg/m}^3$, 합천댐은 $22\mathrm{mg/m}^3$, 남강댐과 주암댐은 각각 $12\mathrm{mg/m}^3$로 파악되고 있습니다. 긴급히 예보에 반영 부탁드립니다.

---

① 대청댐 – 대발생

② 보령댐 – 경보

③ 합천댐 – 경보

④ 남강댐, 주암댐 – 주의

 ① 대청댐 – 경보
③ 합천댐 – 주의
④ 남강댐, 주암댐 – 평상

32 다음은 A그룹 근처의 〈맛집 정보〉이다. 주어진 평가 기준에 따라 가장 높은 평가를 받은 곳으로 신년회를 예약하라는 지시를 받았다. A그룹의 신년회 장소는?

〈맛집 정보〉

음식점 \ 평가항목	음식종류	이동거리	가격 (1인 기준)	맛 평점 (★ 5개 만점)	방 예약 가능 여부
자금성	중식	150m	7,500원	★★☆	○
샹젤리제	양식	170m	8,000원	★★★	○
경복궁	한식	80m	10,000원	★★★★	○
도쿄타워	일식	350m	9,000원	★★★★☆	×

※ ☆은 ★의 반 개이다.

〈평가 기준〉

- 평가항목 중 이동거리, 가격, 맛 평점에 대하여 각 항목별로 4, 3, 2, 1점을 각각의 음식점에 하나씩 부여한다.
  - 이동거리가 짧은 음식점일수록 높은 점수를 준다.
  - 가격이 낮은 음식점일수록 높은 점수를 준다.
  - 맛 평점이 높은 음식점일수록 높은 점수를 준다.
- 평가항목 중 음식종류에 대하여 일식 5점, 한식 4점, 양식 3점, 중식 2점을 부여한다.
- 방 예약이 가능한 경우 가점 1점을 부여한다.
- 총점은 음식종류, 이동거리, 가격, 맛 평점의 4가지 평가항목에서 부여 받은 점수와 가점을 합산하여 산출한다.

① 자금성
③ 경복궁

② 샹젤리제
④ 도쿄타워

 평가 기준에 따라 점수를 매기면 다음과 같다.

음식점 \ 평가항목	음식 종류	이동 거리	가격 (1인 기준)	맛 평점 (★ 5개 만점)	방 예약 가능 여부	총점
자금성	2	3	4	1	1	11
샹젤리제	3	2	3	2	1	11
경복궁	4	4	1	3	1	13
도쿄타워	5	1	2	4	–	12

따라서 A그룹의 신년회 장소는 경복궁이다.

33 김 대리는 지난 여름 휴가 때 선박을 이용하여 '포항 → 울릉도 → 독도 → 울릉도 → 포항' 순으로 여행을 다녀왔다. 다음에 제시된 내용을 바탕으로 김 대리가 휴가를 냈던 기간을 추론하면?

- '포항 → 울릉도' 선박은 매일 오전 10시, '울릉도 → 포항' 선박은 매일 오후 3시에 출발하며, 편도 운항에 3시간이 소요된다.
- 울릉도에서 출발해 독도를 돌아보는 선박은 매주 화요일과 목요일 오전 8시에 출발하여 당일 오전 11시에 돌아온다.
- 최대 파고가 3m 이상인 날은 모든 노선의 선박이 운항되지 않는다.
- 김 대리는 매주 금요일에 술을 마시는데, 술을 마신 다음날은 멀미가 심해서 선박을 탈 수 없다.
- 이번 여행 중 김 대리는 울릉도에서 호박엿 만들기 체험을 했는데, 호박엿 만들기 체험은 매주 월·금요일 오후 6시에만 할 수 있다.

〈2016년 7월 최대 파고〉

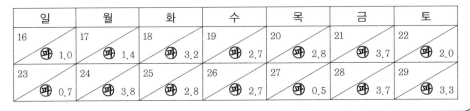

🌊 : 최대 파고(단위 : m)

일	월	화	수	목	금	토
16 🌊 1.0	17 🌊 1.4	18 🌊 3.2	19 🌊 2.7	20 🌊 2.8	21 🌊 3.7	22 🌊 2.0
23 🌊 0.7	24 🌊 3.8	25 🌊 2.8	26 🌊 2.7	27 🌊 0.5	28 🌊 3.7	29 🌊 3.3

① 7월 16일(일)~19일(수)

② 7월 19일(수)~22일(토)

③ 7월 20일(목)~23일(일)

④ 7월 23일(일)~26일(수)

 7월 23일(일)에 포항에서 출발하여 울릉도에 도착한 김 대리는 24일(월) 오후 6시에 호박엿 만들기 체험을 하고, 25일(화) 오전 8시에 울릉도→독도→울릉도 선박에 탑승할 수 있으며 26일(수) 오후 3시에 울릉도에서 포항으로 돌아올 수 있다.

① 16일(일)에 출발하여 19일(수)에 돌아왔다면 매주 화요일과 목요일에 출발하는 울릉도→독도→울릉도 선박에 탑승할 수 없다(18일 화요일 최대 파고 3.2).

② 매주 금요일에 술을 마시는 김 대리는 술을 마신 다음날인 22일(토)에는 멀미가 심해서 돌아오는 선박을 탈 수 없다.

③ 20일(목)에 포항에서 울릉도로 출발하면 오후 1시에 도착하는데, 그러면 오전 8시에 출발하는 울릉도→독도→울릉도 선박에 탑승할 수 없다.

34 신입사원 A는 상사로부터 아직까지 '올해의 K인상' 투표에 참여하지 않은 사원들에게 투표 참여 안내 문자를 발송하라는 지시를 받았다. 다음에 제시된 내용을 바탕으로 할 때, A가 문자를 보내야하는 사원은 몇 명인가?

> '올해의 K인상' 후보에 총 5명(甲~戊)이 올랐다. 수상자는 120명의 신입사원 투표에 의해 결정되며 투표규칙은 다음과 같다.
> • 투표권자는 한 명당 한 장의 투표용지를 받고, 그 투표용지에 1순위와 2순위 각 한 명의 후보자를 적어야 한다.
> • 투표권자는 1순위와 2순위로 동일한 후보자를 적을 수 없다.
> • 투표용지에 1순위로 적힌 후보자에게는 5점이, 2순위로 적힌 후보자에게는 3점이 부여된다.
> • '올해의 K인상'은 개표 완료 후, 총 점수가 가장 높은 후보자가 수상하게 된다.
> • 기권표와 무효표는 없다.
> 현재 투표까지 중간집계 점수는 다음과 같다.
>
> | 후보자 | 중간집계 점수 |
> |---|---|
> | 甲 | 360점 |
> | 乙 | 15점 |
> | 丙 | 170점 |
> | 丁 | 70점 |
> | 戊 | 25점 |

① 50명
② 45명
③ 40명
④ 35명

 1명의 투표권자가 후보자에게 줄 수 있는 점수는 1순위 5점, 2순위 3점으로 총 8점이다. 현재 투표까지 중간집계 점수가 640이므로 80명이 투표에 참여하였으며, 아직 투표에 참여하지 않은 사원은 120−80=40명이다. 따라서 신입사원 A는 40명의 사원에게 문자를 보내야 한다.

35 다음 〈상황〉과 〈조건〉을 근거로 판단할 때 옳은 것은?

〈상황〉

A대학교 보건소에서는 4월 1일(월)부터 한 달 동안 재학생을 대상으로 금연교육 4회, 금주교육 3회, 성교육 2회를 실시하려는 계획을 가지고 있다.

〈조건〉

• 금연교육은 정해진 같은 요일에만 주 1회 실시하고, 화, 수, 목요일 중에 해야 한다.
• 금주교육은 월요일과 금요일을 제외한 다른 요일에 시행하며, 주 2회 이상은 실시하지 않는다.
• 성교육은 4월 10일 이전, 같은 주에 이틀 연속으로 실시한다.
• 4월 22일부터 26일까지 중간고사 기간이고, 이 기간에 보건소는 어떠한 교육도 실시할 수 없다.
• 보건소의 교육은 하루에 하나만 실시할 수 있고, 토요일과 일요일에는 교육을 실시할 수 없다.
• 보건소는 계획한 모든 교육을 반드시 4월에 완료하여야 한다.

---

① 금연교육이 가능한 요일은 화요일과 수요일이다.
② 4월 30일에도 교육이 있다.
③ 금주교육은 4월 마지막 주에도 실시된다.
④ 성교육이 가능한 일정 조합은 두 가지 이상이다.

 • 화, 수, 목 중에 실시해야 하는 금연교육을 4회 실시하기 위해서는 반드시 화요일에 해야 한다.
• 10일 이전, 같은 주에 이틀 연속으로 성교육을 실시할 수 있는 날짜는 4~5일뿐이다.
상황과 조건에 따라 A대학교 보건소의 교육 일정을 정리해 보면 다음과 같다.

월	화	수	목	금	토	일
1	금연 2	3	성 4	성 5	X 6	X 7
8	금연 9	10	11	12	X 13	X 14
15	금연 16	17	18	19	X 20	X 21
중 22	간 23	고 24	사 25	주 26	X 27	X 28
29	금연 30					

• 금주교육은 (3, 10, 17), (3, 10, 18), (3, 11, 17), (3, 11, 18) 중 실시할 수 있다.

03 수리능력

1 직장생활과 수리능력

(1) 기초직업능력으로서의 수리능력

① 개념 : 직장생활에서 요구되는 사칙연산과 기초적인 통계를 이해하고 도표의 의미를 파악하거나 도표를 이용해서 결과를 효과적으로 제시하는 능력을 말한다.

② 수리능력은 크게 기초연산능력, 기초통계능력, 도표분석능력, 도표작성능력으로 구성된다.
　　㉠ 기초연산능력 : 직장생활에서 필요한 기초적인 사칙연산과 계산방법을 이해하고 활용할 수 있는 능력
　　㉡ 기초통계능력 : 평균, 합계, 빈도 등 직장생활에서 자주 사용되는 기초적인 통계기법을 활용하여 자료의 특성과 경향성을 파악하는 능력
　　㉢ 도표분석능력 : 그래프, 그림 등 도표의 의미를 파악하고 필요한 정보를 해석하는 능력
　　㉣ 도표작성능력 : 도표를 이용하여 결과를 효과적으로 제시하는 능력

(2) 업무수행에서 수리능력이 활용되는 경우

① 업무상 계산을 수행하고 결과를 정리하는 경우

② 업무비용을 측정하는 경우

③ 고객과 소비자의 정보를 조사하고 결과를 종합하는 경우

④ 조직의 예산안을 작성하는 경우

⑤ 업무수행 경비를 제시해야 하는 경우

⑥ 다른 상품과 가격비교를 하는 경우

⑦ 연간 상품 판매실적을 제시하는 경우

⑧ 업무비용을 다른 조직과 비교해야 하는 경우

⑨ 상품판매를 위한 지역조사를 실시해야 하는 경우

⑩ 업무수행과정에서 도표로 주어진 자료를 해석하는 경우

⑪ 도표로 제시된 업무비용을 측정하는 경우

다음 자료를 보고 주어진 상황에 대한 물음에 답하시오.

〈근로소득에 대한 간이 세액표〉

월 급여액(천 원) [비과세 및 학자금 제외]		공제대상 가족 수				
이상	미만	1	2	3	4	5
2,500	2,520	38,960	29,280	16,940	13,570	10,190
2,520	2,540	40,670	29,960	17,360	13,990	10,610
2,540	2,560	42,380	30,640	17,790	14,410	11,040
2,560	2,580	44,090	31,330	18,210	14,840	11,460
2,580	2,600	45,800	32,680	18,640	15,260	11,890
2,600	2,620	47,520	34,390	19,240	15,680	12,310
2,620	2,640	49,230	36,100	19,900	16,110	12,730
2,640	2,660	50,940	37,810	20,560	16,530	13,160
2,660	2,680	52,650	39,530	21,220	16,960	13,580
2,680	2,700	54,360	41,240	21,880	17,380	14,010
2,700	2,720	56,070	42,950	22,540	17,800	14,430
2,720	2,740	57,780	44,660	23,200	18,230	14,850
2,740	2,760	59,500	46,370	23,860	18,650	15,280

※ 갑근세는 제시되어 있는 간이 세액표에 따름
※ 주민세＝갑근세의 10%
※ 국민연금＝급여액의 4.50%
※ 고용보험＝국민연금의 10%
※ 건강보험＝급여액의 2.90%
※ 교육지원금＝분기별 100,000원(매 분기별 첫 달에 지급)

박○○ 사원의 5월 급여내역이 다음과 같고 전월과 동일하게 근무하였으나 특별수당은 없고 차량지원금으로 100,000원을 받게 된다면, 6월에 받게 되는 급여는 얼마인가? (단, 원 단위 절삭)

(주) 서원플랜테크 5월 급여내역			
성명	박○○	지급일	5월 12일
기본급여	2,240,000	갑근세	39,530
직무수당	400,000	주민세	3,950
명절 상여금		고용보험	11,970
특별수당	20,000	국민연금	119,700
차량지원금		건강보험	77,140
교육지원		기타	
급여계	2,660,000	공제합계	252,290
		지급총액	2,407,710

① 2,443,910
② 2,453,910
③ 2,463,910
④ 2,473,910

[출제의도]
업무상 계산을 수행하거나 결과를 정리하고 업무비용을 측정하는 능력을 평가하기 위한 문제로서, 주어진 자료에서 문제를 해결하는 데에 필요한 부분을 빠르고 정확하게 찾아내는 것이 중요하다.

[해설]

기본 급여	2,240,000	갑근세	46,370
직무 수당	400,000	주민세	4,630
명절 상여금		고용 보험	12,330
특별 수당		국민 연금	123,300
차량 지원금	100,000	건강 보험	79,460
교육 지원		기타	
급여계	2,740,000	공제 합계	266,090
		지급 총액	2,473,910

답 ④

(3) 수리능력의 중요성

① 수학적 사고를 통한 문제해결

② 직업세계의 변화에의 적응

③ 실용적 가치의 구현

(4) 단위환산표

구분	단위환산
길이	$1\text{cm} = 10\text{mm},\ 1\text{m} = 100\text{cm},\ 1\text{km} = 1,000\text{m}$
넓이	$1\text{cm}^2 = 100\text{mm}^2,\ 1\text{m}^2 = 10,000\text{cm}^2,\ 1\text{km}^2 = 1,000,000\text{m}^2$
부피	$1\text{cm}^3 = 1,000\text{mm}^3,\ 1\text{m}^3 = 1,000,000\text{cm}^3,\ 1\text{km}^3 = 1,000,000,000\text{m}^3$
들이	$1\text{m}\ell = 1\text{cm}^3,\ 1\text{d}\ell = 100\text{cm}^3,\ 1\text{L} = 1,000\text{cm}^3 = 10\text{d}\ell$
무게	$1\text{kg} = 1,000\text{g},\ 1\text{t} = 1,000\text{kg} = 1,000,000\text{g}$
시간	$1분 = 60초,\ 1시간 = 60분 = 3,600초$
할푼리	$1푼 = 0.1할,\ 1리 = 0.01할,\ 1모 = 0.001할$

예제 2

둘레의 길이가 4.4km인 정사각형 모양의 공원이 있다. 이 공원의 넓이는 몇 a인가?

① 12,100a

② 1,210a

③ 121a

④ 12.1a

2 수리능력을 구성하는 하위능력

(1) 기초연산능력

① **사칙연산** : 수에 관한 덧셈, 뺄셈, 곱셈, 나눗셈의 네 종류의 계산법으로 업무를 원활하게 수행하기 위해서는 기본적인 사칙연산뿐만 아니라 다단계의 복잡한 사칙연산까지도 수행할 수 있어야 한다.

② **검산** : 연산의 결과를 확인하는 과정으로 대표적인 검산방법으로 역연산과 구거법이 있다.
   ㉠ **역연산** : 덧셈은 뺄셈으로, 뺄셈은 덧셈으로, 곱셈은 나눗셈으로, 나눗셈은 곱셈으로 확인하는 방법이다.
   ㉡ **구거법** : 원래의 수와 각 자리 수의 합이 9로 나눈 나머지가 같다는 원리를 이용한 것으로 9를 버리고 남은 수로 계산하는 것이다.

예제 3

다음 식을 바르게 계산한 것은?

$$1 + \frac{2}{3} + \frac{1}{2} - \frac{3}{4}$$

① $\dfrac{13}{12}$　　　　　　　② $\dfrac{15}{12}$

③ $\dfrac{17}{12}$　　　　　　　④ $\dfrac{19}{12}$

[출제의도]
직장생활에서 필요한 기초적인 사칙연산과 계산방법을 이해하고 활용할 수 있는 능력을 평가하는 문제로서, 분수의 계산과 통분에 대한 기본적인 이해가 필요하다.
[해설]
$$\frac{12}{12} + \frac{8}{12} + \frac{6}{12} - \frac{9}{12} = \frac{17}{12}$$

답 ③

---

(2) 기초통계능력

① **업무수행과 통계**
   ㉠ **통계의 의미** : 통계란 집단현상에 대한 구체적인 양적 기술을 반영하는 숫자이다.
   ㉡ **업무수행에 통계를 활용함으로써 얻을 수 있는 이점**
   • 많은 수량적 자료를 처리가능하고 쉽게 이해할 수 있는 형태로 축소
   • 표본을 통해 연구대상 집단의 특성을 유추
   • 의사결정의 보조수단
   • 관찰 가능한 자료를 통해 논리적으로 결론을 추출 · 검증

     © 기본적인 통계치

- 빈도와 빈도분포 : 빈도란 어떤 사건이 일어나거나 증상이 나타나는 정도를 의미하며, 빈도 분포란 빈도를 표나 그래프로 종합적으로 표시하는 것이다.
- 평균 : 모든 사례의 수치를 합한 후 총 사례 수로 나눈 값이다.
- 백분율 : 전체의 수량을 100으로 하여 생각하는 수량이 그중 몇이 되는가를 퍼센트로 나타낸 것이다.

② 통계기법

     ⊙ 범위와 평균

- 범위 : 분포의 흩어진 정도를 가장 간단히 알아보는 방법으로 최곳값에서 최젓값을 뺀 값을 의미한다.
- 평균 : 집단의 특성을 요약하기 위해 가장 자주 활용하는 값으로 모든 사례의 수치를 합한 후 총 사례 수로 나눈 값이다.
- 관찰값이 1, 3, 5, 7, 9일 경우 범위는 $9 - 1 = 8$이 되고, 평균은 $\dfrac{1+3+5+7+9}{5} = 5$ 가 된다.

     ⓛ 분산과 표준편차

- 분산 : 관찰값의 흩어진 정도로, 각 관찰값과 평균값의 차의 제곱의 평균이다.
- 표준편차 : 평균으로부터 얼마나 떨어져 있는가를 나타내는 개념으로 분산값의 제곱근 값이다.
- 관찰값이 1, 2, 3이고 평균이 2인 집단의 분산은 $\dfrac{(1-2)^2 + (2-2)^2 + (3-2)^2}{3} = \dfrac{2}{3}$이 고 표준편차는 분산값의 제곱근 값인 $\sqrt{\dfrac{2}{3}}$ 이다.

③ 통계자료의 해석

     ⊙ 다섯숫자요약

- 최솟값 : 원자료 중 값의 크기가 가장 작은 값
- 최댓값 : 원자료 중 값의 크기가 가장 큰 값
- 중앙값 : 최솟값부터 최댓값까지 크기에 의하여 배열했을 때 중앙에 위치하는 사례의 값
- 하위 25%값·상위 25%값 : 원자료를 크기 순으로 배열하여 4등분한 값

     ⓛ **평균값과 중앙값** : 평균값과 중앙값은 그 개념이 다르기 때문에 명확하게 제시해야 한다.

인터넷 쇼핑몰에서 회원가입을 하고 디지털캠코더를 구매하려고 한다. 다음은 구입하고자 하는 모델에 대하여 인터넷 쇼핑몰 세 곳의 가격과 조건을 제시한 표이다. 표에 있는 모든 혜택을 적용하였을 때 디지털캠코더의 배송비를 포함한 실제 구매가격을 바르게 비교한 것은?

구분	A 쇼핑몰	B 쇼핑몰	C 쇼핑몰
정상가격	129,000원	131,000원	130,000원
회원혜택	7,000원 할인	3,500원 할인	7% 할인
할인쿠폰	5% 쿠폰	3% 쿠폰	5,000원
중복할인여부	불가	가능	불가
배송비	2,000원	무료	2,500원

① A<B<C ② B<C<A
③ C<A<B ④ C<B<A

[출제의도]
직장생활에서 자주 사용되는 기초적인 통계기법을 활용하여 자료의 특성과 경향성을 파악하는 능력이 요구되는 문제이다.

[해설]
㉠ A 쇼핑몰
 • 회원혜택을 선택한 경우:
  $129,000 - 7,000 + 2,000 = 124,000$(원)
 • 5% 할인쿠폰을 선택한 경우:
  $129,000 \times 0.95 + 2,000 = 124,550$
㉡ B 쇼핑몰:
  $131,000 \times 0.97 - 3,500 = 123,570$
㉢ C 쇼핑몰
 • 회원혜택을 선택한 경우:
  $130,000 \times 0.93 + 2,500 = 123,400$
 • 5,000원 할인쿠폰을 선택한 경우: $130,000 - 5,000 + 2,500 = 127,500$
∴ C<B<A

답 ④

(3) 도표분석능력

① 도표의 종류

　㉠ 목적별 : 관리(계획 및 통제), 해설(분석), 보고

　㉡ 용도별 : 경과 그래프, 내역 그래프, 비교 그래프, 분포 그래프, 상관 그래프, 계산 그래프

　㉢ 형상별 : 선 그래프, 막대 그래프, 원 그래프, 점 그래프, 층별 그래프, 레이더 차트

② 도표의 활용

　㉠ 선 그래프

　• 주로 시간의 경과에 따라 수량에 의한 변화 상황(시계열 변화)을 절선의 기울기로 나타내는 그래프이다.

• 경과, 비교, 분포를 비롯하여 상관관계 등을 나타낼 때 쓰인다.

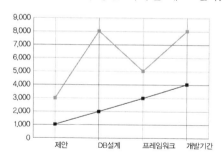

ⓛ 막대 그래프

• 비교하고자 하는 수량을 막대 길이로 표시하고 그 길이를 통해 수량 간의 대소관계를 나타
내는 그래프이다.

• 내역, 비교, 경과, 도수 등을 표시하는 용도로 쓰인다.

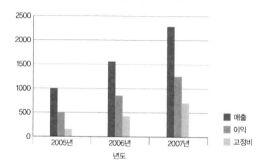

ⓒ 원 그래프

• 내역이나 내용의 구성비를 원을 분할하여 나타낸 그래프이다.

• 전체에 대해 부분이 차지하는 비율을 표시하는 용도로 쓰인다.

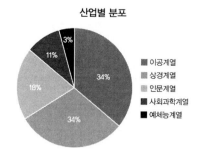

② 점 그래프
- 종축과 횡축에 2요소를 두고 보고자 하는 것이 어떤 위치에 있는가를 나타내는 그래프이다.
- 지역분포를 비롯하여 도시, 기방, 기업, 상품 등의 평가나 위치·성격을 표시하는데 쓰인다.

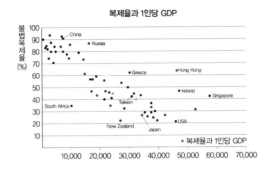

복제율과 1인당 GDP

⑩ 층별 그래프
- 선 그래프의 변형으로 연속내역 봉 그래프라고 할 수 있다. 선과 선 사이의 크기로 데이터 변화를 나타낸다.
- 합계와 부분의 크기를 백분율로 나타내고 시간적 변화를 보고자 할 때나 합계와 각 부분의 크기를 실수로 나타내고 시간적 변화를 보고자 할 때 쓰인다.

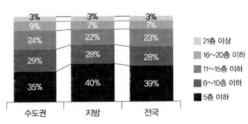

전국 아파트 층수별 거래 비중

ⓗ 레이더 차트(거미줄 그래프)
- 원 그래프의 일종으로 비교하는 수량을 직경, 또는 반경으로 나누어 원의 중심에서의 거리에 따라 각 수량의 관계를 나타내는 그래프이다.
- 비교하거나 경과를 나타내는 용도로 쓰인다.

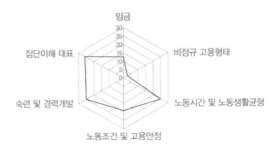

③ 도표 해석상의 유의사항

㉠ 요구되는 지식의 수준을 넓힌다.

㉡ 도표에 제시된 자료의 의미를 정확히 숙지한다.

㉢ 도표로부터 알 수 있는 것과 없는 것을 구별한다.

㉣ 총량의 증가와 비율의 증가를 구분한다.

㉤ 백분위수와 사분위수를 정확히 이해하고 있어야 한다.

예제 5

다음 표는 2009 ~ 2010년 지역별 직장인들의 자기개발에 관해 조사한 내용을 정리한 것이다. 이에 대한 분석으로 옳은 것은?

(단위 : %)

연도 / 구분 / 지역	2009				2010			
	자기개발 하고 있음	자기개발 비용 부담 주체			자기개발 하고 있음	자기개발 비용 부담 주체		
		직장 100%	본인 100%	직장50% + 본인50%		직장 100%	본인 100%	직장50% + 본인50%
충청도	36.8	8.5	88.5	3.1	45.9	9.0	65.5	24.5
제주도	57.4	8.3	89.1	2.9	68.5	7.9	68.3	23.8
경기도	58.2	12	86.3	2.6	71.0	7.5	74.0	18.5
서울시	60.6	13.4	84.2	2.4	72.7	11.0	73.7	15.3
경상도	40.5	10.7	86.1	3.2	51.0	13.6	74.9	11.6

① 2009년과 2010년 모두 자기개발 비용을 본인이 100% 부담하는 사람의 수는 응답자의 절반 이상이다.

② 자기개발을 하고 있다고 응답한 사람의 수는 2009년과 2010년 모두 서울시가 가장 많다.

③ 자기개발 비용을 직장과 본인이 각각 절반씩 부담하는 사람의 비율은 2009년과 2010년 모두 서울시가 가장 높다.

④ 2009년과 2010년 모두 자기개발을 하고 있다고 응답한 비율이 가장 높은 지역에서 자기개발비용을 직장이 100% 부담한다고 응답한 사람의 비율이 가장 높다.

[출제의도]
그래프, 그림, 도표 등 주어진 자료를 이해하고 의미를 파악하여 필요한 정보를 해석하는 능력을 평가하는 문제이다.

[해설]
② 지역별 인원수가 제시되어 있지 않으므로, 각 지역별 응답자 수는 알 수 없다.

③ 2009년에는 경상도에서, 2010년에는 충청도에서 가장 높은 비율을 보인다.

④ 2009년과 2010년 모두 '자기개발을 하고 있다'고 응답한 비율이 가장 높은 지역은 서울시이며, 2010년의 경우 자기개발 비용을 직장이 100% 부담한다고 응답한 사람의 비율이 가장 높은 지역은 경상도이다.

답 ①

(4) 도표작성능력

① 도표작성 절차

    ㉠ 어떠한 도표로 작성할 것인지를 결정

    ㉡ 가로축과 세로축에 나타낼 것을 결정

    ㉢ 한 눈금의 크기를 결정

    ㉣ 자료의 내용을 가로축과 세로축이 만나는 곳에 표현

    ㉤ 표현한 점들을 선분으로 연결

    ㉥ 도표의 제목을 표기

② 도표작성 시 유의사항

    ㉠ 선 그래프 작성 시 유의점

- 세로축에 수량, 가로축에 명칭구분을 제시한다.
- 선의 높이에 따라 수치를 파악하는 경우가 많으므로 세로축의 눈금을 가로축보다 크게 하는 것이 효과적이다.
- 선이 두 종류 이상일 경우 반드시 그 명칭을 기입한다.

    ㉡ 막대 그래프 작성 시 유의점

- 막대 수가 많을 경우에는 눈금선을 기입하는 것이 알아보기 쉽다.
- 막대의 폭은 모두 같게 하여야 한다.

    ㉢ 원 그래프 작성 시 유의점

- 정각 12시의 선을 기점으로 오른쪽으로 그리는 것이 보통이다.
- 분할선은 구성비율이 큰 순서로 그린다.

    ㉣ 층별 그래프 작성 시 유의점

- 눈금은 선 그래프나 막대 그래프보다 적게 하고 눈금선은 넣지 않는다.
- 층별로 색이나 모양이 완전히 다른 것이어야 한다.
- 같은 항목은 옆에 있는 층과 선으로 연결하여 보기 쉽도록 한다.

▌1~2 ▌ 아래의 주간 환율표를 보고 물음에 답하시오.

구분	원/달러	원/유로	원/엔	원/파운드	원/위안
첫째 주	945.54	1211.14	8.54	1770.54	118.16
둘째 주	963.14	1210.64	8.42	1763.55	118.64
셋째 주	934.45	1207.33	8.30	1763.62	119.51
넷째 주	964.54	1113.54	9.12	1663.47	120.64

1 A회사는 첫째 주에 중국에서 7,800컬레의 신발을 단가 200위안에 수입하였고, 일본에 6,400개의 목걸이를 단가 2,000엔에 수출하였다. 수입 금액과 수출 금액의 차이는?

① 101,451,120원
② 75,017,600원
③ 74,146,500원
④ 42,654,000원

 ㉠ 수입 금액 : $7,800 \times 200 \times 118.16 = 184,329,600$(원)
㉡ 수출 금액 : $6,400 \times 2,000 \times 8.54 = 109,312,000$(원)
∴ ㉠－㉡＝75,017,600(원)

2 일본의 넷째 주 환율은 셋째 주 환율에 비해 몇 % 증가하였는가? (단, 소수점 둘째 자리에서 반올림한다)

① 15.5%
② 12.4%
③ 10.0%
④ 9.9%

 $\dfrac{9.12-8.30}{8.30} \times 100$
$= \dfrac{0.82}{8.30} \times 100$
∴ $9.87(\%)$

Answer╶→ 1.② 2.④

3 다음은 A백화점의 판매비율 증가를 나타낸 것으로 전체 평균 판매증가비율과 할인기간의 판매 증가비율을 구분하여 표시한 것이다. 주어진 조건을 고려할 때 A~F에 해당하는 순서대로 차례로 나열한 것은?

구분 월별	A 전체	A 할인 판매	B 전체	B 할인 판매	C 전체	C 할인 판매	D 전체	D 할인 판매	E 전체	E 할인 판매	F 전체	F 할인 판매
1	20.5	30.9	15.1	21.3	32.1	45.3	25.6	48.6	33.2	22.5	31.7	22.5
2	19.3	30.2	17.2	22.1	31.5	41.2	23.2	33.8	34.5	27.5	30.5	22.9
3	17.2	28.7	17.5	12.5	29.7	39.7	21.3	32.9	35.6	29.7	30.2	27.5
4	16.9	27.8	18.3	18.9	26.5	38.6	20.5	31.7	36.2	30.5	29.8	28.3
5	15.3	27.7	19.7	21.3	23.2	36.5	20.3	30.5	37.3	31.3	27.5	27.2
6	14.7	26.5	20.5	23.5	20.5	33.2	19.5	30.2	38.1	39.5	26.5	25.5

ⓐ 의류, 냉장고, 보석, 핸드백, TV, 가구에 대한 표이다.
ⓑ 가구는 1월에 비해 6월에 전체 평균 판매증가비율이 높아졌다.
ⓒ 냉장고는 3월을 제외하고는 할인기간의 판매증가비율이 전체 평균 판매증가비율보다 크다.
ⓓ 핸드백은 할인기간의 판매증가비율보다 전체 평균 판매증가비율이 더 크다.
ⓔ 1월과 6월을 비교할 때 의류는 전체 평균 판매증가비율의 감소가 가장 크다.
ⓕ 보석은 1월에 전체 평균 판매증가비율과 할인기간의 판매증가비율의 차이가 가장 크다.

① TV − 의류 − 보석 − 핸드백 − 가구 − 냉장고
② TV − 냉장고 − 의류 − 보석 − 가구 − 핸드백
③ 의류 − 보석 − 가구 − 냉장고 − 핸드백 − TV
④ 의류 − 냉장고 − 보석 − 가구 − 핸드백 − TV

 주어진 표에 따라 조건을 확인해보면, 조건의 ⓑ은 B, E가 해당하는데 ⓒ에서 B가 해당하므로 ⓑ은 E가 된다. ⓓ은 F가 되고 ⓕ은 C가 되며 ⓔ은 D가 된다.
남은 것은 TV이므로 A는 TV가 된다.
그러므로 TV − 냉장고 − 의류 − 보석 − 가구 − 핸드백의 순서가 된다.

4 다음은 연도별 정부위원회 여성참여에 관한 자료이다. 표에 대한 설명으로 옳지 않은 것은?

<표 1> 위원회

구분	2003년	2004년	2005년	2006년	2007년	2008년
위원회수(개)	1292	1346	1431	1494	1651	1792
여성참여위원회(개)	1244	1291	1431	1454	1602	1685
여성참여위원회비율(%)	96	96	97	97	97	94

<표 2> 위원

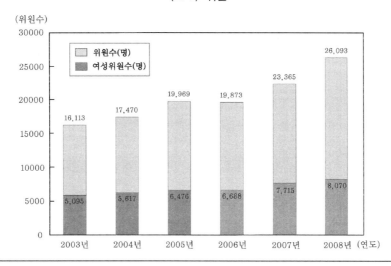

① 여성참여 위원회가 점차 증가하고 있다.
② 여성위위원수는 해마다 증가하는 추세이다.
③ 2008년은 전년도에 비해 여성참여위원회비율이 떨어졌다.
④ 2004년에 작년에 비해 위원회 수가 가장 많이 증가했다.

 2004년에는 전년에 비해 54개가 증가했고, 2007년이 2006년에 비해 157개 증가로 위원회 수가 가장 많이 증가한 해이다.

Answer ☞ 3.② 4.④

5 전력과 관련된 아래 자료를 보고 올바르게 해석한 것을 모두 고르면?

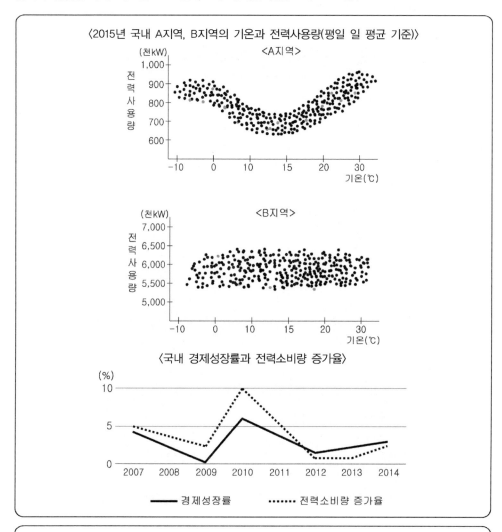

〈2015년 국내 A지역, B지역의 기온과 전력사용량(평일 일 평균 기준)〉

〈국내 경제성장률과 전력소비량 증가율〉

㉠ 평일 일 평균 전력사용량은 계절과 관계없이 B지역이 A지역보다 항상 많을 것이다.

㉡ A지역은 여름과 겨울에 전력사용량이 증가하는 것으로 보아 주택용보다 산업용 전력 사용량 비중이 높을 것이다.

㉢ 경제 성장에 따른 최대 전력 수요 증가가 예상될 경우, 발전 설비 확충 등을 통해 전력 공급 능력을 향상시켜야 한다.

㉣ 공급 능력이 8,000만kW, 최대 전력 수요가 7,200만kW라면 공급예비율이 10% 이하로 유지되도록 대책을 마련해야 한다.

① ㉠, ㉡

② ㉠, ㉢

③ ㉡, ㉢

④ ㉡, ㉣

Tip

ⓒ A지역은 여름과 겨울에 전력사용량이 증가하는 것으로 보아 산업용보다 주택용 전력사용량 비중이 높을 것이다.

ⓔ 공급 능력이 8,000만kW, 최대 전력 수요가 7,200kW라면 공급예비율(=공급 능력－최대 전력 수요)이 10% 이상으로 유지되도록 대책을 마련해야 한다.

6 20장 분량의 책자 600부를 만들기 위하여 3개 업체로부터 견적을 받아 다음과 같이 비교표를 만들어 보았다. 이에 대한 설명으로 적절한 것은 어느 것인가?

구분	종이 재질	인쇄 도수	기타
가나 인쇄	2급지(500원/장)	기본 2도 추가 1도 당 150원/장 추가	총 구매가 900만 원 이상 시 10% 할인
마바 인쇄	1급지A(600원/장)	기본 3도 추가 1도 당 100원/장 추가	총 구매가 800만 원 이상 시 2% 할인
자차 인쇄	1급지B(600원/장)	기본 3도 추가 1도 당 120원/장 추가	총 구매가 820만 원 이상 시 5% 할인

① 4도 인쇄 시의 할인 전과 할인 후 견적가격이 높은 순서는 동일하다.

② 4도 인쇄 시의 할인 적용 후 최종 견적가격은 '가나인쇄', '마바인쇄', '자차인쇄' 순으로 높다.

③ 3도 인쇄로 책자 제작 시, '가나인쇄'의 견적가격이 가장 낮다.

④ 4도 인쇄 시, 책자 분량이 1장만 적어지면 견적가격이 가장 저렴한 업체가 바뀐다.

Tip

각 업체의 견적을 4도 인쇄 기준으로 아래와 같이 비교하여 정리해 볼 수 있다.

구분	기본 인쇄 기준 가격	4도 인쇄 할인 전 가격	4도 인쇄 할인 후 가격
가나인쇄	500×20×600=600만 원	800×20×600=960만 원	960×0.9=864만 원
마바인쇄	600×20×600=720만 원	700×20×600=840만 원	840×0.98=823.2만 원
자차인쇄	600×20×600=720만 원	720×20×600=864만 원	864×0.95=820.8만 원

따라서 할인 후 최종 견적가격은 '가나인쇄', '마바인쇄', '자차인쇄' 순으로 높은 것을 알 수 있다.

① 할인 전에는 '가나인쇄', '자차인쇄', '마바인쇄'의 순으로 견적가격이 높으나, 할인 후에는 '가나인쇄', '마바인쇄', '자차인쇄'의 순이 된다.

③ 3도로 인쇄할 경우 '가나인쇄'에서는 (500＋150)×20×600＝780만(원)이 되어 견적 가격이 가장 높다.

④ 책자의 분량이 1장 적은 19장이라면 3사의 할인 적용 전 견적가격은 순서대로 각각 912만 원, 798만 원, 820.8만 원이 된다. 할인 적용 후 '가나인쇄'는 820.8만 원, '자차인쇄'는 779.76만 원이 되며, '마바인쇄'의 경우 할인조건을 충족시키지 못하므로 견적가격은 798만 원이 된다. 따라서 책자 분량이 1장 적은 경우에도 여전히 '자차인쇄'의 견적가격이 가장 낮다.

Answer 5.② 6.②

7 다음 〈표〉는 2017년 스노보드 빅에어 월드컵 결승전에 출전한 선수 '갑 ~ 정'의 심사위원별 점수에 관한 자료이다. 이에 대한 설명으로 옳지 않은 것은?

〈심사위원별 점수〉

(단위 : 점)

선수	시기	심사위원				평균점수	최종점수
		A	B	C	D		
갑	1차	88	90	89	92	89.5	
	2차	48	55	60	45	51.5	183.5
	3차	95	96	92	(ⓐ)	(ⓑ)	
을	1차	84	87	87	88	(ⓒ)	
	2차	28	40	41	39	39.5	(ⓔ)
	3차	81	77	79	79	(ⓓ)	
병	1차	74	73	85	89	79.5	
	2차	89	88	88	87	88.0	167.5
	3차	68	69	73	74	(ⓕ)	
정	1차	79	82	80	85	81.0	
	2차	94	95	93	96	94.5	(ⓖ)
	3차	37	45	39	41	40.0	

1) 각 시기의 평균점수는 심사위원 A ~ D의 점수 중 최고점과 최저점을 제외한 2개 점수의 평균임.
2) 각 선수의 최종점수는 각 선수의 1 ~ 3차 시기 평균점수 중 최저점을 제외한 2개 점수의 합임.

① 최종점수는 '정'이 '을'보다 높다.
② 3차 시기의 평균점수는 '갑'이 '병'보다 낮다.
③ '정'이 1차 시기에서 심사위원 A~D에게 10점씩 더 높은 점수를 받는다면, 최종점수가 가장 높다.
④ 1차 시기에서 심사위원 C는 4명의 선수 모두에게 심사위원 A보다 높은 점수를 부여했다.

 '갑'의 2차 시기 점수가 최저점이 되므로 최종 점수 183.5는 1차와 3차 시기 평균점수의 합이다. 따라서 ⓑ는 94, '병'의 3차 시기 평균점수 ⓕ는 71(=심사위원 B, C의 평균)이므로 '갑'의 3차 평균점수가 더 높다.

① '정'의 최종점수 ⓖ는 175.5(=81.0+94.5), '을'의 최종점수는 ⓒ(=87)와 ⓓ(=79)의 합인 166이다.
③ 심사위원 A ~ D 모두에게 10점씩 더 높은 점수를 받게 되면 평균점수가 10점 더 높은 91.0점이 되고, 최종점수는 185.5(=91.0+94.5)가 된다. 따라서 갑(183.5), 을(ⓔ=166), 병(167.5)보다 높은 점수를 받게 된다.
④ 1차 시기 A와 C가 각 선수에게 부여한 점수는 '갑(A : 88<C : 89), 을(A : 84<C : 87), 병(A : 74<C : 85), 정(A : 79<C : 80)'이다.

8 다음은 줄기세포 치료제 시장 현황에 관한 자료이다. 이에 대한 설명으로 옳지 않은 것은?

치료분야 \ 구분	환자 수(명)	투여율(%)	시장규모(백만 달러)
자가면역	5,000	1	125
암	8,000	1	200
심장혈관	15,000	1	375
당뇨	15,000	5	1,875
유전자	500	20	250
간	400	90	900
신경	5,000	10	1,250
전체	48,900	–	4,975

(1) 투여율(%) $= \dfrac{\text{줄기세포 치료제를 투여한 환자 수}}{\text{환자 수}} \times 100$

(2) 시장규모 = 줄기세포 치료제를 투여한 한자 수 × 환자 1명당 투여비용

(3) 모든 치료분야에서 줄기세포 치료제를 투여한 환자 1명당 투여비용은 동일함

① 투여율에 변화가 없다고 할 때, 각 치료분야의 환자 수가 10% 증가하면, 줄기세포 치료제를 투여한 전체 환자 수도 10% 증가한다.

② 줄기세포 치료제를 투여한 환자 1명당 투여비용은 250만 달러이다.

③ 투여율에 변화가 없다고 할 때, 각 치료분야의 환자 수가 10% 증가하면 전체 줄기세포 치료제 시장규모는 55억 달러 이상이 된다.

④ 다른 치료분야에서는 환자 수와 투여율의 변화가 없다고 할 때, 유전자 분야와 신경 분야의 환자 수가 각각 2,000명씩 증가하고 이 두 분야의 투여율이 각각 절반으로 감소하면, 전체 줄기세포 치료제 시장규모는 변화가 없다.

   ③ 투여율이 일정할 때, 각 치료분야의 환자 수가 10% 증가하면 치료제 투여 환자 수 또한 10% 증가한다. 이때 전체 줄기세포 치료제 시장규모 역시 10% 증가할 것이므로 4975백만 달러의 110%인 54억 7250만 달러가 된다.

   ① 투여율(%) $= \dfrac{\text{줄기세포 치료제를 투여한 환자 수}}{\text{환자 수}} \times 100$이므로,

   투여율이 일정할 때, 환자 수가 10% 증가하면, 줄기세포를 투여한 전체 환자 수도 10% 증가한다.

   ② $125{,}000{,}000 = 5{,}000 \times \dfrac{1}{100} \times x$ $\therefore x = 250$(만 달러)

   ④ 유전자분야의 환자 수가 2500, 투여율이 10%가 되면 투여 환자 수는 250명이 되고, 신경분야의 환자 수가 7000, 투여율이 5%가 되면 투여 환자 수는 350명이 된다. 현재 유전자분야의 투여 환자 수는 100명, 신경분야의 투여 환자 수는 500명이므로 두 분야의 투여환자수의 합은 불변이므로, 치료제 시장규모에 변화가 없다.

Answer ↦ 7.② 8.③

9 다음은 1999~2007년 서울시 거주 외국인의 국적별 인구 분포 자료이다. 이에 대한 설명 중 옳지 않은 것을 고르면?

(단위 : 명)

국적＼연도	1999	2000	2001	2002	2003	2004	2005	2006	2007
대만	3,011	2,318	1,371	2,975	8,908	8,899	8,923	8,974	8,953
독일	1,003	984	937	997	696	681	753	805	790
러시아	825	1,019	1,302	1,449	1,073	927	948	979	939
미국	18,763	16,658	15,814	16,342	11,484	10,959	11,487	11,890	11,810
베트남	841	1,083	1,109	1,072	2,052	2,216	2,385	3,011	3,213
영국	836	854	977	1,057	828	848	1,001	1,133	1,160
인도	491	574	574	630	836	828	975	1,136	1,173
일본	6,332	6,703	7,793	7,559	6,139	6,271	6,710	6,864	6,732
중국	12,283	17,432	21,259	22,535	52,572	64,762	77,881	119,300	124,597
캐나다	1,809	1,795	1,909	2,262	1,723	1,893	2,084	2,300	2,374
프랑스	1,180	1,223	1,257	1,360	1,076	1,015	1,001	1,002	984
필리핀	2,005	2,432	2,665	2,741	3,894	3,740	3,646	4,038	4,055
호주	838	837	868	997	716	656	674	709	737
서울시 전체	57,189	61,920	67,908	73,228	102,882	114,685	129,660	175,036	180,857

※ 2개 이상 국적을 보유한 자는 없는 것으로 가정함

① 서울시 거주 인도국적 외국인 수는 2004~2007년 사이에 매년 증가하였다.

② 2006년 서울시 거주 전체 외국인 중 중국국적 외국인이 차지하는 비중은 60% 이상이다.

③ 제시된 국적 중 2000~2007년 사이에 서울시 거주 외국인 수가 매년 증가한 국적은 3개이다.

④ 1999년 서울시 거주 전체 외국인 중 일본국적 외국인과 캐나다국적 외국인의 합이 차지하는 비중은 2006년 서울시 거주 전체 외국인 중 대만국적 외국인과 미국국적 외국인의 합이 차지하는 비중보다 크다.

 ③ 2000~2007년 사이에 서울시 거주 외국인 수가 매년 증가한 국적은 중국 1개 이다.

② $\frac{119,300}{175,036} \times 100 ≒ 68.16(\%)$

④ ㉠ 1999년 일본국적 외국인과 캐나다국적 외국인의 합이 차지하는 비중

$\frac{6,332 + 1,809}{57,189} \times 100 ≒ 14.24(\%)$

㉡ 2006년 대만국적 외국인과 미국국적 외국인의 합이 차지하는 비중

$\frac{8,974 + 11,890}{175,036} \times 100 ≒ 11.92(\%)$

∴ 1999년 서울시 거주 전체 외국인 중 일본국적 외국인과 캐나다국적 외국인의 합이 차지하는 비중이 2.32% 더 크다.

10 다음 〈표〉는 '갑'시 자격시험 접수, 응시 및 합격자 현황이다. 이에 대한 설명으로 옳은 것은?

〈'갑'시 자격시험 접수, 응시 및 합격자 현황〉

(단위 : 명)

구분	종목	접수	응시	합격
산업기사	치공구설계	28	22	14
	컴퓨터응용가공	48	42	14
	기계설계	86	76	31
	용접	24	11	2
	전체	186	151	61
기능사	기계가공조립	17	17	17
	컴퓨터응용선반	41	34	29
	웹디자인	9	8	6
	귀금속가공	22	22	16
	컴퓨터응용밀링	17	15	12
	전산응용기계제도	188	156	66
	전체	294	252	146

1) 응시율(%) = $\dfrac{\text{응시자 수}}{\text{접수자 수}} \times 100$

2) 합격률(%) = $\dfrac{\text{합격자 수}}{\text{응시자 수}} \times 100$

① 산업기사 전체 합격률은 기능사 전체 합격률보다 높다.
② 산업기사 종목을 합격률이 높은 것부터 순서대로 나열하면 치공구설계, 컴퓨터응용가공, 기계설계, 용접 순이다.
③ 산업기사 전체 응시율은 기능사 전체 응시율보다 낮다.
④ 산업기사 종목 중 응시율이 가장 낮은 것은 컴퓨터응용가공이다.

 ③ 산업기사 전체 응시율 : 약 81.2%($= \dfrac{151}{186} \times 100$)

기능사 전체 응시율 : 약 85.7%($= \dfrac{252}{294} \times 100$)

① 산업기사 전체 합격률 : 약 40.4%($= \dfrac{61}{151} \times 100$)

기능사 전체 합격률 : 약 57.9%($= \dfrac{146}{252} \times 100$)

② 컴퓨터응용가공($\dfrac{14}{42} \times 100$)과 기계설계($\dfrac{31}{76} \times 100$)를 비교했을 때, 기계설계 합격률이 더 높은 것을 알 수 있다.

④ 응시자 수가 접수자 수의 절반에 못 미치는 '용접' 종목이 가장 응시율이 낮다.

Answer 9.③ 10.③

11 다음 〈표〉는 인공지능(AI)의 동물식별 능력을 조사한 결과이다. 이에 대한 〈보기〉의 설명으로 옳은 것만을 모두 고르면?

〈AI의 동물 식별 능력 조사 결과〉

(단위 : 마리)

실제 \ AI 식별 결과	개	여우	돼지	염소	양	고양이	합계
개	457	10	32	1	0	2	502
여우	12	600	17	3	1	2	635
돼지	22	22	350	2	0	3	399
염소	4	3	3	35	1	2	48
양	0	0	1	1	76	0	78
고양이	3	6	5	2	1	87	104
전체	498	641	408	44	79	96	1,766

〈보기〉

㉠ AI가 돼지로 식별한 동물 중 실제 돼지가 아닌 비율은 10% 이상이다.
㉡ 실제 여우 중 AI가 여우로 식별한 비율은 실제 돼지 중 AI가 돼지로 식별한 비율보다 낮다.
㉢ 전체 동물 중 AI가 실제와 동일하게 식별한 비율은 85% 이상이다.
㉣ 실제 염소를 AI가 고양이로 식별한 수보다 양으로 식별한 수가 많다.

① ㉠, ㉡
② ㉠, ㉢
③ ㉡, ㉢
④ ㉠, ㉢, ㉣

㉠ $\dfrac{408-350}{408} \times 100 ≒ 14\%$

㉡ 실제 여우 중 AI가 여우로 식별($\dfrac{600}{635}$) > 실제 돼지 중 AI가 돼지로 식별($\dfrac{350}{399}$)

㉢ $\dfrac{457+600+350+35+76+87}{1,766} \times 100 ≒ 90.88\%$

㉣ 실제 염소를 AI가 '고양이로 식별한 수(2) > 양으로 식별한 수(1)'

12 다음 〈표〉는 2014~2018년 A기업의 직군별 사원수 현황에 대한 자료이다. 이에 대한 설명으로 옳은 것을 고르면?

〈2014~2018년 A기업의 직군별 사원수 현황〉

(단위 : 명)

연도 \ 직군	영업직	생산직	사무직
2018	169	105	66
2017	174	121	68
2016	137	107	77
2015	136	93	84
2014	134	107	85

※ 사원은 영업직, 생산직, 사무직으로만 구분됨.

① 전체 사원수는 매년 증가한다.
② 영업직 사원수는 생산직과 사무직 사원수의 합보다 매년 적다.
③ 생산직 사원의 비중이 30% 이상인 해는 전체 사원수가 가장 적은 해와 같다.
④ 영업직 사원의 비중은 매년 증가한다.

연도별 전체 사원수는 '2014년 : 326명, 2015년 : 313명, 2016년 : 321명, 2017년 : 363명, 2018년 : 340명'이다. 전체 사원수에 비해 영업직 사원수 비율이 50% 미만이 되는지 확인해보면 모든 연도에서 영업직 사원수가 생산직과 사무직 사원수의 합보다 적은 것을 알 수 있다.
① 2015년도와 2018년도에는 전년대비 전체 사원수가 감소하였다.
③ 전체 사원수가 가장 적은 2015년도에 생산직 사원 비중이 30% 미만($\frac{93}{313} \times 100$)이다. (2014년 : 약 32.8%, 2016년 : 약 33.3%, 2017년 : 약 33.3%, 2018년 : 약 30.9%)
④ 2016년도에 전년대비 전체 사원수(분모 값)는 8명 증가한 반면, 영업직 사원수(분자 값)는 1명 증가하여 2015년도에 비해 영업직 사원수의 비중이 감소했으므로 매년 증가했다고 볼 수 없다. (2014년 : 약 41.1%, 2015년 : 약 43.5%, 2016년 : 약 42.7%, 2017년 : 약 47.9%, 2018년 : 약 49.7%)

Answer → 11.② 12.②

13 다음 그래프와 표는 2005년 초에 조사한 한국의 애니메이션 산업에 대한 자료이다. 자료를 바탕으로 도출된 결론 중 옳은 것과 이를 도출하는 데 필요한 자료가 바르게 연결된 것은?

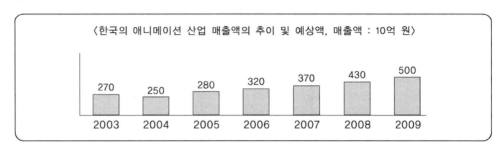

〈표1〉 부문별 한국의 애니메이션 산업 매출액

(단위 : 10억 원)

부문	2003년	2004년
애니메이션 제작	257	234
애니메이션 상영	12	14
애니메이션 수출	1	2
합계	270	250

〈표2〉 분야별 한국의 애니메이션 제작부문 매출액

(단위 : 10억 원)

분야	2003년	2004년
창작 및 판권	80	70
투자수입	1	2
제작 서비스	4	6
단순 복제	150	125
유통 및 배급	18	9
마케팅 및 홍보	4	22
합계	257	234

〈결론〉

㉠ 2005년부터 2009년까지 한국의 애니메이션 산업 매출액은 매년 동일한 폭으로 증가하는 추세를 보일 것이다.

㉡ 2006년 한국의 애니메이션 산업 매출액 규모는 3,000억 원을 넘어서고, 2009년에는 5,000억 원 규모로 성장할 전망이다.

㉢ 2004년 한국의 애니메이션 산업 매출액은 2,500억 원으로 나타났으며, 2003년의 2,700억 원과 비교하면 7% 이상 감소하였다.

㉣ 한국의 애니메이션 제작부문 중 2003년에 비해 2004년에 매출액이 감소한 분야는 4개이다.

	결론	자료		결론	자료
①	㉠	그래프	②	㉡	〈표1〉
③	㉢	〈표1〉	④	㉣	〈표2〉

① 동일한 폭이 아니라 400억, 500억, 600억, 700억 원씩 증가한다.

② ㉡의 결론은 그래프를 통해 알 수 있다.

④ 2003년에 비해 2004년에 매출액이 감소한 분야는 창작 및 판권, 단순 복제, 유통 및 배급의 3개 분야이다.

Answer ➔ 13.③

14 다음은 ○○연금의 연도별 자금배분 비중을 나타낸 그래프이다. 이에 대한 설명으로 옳지 않은 것은? (모든 연도에서 막대그래프 가장 아래 부분부터 순서대로 '국내채권 – 해외채권 – 국내주식 – 해외주식 – 대체투자 – 현금성' 자금을 나타낸다.)

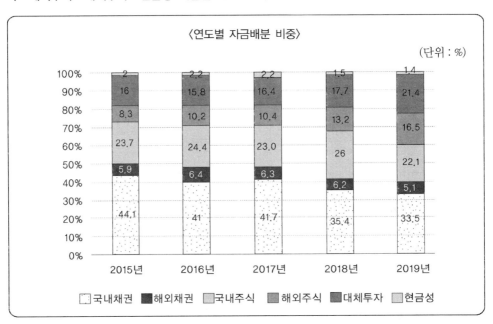

① 국내채권과 해외채권의 합이 절반의 비중을 차지하는 것은 2015년과 2017년뿐이다.

② 2016년과 2017년의 자금이 동일하다면, 두 연도의 현금성 자금에 배분된 금액도 동일하다.

③ 2015년~2019년 기간 동안 해외주식 비중은 계속해서 증가하는 추세를 보이고 있다.

④ 2017년의 전체 자금이 18조 원이고, 2018년 전체 자금은 그보다 증가했다고 할 때, 해외채권은 2017년에 비해 180억 원 이상 줄어들었을 것이다.

 2017년에는 국내채권과 해외채권을 합한 비중은 48%로 전체 비중의 절반에 미치지 못한다.
　② 2016년, 2017년 모두 현금성 자금이 2.2%로 동일하므로 전체 금액이 같다면 현금성 자금에 해당하는 금액도 같다.
　③ 해외주식 비중 : 8.3%(2015년)＜10.2%(2016년)＜10.4%(2017년)＜13.2%(2018년)＜6.5%(2019년)
　④ 2017년에서 2018년으로 가면서 해외채권의 비중이 0.1% 줄었다. 2018년 전체자금이 2017년보다 크다고 했으므로, 2017년 전체 금액 18조 원의 0.1%에 해당하는 180억 원보다 큰 폭으로 금액이 줄었음을 알 수 있다.

15 다음 〈그림〉은 A기업의 2011년과 2012년 자산총액의 항목별 구성비를 나타낸 자료이다. 이에 대한 〈보기〉의 설명 중 옳은 것만을 모두 고르면?

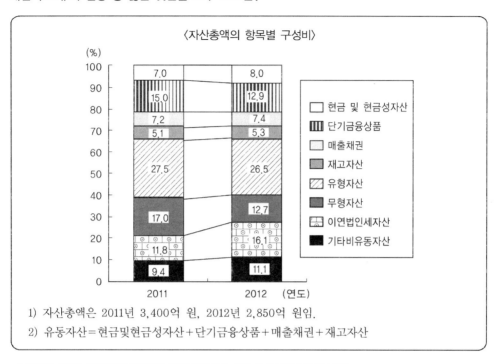

1) 자산총액은 2011년 3,400억 원, 2012년 2,850억 원임.
2) 유동자산＝현금및현금성자산＋단기금융상품＋매출채권＋재고자산

〈보기〉

㉠ 2011년 항목별 금액의 순위가 2012년과 동일한 항목은 4개이다.
㉡ 2011년 유동자산 중 '단기금융상품'의 구성비는 45% 미만이다.
㉢ '현금및현금성자산' 금액은 2012년이 2011년보다 크다.
㉣ 2011년 대비 2012년에 '무형자산' 금액은 4.3% 감소하였다.

① ㉠, ㉡   ② ㉠, ㉢
③ ㉡, ㉢   ④ ㉠, ㉡, ㉣

 ㉠ 단기금융상품(3위), 재고자산(8위), 유형자산(1위), 기타비유동자산(5위)의 4개 항목이 2011년
　　과 2012년 순위가 동일하다.

㉡ $\frac{15.0}{7.0+15.0+7.2+5.1} \times 100 ≒ 43.73\%$

㉢ 2011년 238억 원(＝3,400억 원 × 0.07) 〉 2012년 228억 원(＝2,850억 원 × 0.08)

㉣ 전체에서 차지하는 비율이 4.3% 감소한 것이며, 2011년과 2012년의 자산총액이 다르므로 '금
　　액'이 4.3%의 비율만큼 감소했다고 말할 수 없다.

Answer → 14.① 15.①

16 〈표1〉은 정서 표현 수준을 측정하는 설문지에 대한 참가자 A의 반응이고, 〈표2〉는 전체 조사 대상자(표본)의 정서 표현 영역별 평균값이다. A의 점수를 바르게 나타낸 것은?

〈표1〉

문항	문항 내용	전혀 그렇지 않다	거의 그렇지 않다	가끔 그렇다	자주 그렇다	항상 그렇다
1	나는 주위 사람이 알아차릴 정도로 화를 낸다.	1	2	3	4	⑤
2	나는 친구들 앞에서 잘 웃는다.	1	2	③	4	5
3	나는 혼자 있을 때 과거의 일을 생각하고 크게 웃는다.	1	2	③	4	5
4	나는 일이 뜻대로 되지 않을 땐 실망감을 표현한다.	1	2	3	④	5

* 긍정 정서 표현 점수는 문항 2와 3을, 부정 정서 표현 점수는 문항 1과 4를, 전체 표현 점수는 모든 문항을 합산하여 계산한다.

〈표2〉

정서 표현 영역	표본의 평균값
긍정 정서 표현	8.1
부정 정서 표현	6.3
전체 표현성	14.4

	긍정 정서 표현 점수	부정 정서 표현 점수
①	9	6
②	8	7
③	7	8
④	6	9

 긍정 정서 표현 점수는 2, 3번 문항의 점수를 합하고, 부정 정서 표현 점수는 1, 4번 문항의 점수를 합하면 되므로 긍정 정서 표현 점수는 6, 부정 정서 표현 점수는 9이다.

17 다음 그래프는 ○○연금공단의 자금운용 현황을 나타낸 것이다. 다음 설명 중 옳지 않은 것은? (원 그래프의 각 항목은 오른쪽 전체 금융자산 중 각 항목에 해당한다.)

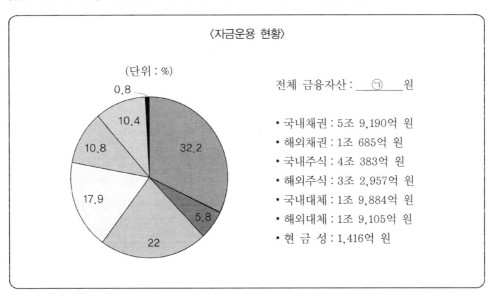

〈자금운용 현황〉

(단위 : %)

전체 금융자산 : ___㉠___ 원

- 국내채권 : 5조 9,190억 원
- 해외채권 : 1조 685억 원
- 국내주식 : 4조 383억 원
- 해외주식 : 3조 2,957억 원
- 국내대체 : 1조 9,884억 원
- 해외대체 : 1조 9,105억 원
- 현 금 성 : 1,416억 원

① 전체 금융자산의 10.8%를 차지하는 것은 '국내대체'이다.

② 현금성 자산 금액을 기준으로 하면 ㉠에 들어갈 수치는 '17조 5,000억'이다.

③ 해외 채권 및 주식 자산의 합은 국내 채권과 주식 자산의 합의 50%에 못 미친다.

④ 국내채권과 국내주식이 전체 금융자산의 절반 이상을 차지한다.

 현금성 금액이 0.8%를 차지하므로 전체 금융자산 금액(x)은
1,416억 원 : 0.8 = x : 100에서 x =17조 7,000억

① 네 번째로 가장 많은 비중(10.8%)을 차지하는 것은 '국내대체'이다.

③ '해외 채권(10,685억)+해외 주식(32,957억)' < $\frac{1}{2}$ ×(국내 채권 '59,190억'+국내 주식 '40,383억')

④ 전체 금융자산에서 1, 2순위로 금액이 많은 국내채권(32.2%), 국내주식(22%)이 전체의 50% 이상을 차지한다.

Answer ↪ 16.④ 17.②

| 18~19 | 귀하는 모 가전업체의 고객서비스센터에 근무한다. 내방 고객들을 대상으로 서비스 만족도를 100점 만점으로 응답해 달라고 요청, 취합했더니 아래와 같이 나타났다. 각 물음에 답하시오.

점수(점)	응답자수(명)	비율(%)
20 미만	7	14
20 이상~40 미만	6	12
40 이상~60 미만	15	(C)
60 이상~80 미만	12	24
80 이상~100 미만	8	16
100	(A)	(D)
합계	(B)	100

18　A, B, C, D에 각각 들어갈 숫자로 옳지 않은 것은?

① A : 2
② B : 50
③ C : 30
④ D : 0.4

 인원수와 상대도수의 비율은 같기 때문에 조사에 응한 고객 수(B=50)를 구할 수 있다. 100점을 준 고객 수(A)는 50−(8+12+15+6+7)=2이다. 상대도수 (D)는 인원수÷전체 인원수이므로, 2÷50=0.04이다. 상대도수 (C)는 15÷50=0.3이다. 따라서 (C)의 비율은 30, (D)의 비율은 4이다.

19　귀하가 팀장에게 조사 결과를 설명하는데, 팀장이 잘못된 것이 있다고 한다. 다음 중 팀장이 잘못된 것이라고 지적한 것은 어느 것인가?

① "직접 방문한 고객 중 50명을 대상으로 서비스 만족도 조사를 했습니다."
② "만족도 40이상 ~ 60 미만 구간의 비율이 30%를 차지하기 때문에 고객 서비스 교육에 더욱 더 힘을 써야 할 것 같습니다."
③ "조사에 참여한 고객 중 4분의 1이 만족도 80점 이상을 줬습니다."
④ "100점을 준 고객은 4%로, 앞으로 만점을 받기 위해 많은 노력을 해야 할 것 같습니다."

 ③ 만족도 80점 이상을 준 고객은 총 10명으로 조사에 참여한 고객 중 5분의 1에 해당한다.

┃20~22┃ 다음은 연령별 저축률에 대한 자료이다. 각 물음에 답하시오.

<연령별 저축률>

구분	2006		2008		2010		2012	
	저축 중인 인원(명)	저축률 (%)	저축 중인 인원(명)	저축률 (%)	저축 중인 인원(명)	저축률 (%)	저축 중인 인원(명)	저축률 (%)
30대 이하	63	72.8	68	68.2	117	81.1	99	69.9
40대	271	60.5	277	61.4	184	70.3	210	65.4
50대	440	59.2	538	54.9	383	58.6	383	54.4
60대	469	47.6	538	53.5	536	41	542	39.9
70대 이상	582	27.7	562	37	768	24.7	754	21.9

20 다음 중 연령별 저축률에 대한 자료를 바르게 해석한 것은?

① 30대 이하의 경우 2006년에 비해 2012년의 저축액이 더 적다.

② 모든 연령대에서 2010년의 저축률이 2008년보다 높았다.

③ 50대의 저축률 증감추이가 가장 적은 폭의 변화를 보이고 있다.

④ 2008년 대비 2012년에 저축 인원이 가장 큰 폭으로 변한 연령대는 60대이다.

① 주어진 자료에는 저축액에 대한 내용을 확인할 수 없다.
② 60대와 70대 이상의 경우 2010년 저축률보다 2008년 저축률이 더 높다.
④ 2008년 대비 2012년에 저축 인원이 가장 큰 폭으로 변한 연령대는 70대이다.

Answer┌→ 18.④ 19.③ 20.③

21 2010과 2012년 사이 연령대별 증감률 추이만큼 2014년에 증감률이 변화한다면 2014년 30대 이하의 저축률은 몇 퍼센트가 되겠는가? (증감률은 소숫점 셋째자리에서 반올림할 것)

① 56.09

② 58.70

③ 60.25

④ 83.77

 증감률 산출 공식 = {(산출년도 백분율－기준년도 백분율)/기준년도 백분율}×100

2010~2012년 사이의 증감률이 2012~2014년 사이 증감률과 동일하다는 가정 하에 비례식을 세우고 2014년도의 증감률을 구할 수 있다.

2010년 대비 2012년의 30대 이하 저축률 증감률은 {(69.9－81.1)/81.1}×100 =－13.81(%)이다.

2014년 30대 이하 저축률 증감률이 2012년 대비 13.81% 감소한다고 가정하고 비례식을 세우면 다음과 같은 식이 나온다.

$$\frac{x-69.9}{69.9} \times 100 = -13.81$$

$$x - 69.9 = \frac{-13.81 \times 69.9}{100}$$

$$x = 69.9 - 9.65$$

$$\therefore x = 60.25$$

22 다음 중 위의 자료에서 저축률의 증감추이가 같은 연령층끼리 짝지은 것은?

① 40대, 50대

② 40대, 60대

③ 60대, 70대 이상

④ 30대 이하, 70대 이상

 ③ 60대와 70대 이상의 저축률 모두 증가→감소→감소의 동일한 변화를 보인다.

23 어느 날 팀장이 아래 자료를 주며 "이번에 회사에서 전략 사업으로 자동차 부품 시범 판매점을 직접 운영해 보기로 했다"며 "일단 자동차가 많이 운행되고 있는 도시에 판매점을 둬야겠다"고 말씀하신다. 다음 중 귀하는 후보 도시를 어떻게 추천해야 하는가?

도시	인구 수(만 명)	도로 연장(km)	자동차 대수(1,000명당)
A	108	198	205
B	75	148	130
C	53	315	410
D	40	103	350

① 무조건 인구가 많은 A − B − C − D시 순으로 추천해야 한다.

② 결국 1,000명 자동차 대수가 많은 C − D − A − B시 순으로 추천해야 한다.

③ B시는 인구수는 두 번째이지만 추천 순위에서는 가장 밀린다.

④ 도로가 잘 정비돼 있는 C시를 강력 추천해야 한다.

 ③ A시는 인구 1,000명당 자동차 대수가 205대이기 때문에 인구수가 108만 명인 것을 계산해 보면, A시에서 운행되는 자동차는 221,400대라는 것을 알 수 있다. 같은 방식으로 계산하면 B 시에는 97,500대, C시에는 217,300대, D시에는 140,000대의 자동차가 운행되고 있다.

Answer → 21.③   22.③   23.③

24~25 다음은 6대 광역시의 경제활동참가율 및 고용률 현황에 대한 자료이다. 자료를 보고 이어지는 질문에 답하시오.

〈6대 광역시 경제활동참가율 및 고용률 현황〉

(단위 : %)

구분		경제활동참가율	고용률
전국	남성	73.0	70.1
	여성	49.4	47.8
서울특별시	남성	73.0	69.1
	여성	51.2	49.2

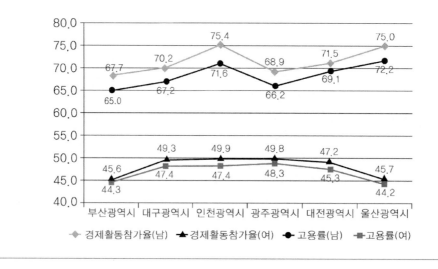

24 다음 중 위 자료의 내용을 잘못 설명한 것은?

① 인천의 고용률은 남녀 모두 서울보다 높다.

② 6대 광역시 중 여성의 고용률이 가장 낮은 도시는 울산이다.

③ 6대 광역시 중 여성 경제활동참가율이 50%를 넘는 도시는 없다.

④ 6대 광역시 중 남녀 간에 경제활동참가율의 차이가 가장 큰 도시는 울산이다.

 ① 인천의 남자고용률은 서울보다 높고 여자고용률은 낮다.

25 6대 광역시 중 여성 경제활동참가율이 전국보다 높고 서울보다 낮은 도시를 바르게 나열한 것은?

① 대구, 대전

② 인천, 광주

③ 대구, 인천, 광주

④ 인천, 광주, 대전

 ② 전국보다 높고 서울보다 낮은 수치는 49.4~51.2의 값이고 여기에 해당하는 도시는 인천, 광주이다.

Answer⌐→ 24.① 25.②

┃26~27┃ A기업 자재관리팀에 근무 중인 직원 R은 회사 행사 때 사용할 배너를 제작하는 업무를 맡아 처리하려고 한다. 아래의 제시상황을 보고 이어지는 질문에 답하시오.

- 다음은 행사 장소를 나타낸 도면이다.

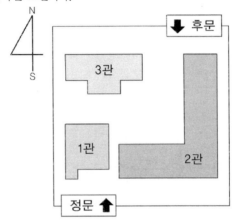

- 행사장소 : 본 건물 3관

- 배너 설치비용 : 배너 제작비+배너 거치대
- 배너 제작비용 : 일반 배너 한 장당 15,000원, 양면 배너 한 장당 20,000원
- 배너 거치대 : 건물 내부용 10,000원, 건물 외부용 15,000원

- 현수막 제작비용
- 기본 크기(세로*가로) : 1m*3m → 5,000원
- 기본 크기에서 추가 시→1m²당 3,000원씩 추가

26 배너와 관련된 정보가 아래와 같을 때, 배너 설치에 필요한 비용은 총 얼마인가?

> 1. 배너 설치 장소 : 1관과 2관 사잇길, 2관과 3관 사잇길, 3관 내부 한 곳 각 1장
> 2. 추가 요청 사항 : 실외용은 전부 양면 배너로 제작할 것

① 90,000원　　　　　　　　　　　② 95,000원

③ 100,000원　　　　　　　　　　 ④ 105,000원

 외부용(1관과 2관 사이, 2관과 3관 사이)=2×2+1.5×2=7만 원
내부용(3관 내부 한 곳)=1.5+1=2만 5천 원
총 95,000원이 필요하다.

27 R은 배너 비용을 계산한 후 이를 상사에게 보고하였다. 상사의 추가 지시에 따라 R이 계산한 현수막 설치비용은?

> 　R씨, 아무래도 행사 위치를 분명히 알리려면 현수막도 설치하는 것이 좋을 것 같아요. 정문하고 후문에 하나씩 걸고, 3관 건물 입구에도 하나를 답시다. 정문하고 후문에는 2m*7m의 크기로 하고, 3관 건물 입구에는 1m*5m의 크기가 적당할 것 같아요. 견적 좀 부탁할게요.

① 78,000원　　　　　　　　　　　② 87,000원

③ 89,000원　　　　　　　　　　　④ 98,000원

 정문 및 후문용 : $2×7=14(m^2)$
기본 크기 $3m^2$에 비해 $11m^2$이 더 크므로 $5,000+11×3000=38,000×2=76,000(원)$
3관 건물 입구용 : $5m^2$이므로 $5000+2×3000=11,000(원)$
총 현수막 설치비용은 $76000+11000=87,000(원)$

Answer → 26.② 27.②

| 28~29 | A사에 근무하는 B씨는 4대강 주변 자전거 도로에 대한 개선안을 마련하기 위하여 관련 자료를 정리하여 상사에게 보고하고자 한다. 다음을 바탕으로 물음에 답하시오.

〈4대강 주변 자전거 도로에 대한 관광객 평가 결과〉

(단위 : 점/100점 만점)

구분	한강	금강	낙동강	영산강
주변 편의시설	60	70	60	50
주변 자연경관	50	40	60	40
하천 수질	40	50	40	30
접근성	50	40	50	40
주변 물가	70	60	50	40

〈인터넷 설문조사 결과〉

자전거 도로 여행 시 고려 조건

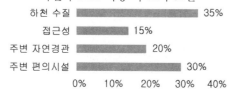

〈업체별 4대강 유역 토사 운송 업체 현황〉

업체	목표 운송량 (톤)	보유 트럭 최대 적재량 현황	
		1.5톤	2.5톤
A	19.5	6대	3대
B	20.5	4대	4대
C	23	3대	5대

28 앞선 자료들을 기반으로 B가 정리한 내용 중 옳은 것을 모두 고르면?

> ㉠ 모든 보유 트럭의 최대 적재량 합이 가장 큰 시공 업체는 C이다.
> ㉡ 관광객 평가 결과의 합에서, 가장 높은 점수를 받은 자전거 도로는 금강이다.
> ㉢ 인터넷 설문 조사의 4대 항목만을 고려한 관광객 평가 결과의 합이 가장 높은 자전거 도로는 낙동강이다.
> ㉣ 인터넷 설문 조사 결과상위 2개 항목만을 고려한 관광객 평가 결과의 합이 가장 높은 자전거 도로는 한강이다.

① ㉠, ㉡
② ㉠, ㉢
③ ㉡, ㉢
④ ㉢, ㉣

 ㉡ 관광객 평가 결과의 합에서, 가장 높은 점수를 받은 자전거 도로는 총점 270점의 한강이다.
　　㉣ 인터넷 설문 조사 결과상위 2개 항목인 하천 수질과 주변 편의시설만을 고려한 관광객 평가 결과의 합이 가장 높은 자전거 도로는 120점의 금강이다.

29 다음은 자료를 검토한 B의 상사가 B에게 준 피드백의 내용이다. 이를 참고하여 4대강 자전거 도로의 최종 점수가 올바르게 짝지어진 것은?

> [상사]
> B씨, 4대강 자전거 도로에 실제로 방문한 관광객들의 평가만큼이나 전 국민을 대상으로 한 인터넷 설문조사도 매우 중요해. 그러니까 인터넷 조사 결과의 응답 비중이 높은 순서대로 순위를 매겨서 1~4위까지 5, 4, 3, 2점의 가중치를 부여하고 이 가중치를 관광객 평가 점수와 곱해서 4대강 자전거 도로들 간의 점수를 산출하도록 해줘. '주변 물가'는 인터넷 조사에는 해당되지 않으니까 가중치를 1로 부여하면 될 것 같아.

① 한강 : 780점

② 금강 : 790점

③ 낙동강 : 800점

④ 영산강 : 690점

 하천 수질 5, 주변 편의시설 4, 주변 자연경관 3, 접근성 2, 주변 물가 1의 가중치를 부여하여 계산한 자전거 도로의 최종 점수는 다음과 같다.

한강	$5 \times 40 + 4 \times 60 + 3 \times 50 + 2 \times 50 + 1 \times 70 = 760$점
금강	$5 \times 50 + 4 \times 70 + 3 \times 40 + 2 \times 40 + 1 \times 60 = 790$점
낙동강	$5 \times 40 + 4 \times 60 + 3 \times 60 + 2 \times 50 + 1 \times 50 = 770$점
영산강	$5 \times 30 + 4 \times 50 + 3 \times 40 + 2 \times 40 + 1 \times 40 = 590$점

30 다음은 조선시대 한양의 조사시기별 가구수 및 인구수와 가구 구성비에 대한 자료이다. 이에 대한 설명 중 옳은 것만을 모두 고르면?

〈조사시기별 가구수 및 인구수〉

(단위 : 호, 명)

조사시기	가구수	인구수
1729년	1,480	11,790
1765년	7,210	57,330
1804년	8,670	68,930
1867년	27,360	144,140

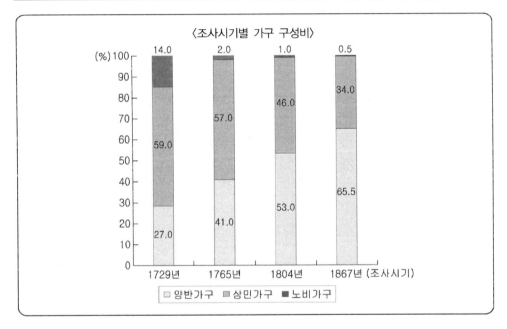

〈조사시기별 가구 구성비〉

- ㉠ 1804년 대비 1867년의 가구당 인구수는 증가하였다.
- ㉡ 1765년 상민가구 수는 1804년 양반가구 수보다 적다.
- ㉢ 노비가구 수는 1804년이 1765년보다는 적고 1867년보다는 많다.
- ㉣ 1729년 대비 1765년에 상민가구 구성비는 감소하였고 상민가구 수는 증가하였다.

① ㉠, ㉡　　　　　　　　　　　② ㉠, ㉢

③ ㉡, ㉣　　　　　　　　　　　④ ㉠, ㉢, ㉣

ⓐ 1804년 가구당 인구수는 $\frac{68,930}{8,670}=$ 약 7.95이고, 1867년 가구당 인구수는 $\frac{144,140}{27,360}=$ 약 5.26
  이므로 1804년 대비 1867의 가구당 인구수는 감소하였다.

ⓑ 1765년 상민가구 수는 $7,210 \times 0.57 = 4109.7$이고, 1804년 양반가구 수는 $8,670 \times 0.53 =$
  4595.1로, 1765년 상민가구 수는 1804년 양반가구 수보다 적다.

ⓒ 1804년의 노비가구 수는 $8,670 \times 0.01 = 86.7$로 1765년의 노비가구 수인 $7,210 \times 0.02 =$
  144.2보다 적고, 1867년의 노비가구 수인 $27,360 \times 0.005 = 136.8$보다도 적다.

ⓓ 1729년 대비 1765년에 상민가구 구성비는 59.0%에서 57.0%로 감소하였고, 상민가구 수는
  $1,480 \times 0.59 = 873.2$에서 $7,210 \times 0.57 = 4109.7$로 증가하였다.

31 다음은 A카페의 커피 판매정보에 대한 자료이다. 한 잔만을 더 판매하고 영업을 종료한다고 할 때, 총이익이 정확히 64,000원이 되기 위해서 판매해야 하는 메뉴는?

(단위 : 원, 잔)

구분 메뉴	판매가격 (1잔)	현재까지 판매량	한 잔당 재료				
			원두 (200)	우유 (300)	바닐라 (100)	초코 (150)	캐러멜 (250)
아메리카노	3,000	5	○	×	×	×	×
카페라떼	3,500	3	○	○	×	×	×
바닐라라떼	4,000	3	○	○	○	×	×
카페모카	4,000	2	○	○	×	○	×
캐러멜라떼	4,300	6	○	○	○	×	○

※ 메뉴별 이익＝(메뉴별 판매가격－메뉴별 재료비) × 메뉴별 판매량
※ 총이익은 메뉴별 이익의 합이며, 다른 비용은 고려하지 않음.
※ A카페는 5가지 메뉴만을 판매하며, 메뉴별 1잔 판매가격과 재료비는 변동 없음.
※ ○ : 해당 재료 한 번 사용, × : 해당 재료 사용하지 않음.

① 아메리카노
② 카페라떼
③ 바닐라라떼
④ 카페모카

 메뉴별 이익을 계산해보면 다음과 같으므로, 현재 총이익은 60,600원이다. 한 잔만 더 판매하고 영업을 종료했을 때 총이익이 64,000원이 되려면 한 잔의 이익이 3,400원이어야 하므로 바닐라 라떼를 판매해야 한다.

구분	메뉴별 이익	1잔당 이익
아메리카노	$(3,000-200) \times 5 = 14,000$원	2,800원
카페라떼	$\{3,500-(200+300)\} \times 3 = 9,000$원	3,000원
바닐라라떼	$\{4,000-(200+300+100)\} \times 3 = 10,200$원	3,400원
카페모카	$\{4,000-(200+300+150)\} \times 2 = 6,700$원	3,350원
캐러멜라떼	$\{4,300-(200+300+100+250)\} \times 6 = 20,700$원	3,450원

Answer 30.③ 31.③

32 다음은 2007~2013년 동안 흡연율 및 금연계획률에 관한 자료이다. 이에 대한 설명으로 옳은 것은?

〈성별 흡연율〉

성별＼연도	2007	2008	2009	2010	2011	2012	2013
남성	45.0	47.7	46.9	48.3	47.3	43.7	42.1
여성	5.3	7.4	7.1	6.3	6.8	7.9	6.1
전체	20.6	23.5	23.7	24.6	25.2	24.9	24.1

〈소득수준별 남성 흡연율〉

소득＼연도	2007	2008	2009	2010	2011	2012	2013
최상	38.9	39.9	38.7	43.5	44.1	40.8	36.6
상	44.9	46.4	46.4	45.8	44.9	38.6	41.3
중	45.2	49.6	50.9	48.3	46.6	45.4	43.1
하	50.9	55.3	51.2	54.2	53.9	48.2	47.5

〈금연계획율〉

구분＼연도	2007	2008	2009	2010	2011	2012	2013
금연계획률	59.8	56.9	( )	( )	56.3	55.2	56.5
단기	19.4	( )	18.2	20.8	20.2	19.6	19.3
장기	40.4	39.2	39.2	32.7	( )	35.6	37.2

※ 흡연율(%)＝$\dfrac{\text{흡연자 수}}{\text{인구 수}} \times 100$

※ 금연계획률(%)＝$\dfrac{\text{금연계획자 수}}{\text{흡연자 수}} \times 100$ ＝ 단기 금연계획률 ＋ 장기 금연계획률

① 매년 남성 흡연율은 여성 흡연율의 6배 이상이다.

② 매년 소득수준이 높을수록 남성 흡연율은 낮다.

③ 2008~2010년 동안 매년 금연계획률은 전년대비 감소한다.

④ 2011년의 장기 금연계획률은 2008년의 단기 금연계획률의 두 배 이상이다.

① 2012년의 남성 흡연율은 43.7이고 여성 흡연율은 7.9로 6배 이하이다.
② 2012 소득수준이 최상인 남성 흡연율이 상인 남성 흡연율보다 높다.
③ 2009년의 금연계획률은 57.4, 2010년의 금연계획률은 53.5로 2009년은 전년대비 증가하였고, 2010년은 전년대비 감소하였다.
④ 2011년의 장기 금연계획률은 36.1로 2008년의 단기 금연계획률인 17.7의 두 배 이상이다.

33 K공사는 직원들의 창의력을 증진시키기 위하여 '창의 테마파크'를 운영하고자 한다. 다음의 프로그램들을 대상으로 전문가와 사원들이 평가를 실시하여 가장 높은 점수를 받은 프로그램을 최종 선정하여 운영한다고 할 때, '창의 테마파크'에서 운영할 프로그램은?

분야	프로그램명	전문가 점수	사원 점수
미술	내 손으로 만드는 전력소	26	32
인문	세상을 바꾼 생각들	31	18
무용	스스로 창작	37	25
인문	역사랑 놀자	36	28
음악	연주하는 사무실	34	34
연극	연출노트	32	30
미술	예술캠프	40	25

※ 전문가와 사원은 후보로 선정된 프로그램을 각각 40점 만점제로 우선 평가하였다.
※ 전문가 점수와 사원 점수의 반영 비율을 3:2로 적용하여 합산한 후, 하나밖에 없는 분야에 속한 프로그램에는 취득점수의 30%를 가산점으로 부여한다.

① 연주하는 사무실
② 스스로 창작
③ 연출노트
④ 예술캠프

 각각의 프로그램이 받을 점수를 계산하면 다음과 같다.

분야	프로그램명	점수
미술	내 손으로 만드는 전력소	$\{(26 \times 3) + (32 \times 2)\} = 142$
인문	세상을 바꾼 생각들	$\{(31 \times 3) + (18 \times 2)\} = 129$
무용	스스로 창작	$\{(37 \times 3) + (25 \times 2)\} +$ 가산점 30% = 209.3
인문	역사랑 놀자	$\{(36 \times 3) + (28 \times 2)\} = 164$
음악	연주하는 사무실	$\{(34 \times 3) + (34 \times 2)\} +$ 가산점 30% = 221
연극	연출노트	$\{(32 \times 3) + (30 \times 2)\} +$ 가산점 30% = 202.8
미술	예술캠프	$\{(40 \times 3) + (25 \times 2)\} = 170$

따라서 가장 높은 점수를 받은 연주하는 사무실이 최종 선정된다.

34 다음은 사원 6명의 A~E항목 평가 자료의 일부이다. 이에 대한 설명 중 옳은 것은?

(단위 : 점)

사원 \ 과목	A	B	C	D	E	평균
김영희	( )	14	13	15	( )	( )
이민수	12	14	( )	10	14	13.0
박수민	10	12	9	( )	18	11.8
최은경	14	14	( )	17	( )	( )
정철민	( )	20	19	17	19	18.6
신상욱	10	( )	16	( )	16	( )
계	80	( )	( )	84	( )	( )
평균	( )	14.5	14.5	( )	( )	( )

※ 항목별 평가 점수 범위는 0~20점이고, 모든 항목 평가에서 누락자는 없음.

※ 사원의 성취수준은 5개 항목 평가 점수의 산술평균으로 결정함.

－평가 점수 평균이 18점 이상 20점 이하 : 수월수준

－평가 점수 평균이 15점 이상 18점 미만 : 우수수준

－평가 점수 평균이 12점 이상 15점 미만 : 보통수준

－평가 점수 평균이 12점 미만 : 기초수준

① 김영희 사원의 성취수준은 E항목 평가 점수가 17점 이상이면 '우수수준'이 될 수 있다.

② 최은경 사원의 성취수준은 E항목 시험 점수에 따라 '기초수준'이 될 수 있다.

③ 신상욱 사원의 평가 점수는 B항목은 13점, D항목은 15점으로 성취수준은 '우수수준'이다.

④ 이민수 사원의 C항목 평가 점수는 정철민 사원의 A항목 평가 점수보다 높다.

빈칸 중 추론이 가능한 부분을 채우면 다음과 같다.

과목 / 사원	A	B	C	D	E	평균
김영희	(16)	14	13	15	( )	( )
이민수	12	14	(15)	10	14	13.0
박수민	10	12	9	(10)	18	11.8
최은경	14	14	(15)	17	( )	( )
정철민	(18)	20	19	17	19	18.6
신상욱	10	(13)	16	(15)	16	(14)
계	80	(87)	(87)	84	( )	( )
평균	($\frac{80}{6}$)	14.5	14.5	(14)	( )	( )

① 김영희 사원의 성취수준은 E항목 평가 점수가 17점 이상이면 평균이 15점 이상으로 '우수수준'이 될 수 있다.

② 최은경 사원의 성취수준은 E항목 시험 점수가 0점이라고 해도 평균 12점으로 '보통수준'이다. 따라서 '기초수준'이 될 수 없다.

③ 신상욱 사원의 평가 점수는 B항목은 13점, D항목은 15점, 평균 14점으로 성취수준은 '보통수준'이다.

④ 이민수 사원의 C항목 평가 점수는 15점으로, 정철민 사원의 A항목 평가 점수는 18점보다 낮다.

Answer ▸ 34.①

35 다음은 차량 A, B, C의 연료 및 경제속도 연비, 연료별 리터당 가격에 대한 자료이다. 제시된 〈조건〉을 적용하였을 때, 두 번째로 높은 연료비가 소요되는 차량과 해당 차량의 연료비를 바르게 나열한 것은?

〈A, B, C 차량의 연료 및 경제속도 연비〉

차량 \ 구분	연료	경제속도 연비(km/L)
A	LPG	10
B	휘발유	16
C	경유	20

※ 차량 경제속도는 60km/h 이상 90km/h 미만임

〈연료별 리터당 가격〉

연료	LPG	휘발유	경유
리터당 가격(원/L)	1,000	2,000	1,600

〈조건〉

1. A, B, C 차량은 모두 아래와 같이 각 구간을 한 번씩 주행하고, 각 구간별 주행속도 범위 내에서만 주행한다.

구간	1구간	2구간	3구간
주행거리(km)	100	40	60
주행속도(km/h)	30 이상 60 미만	60 이상 90 미만	90 이상 120 미만

2. A, B, C 차량의 주행속도별 연비적용률은 다음과 같다.

차량	주행속도(km/h)	연비적용률(%)
A	30 이상 60 미만	50.0
	60 이상 90 미만	100.0
	90 이상 120 미만	80.0
B	30 이상 60 미만	62.5
	60 이상 90 미만	100.0
	90 이상 120 미만	75.0
C	30 이상 60 미만	50.0
	60 이상 90 미만	100.0
	90 이상 120 미만	75.0

※ 연비적용률이란 경제속도 연비 대비 주행속도 연비를 백분율로 나타낸 것임

① A, 31,500원   ② B, 24,500원

③ B, 35,000원   ④ D, 25,600원

 주행속도에 따른 연비와 구간별 소요되는 연료량을 계산하면 다음과 같다.

차량	주행속도(km/h)	연비(km/L)	구간별 소요되는 연료량(L)		
A (LPG)	30 이상 60 미만	10 × 50.0% = 5	1구간	20	총 31.5
	60 이상 90 미만	10 × 100.0% = 10	2구간	4	
	90 이상 120 미만	10 × 80.0% = 8	3구간	7.5	
B (휘발유)	30 이상 60 미만	16 × 62.5% = 10	1구간	10	총 17.5
	60 이상 90 미만	16 × 100.0% = 16	2구간	2.5	
	90 이상 120 미만	16 × 75.0% = 12	3구간	5	
C (경유)	30 이상 60 미만	20 × 50.0% = 10	1구간	10	총 16
	60 이상 90 미만	20 × 100.0% = 20	2구간	2	
	90 이상 120 미만	20 × 75.0% = 15	3구간	4	

따라서 조건에 따른 주행을 완료하는 데 소요되는 연료비는 A 차량은 31.5 × 1,000 = 31,500원, B 차량은 17.5 × 2,000 = 35,000원, C 차량은 16 × 1,600 = 25,600원으로, 두 번째로 높은 연료비가 소요되는 차량은 A며 31,500원의 연료비가 든다.

04 조직이해능력

1 조직과 개인

(1) 조직

① 조직과 기업

   ㉠ 조직 : 두 사람 이상이 공동의 목표를 달성하기 위해 의식적으로 구성된 상호작용과 조정을 행하는 행동의 집합체

   ㉡ 기업 : 노동, 자본, 물자, 기술 등을 투입하여 제품이나 서비스를 산출하는 기관

② 조직의 유형

기준	구분	예
공식성	공식조직	조직의 규모, 기능, 규정이 조직화된 조직
	비공식조직	인간관계에 따라 형성된 자발적 조직
영리성	영리조직	사기업
	비영리조직	정부조직, 병원, 대학, 시민단체
조직규모	소규모 조직	가족 소유의 상점
	대규모 조직	대기업

(2) 경영

① 경영의 의미 … 경영은 조직의 목적을 달성하기 위한 전략, 관리, 운영활동이다.

② 경영의 구성요소

   ㉠ 경영목적 : 조직의 목적을 달성하기 위한 방법이나 과정

   ㉡ 인적자원 : 조직의 구성원·인적자원의 배치와 활용

   ㉢ 자금 : 경영활동에 요구되는 돈·경영의 방향과 범위 한정

   ㉣ 경영전략 : 변화하는 환경에 적응하기 위한 경영활동 체계화

③ 경영자의 역할

대인적 역할	정보적 역할	의사결정적 역할
• 조직의 대표자 • 조직의 리더 • 상징자, 지도자	• 외부환경 모니터 • 변화전달 • 정보전달자	• 문제 조정 • 대외적 협상 주도 • 분쟁조정자, 자원배분자, 협상가

(3) 조직체제 구성요소

① **조직목표** … 전체 조직의 성과, 자원, 시장, 인력개발, 혁신과 변화, 생산성에 대한 목표

② **조직구조** … 조직 내의 부문 사이에 형성된 관계

③ **조직문화** … 조직구성원들 간에 공유하는 생활양식이나 가치

④ **규칙 및 규정** … 조직의 목표나 전략에 따라 수립되어 조직구성원들이 활동범위를 제약하고 일관성을 부여하는 기능

예제 1

주어진 글의 빈칸에 들어갈 말로 가장 적절한 것은?

> 조직이 지속되게 되면 조직구성원들 간 생활양식이나 가치를 공유하게 되는데 이를 조직의 (㉠)라고 한다. 이는 조직구성원들의 사고와 행동에 영향을 미치며 일체감과 정체성을 부여하고 조직이 (㉡)으로 유지되게 한다. 최근 이에 대한 중요성이 부각되면서 긍정적인 방향으로 조성하기 위한 경영층의 노력이 이루어지고 있다.

① ㉠ : 목표, ㉡ : 혁신적   ② ㉠ : 구조, ㉡ : 단계적
③ ㉠ : 문화, ㉡ : 안정적   ④ ㉠ : 규칙, ㉡ : 체계적

[출제의도]
본 문항은 조직체계의 구성요소들의 개념을 묻는 문제이다.
[해설]
조직문화란 조직구성원들 간에 공유하게 되는 생활양식이나 가치를 말한다. 이는 조직구성원들의 사고와 행동에 영향을 미치며 일체감과 정체성을 부여하고 조직이 안정적으로 유지되게 한다.

답 ③

---

(4) 조직변화의 과정

환경변화 인지 → 조직변화 방향 수립 → 조직변화 실행 → 변화결과 평가

(5) 조직과 개인

개인	지식, 기술, 경험 →	조직
	← 연봉, 성과급, 인정, 칭찬, 만족감	

2　조직이해능력을 구성하는 하위능력

(1) 경영이해능력

① 경영 … 경영은 조직의 목적을 달성하기 위한 전략, 관리, 운영활동이다.
　㉠ 경영의 구성요소 : 경영목적, 인적자원, 자금, 전략
　㉡ 경영의 과정

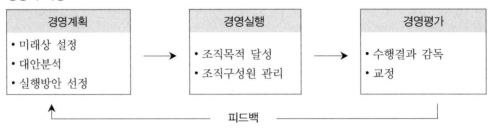

　㉢ 경영활동 유형
　　• 외부경영활동 : 조직외부에서 조직의 효과성을 높이기 위해 이루어지는 활동이다.
　　• 내부경영활동 : 조직내부에서 인적, 물적 자원 및 생산기술을 관리하는 것이다.
② 의사결정과정
　㉠ 의사결정의 과정
　　• 확인 단계 : 의사결정이 필요한 문제를 인식한다.
　　• 개발 단계 : 확인된 문제에 대하여 해결방안을 모색하는 단계이다.
　　• 선택 단계 : 해결방안을 마련하며 실행가능한 해결안을 선택한다.
　㉡ 집단의사결정의 특징
　　• 지식과 정보가 더 많아 효과적인 결정을 할 수 있다.
　　• 다양한 견해를 가지고 접근할 수 있다.
　　• 결정된 사항에 대하여 의사결정에 참여한 사람들이 해결책을 수월하게 수용하고, 의사소통
　　　의 기회도 향상된다.
　　• 의견이 불일치하는 경우 의사결정을 내리는데 시간이 많이 소요된다.
　　• 특정 구성원에 의해 의사결정이 독점될 가능성이 있다.

③ 경영전략

㉠ 경영전략 추진과정

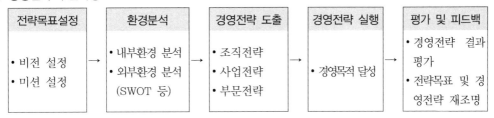

전략목표설정	환경분석	경영전략 도출	경영전략 실행	평가 및 피드백
• 비전 설정 • 미션 설정	• 내부환경 분석 • 외부환경 분석 (SWOT 등)	• 조직전략 • 사업전략 • 부문전략	• 경영목적 달성	• 경영전략 결과 평가 • 전략목표 및 경영전략 재조명

㉡ 마이클 포터의 본원적 경쟁전략

전략적 목표		전략적 우위 요소	
		고객들이 인식하는 제품의 특성	원가우위
	산업전체	차별화	원가우위
	산업의 특정부문	집중화	
		(차별화 + 집중화)	(원가우위 + 집중화)

예제 2

다음은 경영전략을 세우는 방법 중 하나인 SWOT에 따른 어느 기업의 분석결과이다. 다음 중 주어진 기업 분석 결과에 대응하는 전략은?

강점(Strength)	• 차별화된 맛과 메뉴 • 폭넓은 네트워크
약점(Weakness)	• 매출의 계절적 변동폭이 큼 • 딱딱한 기업 이미지
기회(Opportunity)	• 소비자의 수요 트랜드 변화 • 가계의 외식 횟수 증가 • 경기회복 가능성
위협(Threat)	• 새로운 경쟁자의 진입 가능성 • 과도한 가계부채

내부환경 외부환경	강점(Strength)	약점(Weakness)
기회 (Opportunity)	① 계절 메뉴 개발을 통한 분기 매출 확보	② 고객의 소비패턴을 반영한 광고를 통한 이미지 쇄신
위협 (Threat)	③ 소비 트렌드 변화를 반영한 시장 세분화 정책	④ 고급화 전략을 통한 매출 확대

[출제의도]
본 문항은 조직이해능력의 하위능력인 경영관리능력을 측정하는 문제이다. 기업에서 경영전략을 세우는데 많이 사용되는 SWOT분석에 대해 이해하고 주어진 분석표를 통해 가장 적절한 경영전략을 도출할 수 있는지를 확인할 수 있다.
[해설]
② 딱딱한 이미지를 현재 소비자의 수요 트렌드라는 환경 변화에 대응하여 바꿀 수 있다.

답 ②

④ 경영참가제도

    ㉠ 목적

- 경영의 민주성을 제고할 수 있다.
- 공동으로 문제를 해결하고 노사 간의 세력 균형을 이룰 수 있다.
- 경영의 효율성을 제고할 수 있다.
- 노사 간 상호 신뢰를 증진시킬 수 있다.

    ㉡ 유형

- 경영참가 : 경영자의 권한인 의사결정과정에 근로자 또는 노동조합이 참여하는 것
- 이윤참가 : 조직의 경영성과에 대하여 근로자에게 배분하는 것
- 자본참가 : 근로자가 조직 재산의 소유에 참여하는 것

예제 3

다음은 중국의 H사에서 시행하는 경영참가제도에 대한 기사이다. 밑줄 친 이 제도는 무엇인가?

> H사는 '사람' 중심의 수평적 기업문화가 발달했다. H사는 <u>이 제도</u>의 시행을 통해 직원들이 경영에 간접적으로 참여할 수 있게 하였는데 이에 따라 자연스레 기업에 대한 직원들의 책임 의식도 강화됐다. 참여주주는 8만2471명이다. 모두 H사의 임직원이며, 이 중 창립자인 CEO R은 개인주주로 총 주식의 1.18%의 지분과 퇴직연금으로 주식총액의 0.21%만을 보유하고 있다.

① 노사협의회제도
② 이윤분배제도
③ 종업원지주제도
④ 노동주제도

[출제의도]
경영참가제도는 조직원이 자신이 속한 조직에서 주인의식을 갖고 조직의 의사결정과정에 참여할 수 있도록 하는 제도이다. 본 문항은 경영참가제도의 유형을 구분해낼 수 있는가를 묻는 질문이다.

[해설]
종업원지주제도 ··· 기업이 자사 종업원에게 특별한 조건과 방법으로 자사 주식을 분양·소유하게 하는 제도이다. 이 제도의 목적은 종업원에 대한 근검저축의 장려, 공로에 대한 보수, 자사에의 귀속의식 고취, 자사에의 일체감 조성 등이 있다.

 ③

---

(2) 체제이해능력

① 조직목표 : 조직이 달성하려는 장래의 상태

    ㉠ 조직목표의 기능

- 조직이 존재하는 정당성과 합법성 제공
- 조직이 나아갈 방향 제시
- 조직구성원 의사결정의 기준
- 조직구성원 행동수행의 동기유발
- 수행평가 기준
- 조직설계의 기준

ⓛ 조직목표의 특징

- 공식적 목표와 실제적 목표가 다를 수 있음
- 다수의 조직목표 추구 가능
- 조직목표 간 위계적 상호관계가 있음
- 가변적 속성
- 조직의 구성요소와 상호관계를 가짐

② 조직구조

㉠ 조직구조의 결정요인 : 전략, 규모, 기술, 환경

ⓛ 조직구조의 유형과 특징

유형	특징
기계적 조직	• 구성원들의 업무가 분명하게 규정 • 엄격한 상하 간 위계질서 • 다수의 규칙과 규정 존재
유기적 조직	• 비공식적인 상호의사소통 • 급변하는 환경에 적합한 조직

③ 조직문화

㉠ 조직문화 기능

- 조직구성원들에게 일체감, 정체성 부여
- 조직몰입 향상
- 조직구성원들의 행동지침 : 사회화 및 일탈행동 통제
- 조직의 안정성 유지

ⓛ **조직문화 구성요소**(7S) : 공유가치(Shared Value), 리더십 스타일(Style), 구성원(Staff), 제도 · 절차 (System), 구조(Structure), 전략(Strategy), 스킬(Skill)

④ 조직 내 집단

㉠ **공식적 집단** : 조직에서 의식적으로 만든 집단으로 집단의 목표, 임무가 명확하게 규정되어 있다.

예 임시위원회, 작업팀 등

ⓛ **비공식적 집단** : 조직구성원들의 요구에 따라 자발적으로 형성된 집단이다.

예 스터디모임, 봉사활동 동아리, 각종 친목회 등

(3) 업무이해능력

① 업무 : 업무는 상품이나 서비스를 창출하기 위한 생산적인 활동이다.

　㉠ 업무의 종류

부서	업무(예)
총무부	주주총회 및 이사회개최 관련 업무, 의전 및 비서업무, 집기비품 및 소모품의 구입과 관리, 사무실 임차 및 관리, 차량 및 통신시설의 운영, 국내외 출장 업무 협조, 복리후생 업무, 법률자문과 소송관리, 사내외 홍보 광고업무
인사부	조직기구의 개편 및 조정, 업무분장 및 조정, 인력수급계획 및 관리, 직무 및 정원의 조정 종합, 노사관리, 평가관리, 상벌관리, 인사발령, 교육체계 수립 및 관리, 임금제도, 복리후생제도 및 지원업무, 복무관리, 퇴직관리
기획부	경영계획 및 전략 수립, 전사기획업무 종합 및 조정, 중장기 사업계획의 종합 및 조정, 경영정보 조사 및 기획보고, 경영진단업무, 종합예산수립 및 실적관리, 단기사업계획 종합 및 조정, 사업계획, 손익추정, 실적관리 및 분석
회계부	회계제도의 유지 및 관리, 재무상태 및 경영실적 보고, 결산 관련 업무, 재무제표 분석 및 보고, 법인세, 부가가치세, 국세 지방세 업무자문 및 지원, 보험가입 및 보상업무, 고정자산 관련 업무
영업부	판매 계획, 판매예산의 편성, 시장조사, 광고 선전, 견적 및 계약, 제조지시서의 발행, 외상매출금의 청구 및 회수, 제품의 재고 조절, 거래처로부터의 불만처리, 제품의 애프터서비스, 판매원가 및 판매가격의 조사 검토

다음은 I기업의 조직도와 팀장님의 지시사항이다. H씨가 팀장님의 심부름을 수행하기 위해 연락해야 할 부서로 옳은 것은?

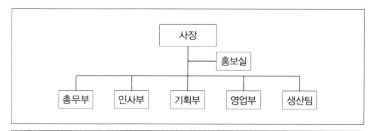

H씨! 내가 지금 너무 바빠서 그러는데 부탁 좀 들어줄래요? 다음 주 중에 사장님 모시고 클라이언트와 만나야 할 일이 있으니까 사장님 일정을 확인해주시구요. 이번 달에 신입사원 교육·훈련계획이 있었던 것 같은데 정확한 시간이랑 날짜를 확인해주세요.

① 총무부, 인사부
② 총무부, 홍보실
③ 기획부, 총무부
④ 영업부, 기획부

[출제의도]
조직도와 부서의 명칭을 보고 개략적인 부서의 소관 업무를 분별할 수 있는지를 묻는 문항이다.
[해설]
사장의 일정에 관한 사항은 비서실에서 관리하나 비서실이 없는 회사의 경우 총무부(또는 팀)에서 비서 업무를 담당하기도 한다. 또한 신입사원 관리 및 교육은 인사부에서 관리한다.

답 ①

　　ⓛ 업무의 특성
　　　• 공통된 조직의 목적 지향
　　　• 요구되는 지식, 기술, 도구의 다양성
　　　• 다른 업무와의 관계, 독립성
　　　• 업무수행의 자율성, 재량권

② 업무수행 계획

　　㉠ 업무지침 확인 : 조직의 업무지침과 나의 업무지침을 확인한다.
　　㉡ 활용 자원 확인 : 시간, 예산, 기술, 인간관계
　　㉢ 업무수행 시트 작성
　　　• 간트 차트 : 단계별로 업무의 시작과 끝 시간을 바 형식으로 표현
　　　• 워크 플로 시트 : 일의 흐름을 동적으로 보여줌
　　　• 체크리스트 : 수행수준 달성을 자가점검

Point 》 간트 차트와 플로 차트

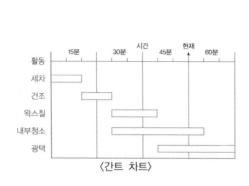

〈간트 차트〉

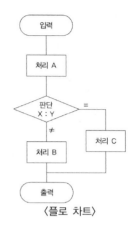

〈플로 차트〉

다음 중 업무수행 시 단계별로 업무를 시작해서 끝나는 데까지 걸리는 시간을 바 형식으로 표시하여 전체 일정 및 단계별로 소요되는 시간과 각 업무활동 사이의 관계를 볼 수 있는 업무수행 시트는?

① 간트 차트
② 워크 플로 차트
③ 체크리스트
④ 퍼트 차트

[출제의도]
업무수행 계획을 수립할 때 간트 차트, 워크 플로 시트, 체크리스트 등의 수단을 이용하면 효과적으로 계획하고 마지막에 급하게 일을 처리하지 않고 주어진 시간 내에 끝마칠 수 있다. 본 문항은 그러한 수단이 되는 차트들의 이해도를 묻는 문항이다.
[해설]
② 일의 절차 처리의 흐름을 표현하기 위해 기호를 써서 도식화한 것
③ 업무를 세부적으로 나누고 각 활동별로 수행수준을 달성했는지를 확인하는 데 효과적
④ 하나의 사업을 수행하는 데 필요한 다수의 세부사업을 단계와 활동으로 세분하여 관련된 계획 공정으로 묶고, 각 활동의 소요시간을 낙관시간, 최가능시간, 비관시간 등 세 가지로 추정하고 이를 평균하여 기대시간을 추정

답 ①

③ 업무 방해요소
  ㉠ 다른 사람의 방문, 인터넷, 전화, 메신저 등
  ㉡ 갈등관리
  ㉢ 스트레스

(4) 국제감각

① 세계화와 국제경영

　　㉠ 세계화 : 3Bs(국경 ; Border, 경계 ; Boundary, 장벽 ; Barrier)가 완화되면서 활동범위가 세계로 확대되는 현상이다.

　　㉡ 국제경영 : 다국적 내지 초국적 기업이 등장하여 범지구적 시스템과 네트워크 안에서 기업활동이 이루어지는 것이다.

② 이문화 커뮤니케이션 : 서로 상이한 문화 간 커뮤니케이션으로 직업인이 자신의 일을 수행하는 가운데 문화배경을 달리하는 사람과 커뮤니케이션을 하는 것이 이에 해당한다. 이문화 커뮤니케이션은 언어적 커뮤니케이션과 비언어적 커뮤니케이션으로 구분된다.

③ 국제 동향 파악 방법

　　㉠ 관련 분야 해외사이트를 방문해 최신 이슈를 확인한다.

　　㉡ 매일 신문의 국제면을 읽는다.

　　㉢ 업무와 관련된 국제잡지를 정기구독 한다.

　　㉣ 고용노동부, 한국산업인력공단, 산업통상자원부, 중소기업청, 상공회의소, 산업별인적자원개발협의체 등의 사이트를 방문해 국제동향을 확인한다.

　　㉤ 국제학술대회에 참석한다.

　　㉥ 업무와 관련된 주요 용어의 외국어를 알아둔다.

　　㉦ 해외서점 사이트를 방문해 최신 서적 목록과 주요 내용을 파악한다.

　　㉧ 외국인 친구를 사귀고 대화를 자주 나눈다.

④ 대표적인 국제매너

　　㉠ 미국인과 인사할 때에는 눈이나 얼굴을 보는 것이 좋으며 오른손으로 상대방의 오른손을 힘주어 잡았다가 놓아야 한다.

　　㉡ 러시아와 라틴아메리카 사람들은 인사할 때에 포옹을 하는 경우가 있는데 이는 친밀함의 표현이므로 자연스럽게 받아주는 것이 좋다.

　　㉢ 명함은 받으면 꾸기거나 계속 만지지 않고 한 번 보고나서 탁자 위에 보이는 채로 대화하거나 명함집에 넣는다.

　　㉣ 미국인들은 시간 엄수를 중요하게 생각하므로 약속시간에 늦지 않도록 주의한다.

　　㉤ 스프를 먹을 때에는 몸쪽에서 바깥쪽으로 숟가락을 사용한다.

　　㉥ 생선요리는 뒤집어 먹지 않는다.

　　㉦ 빵은 스프를 먹고 난 후부터 디저트를 먹을 때까지 먹는다.

1 전력거래소 경영지원처에서 근무하고 있는 당신은 다음 주에 입사할 신입사원들에게 전력거래소 조직구성에 대해 안내해야 한다. 다음 중 잘못된 설명은?

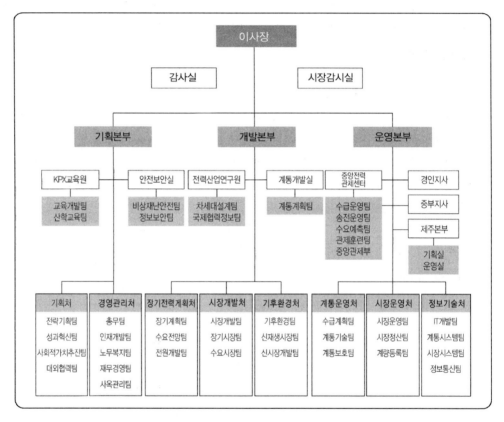

① 전력거래소는 크게 기획본부, 개발본부, 운영본부의 3개 본부로 이루어져 있습니다.

② 감사실과 시장감시실은 다른 부서와 독립하여 존재합니다.

③ 인재개발팀과 교육개발팀 및 산학교육팀은 모두 기획본부 내 같은 부처에 속해 있습니다.

④ 시장개발처와 시장운영처는 각각 다른 본부 소속입니다.

> **Tip** 인재개발팀은 경영관리처에, 교육개발팀과 산학교육팀은 KPX교육원에 속해 있다.

2 다음은 전력거래소의 전력거래절차에 대한 안내이다. 잘못 파악하고 있는 사람은?

▣ 전력시장
- 전력거래소는 전력의 거래가 이루어지는 전력시장을 운영하고 있다. 전력시장은 발전소에서 생산한 전기를 판매하기 위해 한 곳으로 모은다는 의미에서 풀(POOL)이라고도 부른다.
- 전력거래소는 전력시장 운영규칙에 따라 입찰, 정산, 계량, 시장감시, 정보공개, 분쟁조정 등 공정하고 투명한 시장 운영업무를 맡고 있으며, 전력시장을 통해 전력을 판매하는 발전회사와 전력을 구매하는 판매회사, 구역전기사업자, 또는 대규모 소비자(직접구매자)가 참여하여 전력의 거래가격과 거래량을 결정한다.

▣ 전력거래절차
- 현행 전력시장은 변동비반영시장으로 다음과 같은 순서로 거래가 이루어지고 있다.

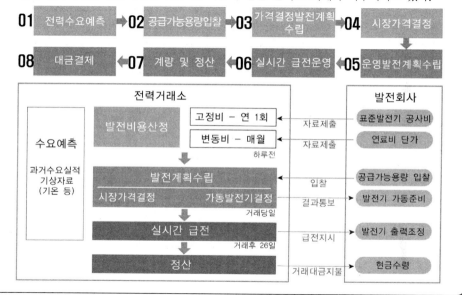

① 갑 : 전력거래소는 과거수요실적 및 기상자료를 바탕으로 전력수요를 예측한다.
② 을 : 가격결정발전계획은 시장가격결정 후에 수립한다.
③ 병 : 발전회사는 연료비 단가 자료를 매월 전력거래소에 제출한다.
④ 정 : 거래대금의 정산은 거래 후 26일이 지나서 이루어진다.

(Tip) ② 가격결정발전계획은 시장가격결정 전에 수립한다.

Answer⌐▸ 1.③ 2.②

3 전기안전관리 대행업체의 인사팀 직원 K는 다음의 기준에 의거하여 직원들의 자격증 취득 전후 경력을 산정하려고 한다. 다음 중 K가 산정한 경력 중 옳은 것을 모두 고르면?

<전기안전관리자 경력 조건 인정 범위>

조건	인정 범위
1. 자격 취득 후 경력 기간 100% 인정	• 전력시설물의 설계·공사·감리·유지보수·관리·진단· 점검·검사에 관한 기술업무 • 전력기술 관련 단체·업체 등에서 근무한 자의 전력기술에 관한 업무
2. 자격 취득 후 경력 기간 80% 인정	• 「전기용품안전관리법」에 따른 전기용품의 설계·제조·검 사 등의 기술업무 • 「산업안전보건법」에 따른 전기분야 산업안전 기술업무 • 건설관련법에 의한 전기 관련 기술업무 • 전자·통신관계법에 의한 전기·전자통신기술에 관한 업무
3. 자격 취득 전 경력 기간 50% 인정	1.의 각목 규정에 의한 경력
사원 甲	• 2001.1.1~2005.12.31 전기 안전기술 업무 • 2015.10.31 전기산업기사 자격 취득
사원 乙	• 2010.1.1~2012.6.30 전기부품제조 업무 • 2009.10.31 전기기사 자격 취득
사원 丙	• 2011.5.1~2012.7.31 전자통신기술 업무 • 2011.3.31 전기기능장 자격 취득
사원 丁	• 2013.1.1~2014.12.31 전기검사 업무 • 2015.7.31 전기기사 자격 취득

㉠ 甲 : 전기산업기사로서 경력 5년
㉡ 乙 : 전기기사로서 경력 1년
㉢ 丙 : 전기기능장으로서 경력 1년
㉣ 丁 : 전기기사로서 경력 1년

① ㉠, ㉡ 　　　　　② ㉠, ㉢
③ ㉡, ㉢ 　　　　　④ ㉢, ㉣

 ㉢ 2의 '전자·통신관계법에 의한 전기·전자통신기술에 관한 업무'에 해당하므로 丙은 자격 취 득 후 경력 기간 15개월 중 80%인 12개월을 인정받는다.
㉣ 1의 '전력시설물의 설계·공사·감리·유지보수·관리·진단·점검·검사에 관한 기술업무'에 해당하므로 丁은 자격 취득 전 경력 기간 2년의 50%인 1년을 인정받는다.

4 다음의 혁신 사례 보고서를 통해 알 수 있는 기업의 활동으로 옳은 것만을 〈보기〉에서 있는 대로 모두 고른 것은?

－ (주)서원각 혁신 사례 보고서 －

〈인적자원관리부문〉

▸ 주택 자금 저금리 대출, 자녀 학비 보조금 등 지원

▸ 구성원들이 소외감을 갖지 않고 유대감을 높일 수 있도록 사내 동아리 활성화

〈생산관리부문〉

▸ 자재를 필요한 시기에 공급하여 원활한 생산이 가능한 시스템 구축

▸ 품질에 영향을 끼칠 수 있는 모든 활동을 분석하여 기업의 구성원 전체가 품질 관리에 참여

〈보기〉

㉠ 근로자들에게 법정 외 복리 후생을 지원하였다.

㉡ 인사 관리 원칙 중 창의력 계발의 원칙을 적용하였다.

㉢ 적시 생산 시스템(JIT)을 도입하여 재고를 관리하였다.

㉣ 품질을 관리하기 위해 종합적 품질 관리(TQC)시스템을 도입하였다.

---

① ㉠㉣
② ㉡㉢
③ ㉠㉡㉢
④ ㉠㉢㉣

 ㉡ 구성원들이 서로 유대감을 가지고 협동, 단결할 수 있도록 하는 것은 단결의 원칙이다.
대출 및 자녀 학비 보조금 지원은 법정 외 복리 후생제도에 의한 지원이다.
자재를 필요한 시기에 공급하는 것은 적시 생산 시스템이다.
기업의 구성원 전체가 품질 관리에 참여도록 하는 것은 종합적 품질 관리이다.

Answer ↪ 3.④ 4.④

5 신입사원 교육을 받으러 온 직원들에게 나눠준 조직도를 보고 사원들이 나눈 대화이다. 다음 중 조직도를 올바르게 이해한 사원을 모두 고른 것은?

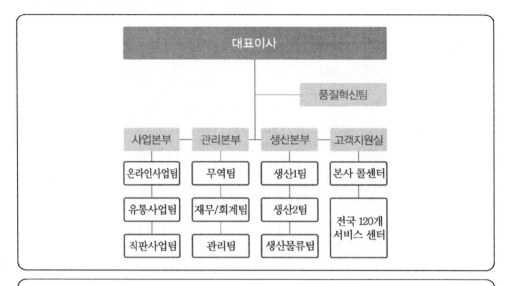

A : 조직도를 보면 본사는 3개 본부, 1개 지원실, 콜센터를 포함한 총 10개 팀으로 구성되어 있군.

B : 그런데 품질혁신팀은 따로 본부에 소속되어 있지 않고 대표이사님 직속으로 소속되어 있네.

C : 전국의 서비스센터는 고객지원실에서 관리해.

① A
② A, C
③ B, C
④ A, B, C

 콜센터를 포함하면 11개의 팀으로 구성되어 있다.

6 다음의 조직목표에 대한 설명 중 옳은 것은?

① 공식적인 목표인 사명은 측정 가능한 형태로 기술되는 단기적인 목표이다.

② 조직목표는 환경이나 여러 원인들에 의해 변동되거나 없어지지 않는다.

③ 구성원들이 자신의 업무만을 성실하게 수행하면 조직목표는 자연스럽게 달성된다.

④ 조직은 다수의 목표를 추구할 수 있으며 이들은 상하관계를 가지기도 한다.

① 조직의 사명은 조직의 비전, 가치와 신념, 조직의 존재이유 등을 공식적인 목표로 표현한 것이다. 반면에, 세부목표 혹은 운영목표는 조직이 실제적인 활동을 통해 달성하고자 하는 것으로 사명에 비해 측정 가능한 형태로 기술되는 단기적인 목표이다.

② 조직목표는 한번 수립되면 달성될 때까지 지속되는 것이 아니라 환경이나 조직 내의 다양한 원인들에 의해 변동되거나 없어지고 새로운 목표로 대치되기도 한다.

③ 조직구성원들은 자신의 업무를 성실하게 수행한다고 하더라도 전체 조직목표에 부합되지 않으면 조직목표가 달성될 수 없으므로 조직목표를 이해하고 있어야 한다.

④ 조직은 다수의 조직목표를 추구할 수 있다. 이러한 조직목표들은 위계적 상호관계가 있어서 서로 상하관계에 있으면서 영향을 주고받는다.

7 조직이 유연하고 자유로운지 아니면 안정이나 통제를 추구하는지, 조직이 내부의 단결이나 통합을 추구하는지 아니면 외부의 환경에 대한 대응성을 추구하는지의 차원에 따라 집단문화, 개발문화, 합리문화, 계층문화로 구분된다. 지문에 주어진 특징을 갖는 조직문화의 유형은?

> 과업지향적인 문화로, 결과지향적인 조직으로써의 업무의 완수를 강조한다. 조직의 목표를 명확하게 설정하여 합리적으로 달성하고, 주어진 과업을 효과적이고 효율적으로 수행하기 위하여 실적을 중시하고, 직무에 몰입하며, 미래를 위한 계획을 수립하는 것을 강조한다. 합리문화는 조직구성원 간의 경쟁을 유도하는 문화이기 때문에 때로는 지나친 성과를 강조하게 되어 조직에 대한 조직구성원들의 방어적인 태도와 개인주의적인 성향을 드러내는 경향을 보인다.

① 집단문화   ② 개발문화
③ 합리문화   ④ 계층문화

① 관계지향적인 문화이며, 조직구성원 간 인간애 또는 인간미를 중시하는 문화로서 조직내부의 통합과 유연한 인간관계를 강조한다. 따라서 조직구성원 간 인화단결, 협동, 팀워크, 공유가치, 사기, 의사결정과정에 참여 등을 중요시하며, 개인의 능력개발에 대한 관심이 높고 조직구성원에 대한 인간적 배려와 가족적인 분위기를 만들어내는 특징을 가진다.

② 높은 유연성과 개성을 강조하며 외부환경에 대한 변화지향성과 신축적 대응성을 기반으로 조직구성원의 도전의식, 모험성, 창의성, 혁신성, 자원획득 등을 중시하며 조직의 성장과 발전에 관심이 높은 조직문화를 의미한다. 따라서 조직구성원의 업무수행에 대한 자율성과 자유재량권 부여 여부가 핵심요인이다.

④ 조직내부의 통합과 안정성을 확보하고 현상유지차원에서 계층화되고 서열화된 조직구조를 중요시하는 조직문화이다. 즉, 위계질서에 의한 명령과 통제, 업무처리 시 규칙과 법을 준수하고, 관행과 안정, 문서와 형식, 보고와 정보관리, 명확한 책임소재 등을 강조하는 관리적 문화의 특징을 나타내고 있다.

Answer ⌐→ 5.③ 6.④ 7.③

8 다음 표는 A, B회사를 비교한 것이다. 이에 대한 설명으로 옳은 것을 모두 고른 것은?

회사 내용	A	B
특징	• 태양광 장비 판매 • 국내·외 특허 100건 보유	• 휴대폰 생산 판매 • 미국 특허 10건 보유
경영자	전문 경영자	고용 경영자
생산 방식	주문 생산	계획 생산
노동조합	채용 후 일정 기간 안에 조합에 가입해야 함	채용과 동시에 조합에 가입해야 함

⊙ A는 판매 시장의 수요를 고려하여 생산한다.
ⓒ B는 국내에서 휴대폰을 생산할 때 특허에 대한 권리를 인정받는다.
ⓒ A는 유니언 숍 방식을, B는 클로즈드 숍 방식을 채택하고 있다.
ⓔ A의 경영자는 B에 비하여 출자자로부터 독립하여 독자적인 지위와 기업 경영에 대한 실권을 가진다.

① ㉠㉡ 　　　　　　　　　　　　② ㉠㉢

③ ㉡㉢ 　　　　　　　　　　　　④ ㉢㉣

ㄷ 채용 후 일정 기간 안에 조합에 가입하는 것이 유니언 숍, 채용과 동시에 가입하는 것이 클로즈드 숍이다.
ㄹ 전문 경영자는 고용 경영자에 비해 독자적인 지위와 기업 경영에 대한 실권을 가진다.
ㄱ 계획 생산은 판매 시장의 수요를 고려하면서 생산한다.

9 다음은 조직의 유형에 대한 설명이다. 옳은 것을 모두 고른 것은?

㉠ 조직은 영리성을 기준으로 공식조직과 비공식조직으로 구분할 수 있다.
㉡ 조직은 비공식조직으로부터 공식조직으로 발전해왔다.
㉢ 정부조직은 비영리조직에 속한다.
㉣ 비공식조직 내에서 인간관계를 지향하면서 공식조직이 생성되기도 한다.
㉤ 기업과 같이 이윤을 목적으로 하는 조직을 공식조직이라 한다.

① ㉠㉣ 　　　　　　　　　　　　② ㉡㉢

③ ㉡㉤ 　　　　　　　　　　　　④ ㉢㉣

㉠ 조직은 공식화 정도에 따라 공식조직과 비공식조직으로 구분할 수 있다. 영리성을 기준으로는 영리조직과 비영리조직으로 구분된다.
㉣ 공식조직 내에서 인간관계를 지향하면서 비공식조직이 새롭게 생성되기도 한다. 이는 자연스러운 인간관계에 의해 일체감을 느끼고 가치나 행동유형 등이 공유되어 공식조직의 기능을 보완해주기도 한다.
㉤ 기업과 같이 이윤을 목적으로 하는 조직을 영리조직이라 한다.

10 다음 중 아래 조직도를 보고 잘못 이해한 사람은?

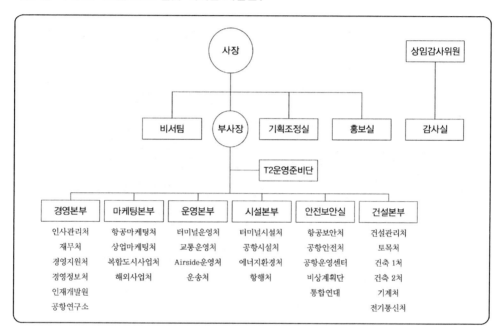

① 정순 : 감사실은 사장 직속이 아니라 상임감사위원 직속으로 되어 있네.

② 진현 : 부사장은 6개의 본부와 1개의 단을 이끌고 있어.

③ 진수 : 인재개발원과 공항연구소는 경영본부에서 관리하는군.

④ 미나 : 마케팅본부와 시설본부에 소속되어 있는 처의 개수는 같네.

 ② 부사장은 5개의 본부와 1개의 실, 1개의 단을 이끌고 있다.

▌11~12 ▌ 다음은 H 도시철도의 〈조직도〉 및 〈전결규정〉의 일부를 나타낸 것이다. 각 물음에 답하시오.

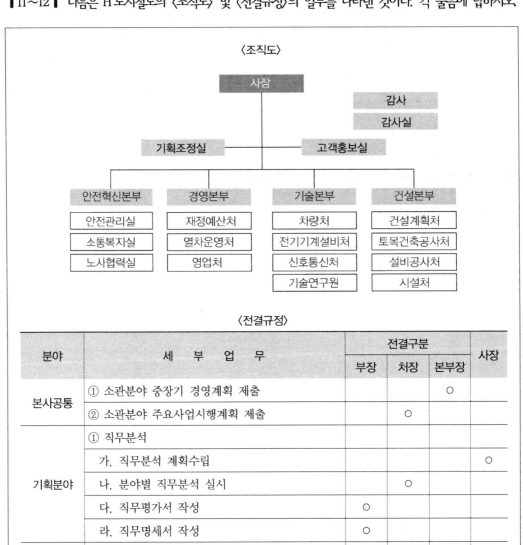

〈조직도〉

사장

감사
감사실

기획조정실 ─── 고객홍보실

안전혁신본부	경영본부	기술본부	건설본부
안전관리실	재정예산처	차량처	건설계획처
소통복지실	열차운영처	전기기계설비처	토목건축공사처
노사협력실	영업처	신호통신처	설비공사처
		기술연구원	시설처

〈전결규정〉

분야	세 부 업 무	전결구분			사장
		부장	처장	본부장	
본사공통	① 소관분야 중장기 경영계획 제출			○	
	② 소관분야 주요사업시행계획 제출		○		
기획분야	① 직무분석				
	가. 직무분석 계획수립				○
	나. 분야별 직무분석 실시		○		
	다. 직무평가서 작성	○			
	라. 직무명세서 작성	○			
고객홍보	① 고객만족경영 계획 및 결과보고				○
	② 고객만족경영 활동 추진		○		
안전혁신	① 연간 안전점검계획 수립			○	
	② 월간, 계절별 안전점검 계획수립 및 결과보고		○		
	③ 일일 안전점검 명령 및 결과보고	○			

1) 실·원장의 전결구분은 처장에 준함
2) 각 업무의 최종 결재권자를 표시

11 위 조직도를 보고 잘못 이해한 것은?

① 기획 업무와 경영 업무를 관장하는 조직이 따로 구분되어 있다.

② 노사협력에 대한 업무는 경영본부 소관이다.

③ 감사 임원의 임명권은 H 도시철도 사장에게 있지 않을 것이다.

④ 기획조정실, 고객홍보실에는 하부 조직이 구성되어 있지 않다.

　　'노사협력실'은 '안전혁신본부'에 속해 있다.

12 다음 각 H 도시철도 조직원들의 업무처리 내용 중 적절한 것은?

① 안전관리실 직원 A는 이번 달의 월간 안전점검 계획수립 및 결과 보고서를 작성한 후, 처장님의 결재를 얻었고, 이제 본부장님의 결재를 기다리고 있다.

② 기획조정실 실장 B는 올해 초 마친 H 도시철도 내 직무분석 업무에서 '계획수립' 보고서에 대해서만 결재하면 되었다.

③ H 도시철도 사장 C는 '고객만족경영 결과 보고서'에는 결재했지만, 고객홍보실 주요사업시행계획에 대해선 고객홍보실장의 보고만 받았다.

④ 안전혁신본부장 D가 결재해야 할 보고서는 '연간 안전점검계획 수립'에 대한 건뿐이다.

　　③ 본사 공통인 '소관분야 주요사업 시행계획'에 대해서는 고객홍보실장이 최종 결재권자이다.
　　① '월간 안전점검 계획수립 및 결과보고'의 최종 결재권자는 '처장'이다.
　　② 실장은 처장에 준한다고 하였으므로, 기획조정실 실장은 '직무분석 계획수립'과 '분야별 직무분석 실시' 건에 대해 결재하여야 한다.
　　④ 중장기 경영계획 제출에 대해서는 본사 공통이므로 안전혁신본부장은 '안전혁신분야 중장기 경영계획'에 관한 보고서에도 결재해야 한다.

Answer ↪ 11.② 　12.③

▎13~14 ▎ 다음은 어느 회사의 전화 사용 요령이다. 다음을 읽고 물음에 답하시오.

---

1. 일반 전화 걸기

회사 외부에 전화를 걸어야 하는 경우

→수화기를 들고 9번을 누른 후 (지역번호)＋전화번호를 누른다.

2. 전화 당겨 받기

다른 직원에게 전화가 왔으나, 사정상 내가 받아야 하는 경우

→수화기를 들고 *(별표)를 두 번 누른다.

※ 다른 팀에게 걸려온 전화도 당겨 받을 수 있다.

3. 회사 내 직원과 전화하기

→수화기를 들고 내선번호를 누르면 통화가 가능하다.

4. 전화 넘겨주기

외부 전화를 받았는데 내가 담당자가 아니라서 다른 담당자에게 넘겨 줄 경우

→통화 중 상대방에게 양해를 구한 뒤 통화 종료 버튼을 짧게 누른 뒤 내선번호를 누른다. 다른 직원
 이 내선 전화를 받으면 어떤 용건인지 간략하게 얘기 한 뒤 수화기를 내려놓으면 자동적으로 전화
 가 넘겨진다.

5. 회사 전화를 내 핸드폰으로 받기

외근 나가 있는 상황에서 중요한 전화가 올 예정인 경우

→내 핸드폰으로 착신을 돌리기 위해서는 사무실 수화기를 들고 *(별표)를 누르고 88번을 누른다. 그
 리고 내 핸드폰 번호를 입력한다.

→착신을 풀기 위해서는 #(샵)을 누르고 88번을 누른 다음 *(별)을 누르면 된다.

※ 회사 전화를 내 핸드폰으로 받는 기능은 팀장급 이상의 자리에 있는 대표 전화기로만 가능하며, 그 이하의 직급
자리에 있는 일반 전화기로는 이 기능을 사용할 수 없다.

---

13 인사팀에 근무하고 있는 사원S는 신입사원들을 위해 전화기 사용 요령에 대해 교육을 진행하려
고 한다. 다음 중 신입사원들에게 교육하지 않아도 되는 항목은?

① 일반 전화 걸기 　　　　　　　　② 전화 당겨 받기

③ 전화 넘겨 주기 　　　　　　　　④ 회사 전화를 내 핸드폰으로 받기

 회사 전화를 내 핸드폰으로 받는 기능은 팀장급 이상의 자리에 있는 대표 전화기로만 가능하기
때문에 신입사원에게 교육하지 않아도 되는 항목이다.

14 사원S는 전화 관련 정보들을 신입사원이 이해하기 쉽도록 표로 정리하였다. 정리한 내용으로 옳지 않은 내용이 포함된 항목은?

상황	항목	눌러야 하는 번호
회사 외부로 전화 걸 때	일반 전화 걸기	9+(지역번호)+(전화번호)
다른 직원에게 걸려온 전화를 내가 받아야 할 때	전화 당겨 받기	*(별표) 한번
회사 내 다른 직원과 전화 할 때	회사 내 직원과 전화하기	내선번호
내가 먼저 전화를 받은 경우 다른 직원에게 넘겨 줄 때	전화 넘겨주기	종료버튼(짧게)+내선번호

① 일반 전화 걸기
② 전화 당겨 받기
③ 전화 넘겨 주기
④ 회사 내 직원과 전화하기

(Tip) 전화를 당겨 받는 경우에는 *(별표)를 두 번 누른다.

┃15~17┃ 다음 설명을 읽고 분석 결과에 대응하는 가장 적절한 전략을 고르시오.

SWOT분석이란 기업의 환경 분석을 통해 마케팅 전략을 수립하는 기법이다. 조직 내부 환경으로는 조직이 우위를 점할 수 있는 강점(Strength), 조직의 효과적인 성과를 방해하는 자원·기술·능력 면에서의 약점(Weakness), 조직 외부 환경으로는 조직 활동에 이점을 주는 기회(Opportunity), 조직 활동에 불이익을 미치는 위협(Threat)으로 구분된다.

※ SWOT분석에 의한 마케팅 전략

　　㉠ SO전략(강점-기회전략) : 시장의 기회를 활용하기 위해 강점을 사용하는 전략
　　㉡ ST전략(강점-위협전략) : 시장의 위협을 회피하기 위해 강점을 사용하는 전략
　　㉢ WO전략(약점-기회전략) : 약점을 극복함으로 시장의 기회를 활용하려는 전략
　　㉣ WT전략(약점-위협전략) : 시장의 위협을 회피하고 약점을 최소화하는 전략

15 다음은 A화장품 기업의 SWOT분석이다. 가장 적절한 전략은?

강점(Strength)	• 화장품과 관련된 높은 기술력 보유 • 기초화장품 전문 브랜드라는 소비자인식과 높은 신뢰도
약점(Weakness)	• 남성전용 화장품 라인의 후발주자 • 용량 대비 높은 가격
기회(Opportunity)	• 남성들의 화장품에 대한 인식변화와 화장품 시장의 지속적인 성장 • 화장품 분야에 대한 정부의 지원
위협(Threat)	• 경쟁업체들의 남성화장품 시장 공략 • 내수경기 침체로 인한 소비심리 위축

① SO전략 : 기초화장품 기술력을 통한 경쟁적 남성 기초화장품 개발
② ST전략 : 유통비조정을 통한 제품의 가격 조정
③ WO전략 : 남성화장품 이외의 라인에 주력하여 경쟁력 강화
④ WT전략 : 정부의 지원을 통한 제품의 가격 조정

　　② 가격을 낮추어 기타 업체들과 경쟁하는 전략으로 WO전략에 해당한다.
　　③ 위협을 회피하고 약점을 최소화하는 WT전략에 해당한다.
　　④ 정부의 지원이라는 기회를 활용하여 약점을 극복하는 WO전략에 해당한다.

16 다음은 여성의류 인터넷쇼핑몰의 SWOT분석이다. 가장 적절한 전략은?

강점(Strength)	• 쉽고 빠른 제품선택, 시·공간의 제약 없음 • 오프라인 매장이 없어 비용 절감 • 고객데이터 활용의 편리성
약점(Weakness)	• 높은 마케팅비용 • 보안 및 결제시스템의 취약점 • 낮은 진입 장벽으로 경쟁업체 난립
기회(Opportunity)	• 업체 간 업무 제휴로 상생 경영 • IT기술과 전자상거래 기술 발달
위협(Threat)	• 경기 침체의 가변성 • 잦은 개인정보유출사건으로 인한 소비자의 신뢰도 하락 • 일부 업체로의 집중화에 의한 독과점 발생

① SO전략 : 악세사리 쇼핑몰과의 제휴로 마케팅비용을 줄인다.

② ST전략 : 높은 IT기술을 이용하여 보안부문을 강화한다.

③ WO전략 : 남성의류 쇼핑몰과 제휴를 맺어 연인컨셉으로 경쟁력을 높인다.

④ WT전략 : 고객데이터를 이용하여 이벤트를 주기적으로 열어 경쟁력을 높인다.

 ①③ 업체 간의 업무 제휴라는 기회를 통해 약점을 극복한 WO전략에 해당한다.
② IT기술과 전자상거래 기술 발달이라는 기회를 통해 약점을 극복한 WO전략에 해당한다.
④ 강점을 이용하여 위험을 회피하는 ST전력에 해당한다.

17 다음은 K모바일메신저의 SWOT분석이다. 가장 적절한 전략은?

강점(Strength)	• 국내 브랜드 이미지 1위 • 무료 문자&통화 가능 • 다양한 기능(쇼핑, 뱅킹서비스 등)
약점(Weakness)	• 특정 지역에서의 접속 불량 • 서버 부족으로 인한 잦은 결함
기회(Opportunity)	• 스마트폰의 사용 증대 • App Store 시장의 확대
위협(Threat)	• 경쟁업체의 고급화 • 안정적인 해외 업체 메신저의 유입

① SO전략 : 다양한 기능과 서비스를 강조하여 기타 업체들과 경쟁한다.

② ST전략 : 접속 불량이 일어나는 지역의 원인을 파악하여 제거한다.

③ WO전략 : 서버를 추가적으로 구축하여 이용자를 유치한다.

④ WT전략 : 국내 브랜드 이미지를 이용하여 마케팅전략을 세운다.

 ③ 서버 부족이라는 약점을 극복하여 사용이 증대되고 있는 스마트폰 시장에서 이용자를 유치하는 WO전략에 해당한다.

┃18~20┃ 다음 결재규정을 보고 주어진 상황에 맞게 작성된 양식을 고르시오.

〈결재규정〉
- 결재를 받으려는 업무에 대해서는 대표이사를 포함한 이하 직책자의 결재를 받아야 한다.
- '전결'은 회사의 경영·관리 활동에 있어서 대표이사의 결재를 생략하고, 자신의 책임 하에 최종적으로 결정하는 행위를 말한다.
- 전결사항에 대해서도 위임 받은 자를 포함한 이하 직책자의 결재를 받아야 한다.
- 표시내용 : 결재를 올리는 자는 대표이사로부터 전결 사항을 위임 받은 자가 있는 경우 결재란에 전결이라고 표시하고 최종결재란에 위임받은 자를 표시한다. 다만, 결재가 불필요한 직책자의 결재란은 상향대각선으로 표시한다.
- 대표이사의 결재사항 및 대표이사로부터 위임된 전결사항은 아래의 표에 따른다.

구분	내용	금액기준	결재서류	팀장	부장	대표이사
접대비	거래처 식대, 경조사비 등	20만 원 이하	접대비지출품의서 지출결의서	● ■		
		30만 원 이하			● ■	
		30만 원 초과				● ■
교통비	국내 출장비	30만 원 이하	출장계획서 출장비신청서	● ■		
		50만 원 이하		●	■	
		50만 원 초과		●		■
	해외 출장비			●		■
소모품비	사무용품		지출결의서	■		
	문서, 전산소모품					■
	잡비	10만 원 이하		■		
		30만 원 이하			■	
		30만 원 초과				■
교육비	사내·외 교육		기안서 지출결의서	●		■
법인카드	법인카드 사용	50만 원 이하	법인카드 신청서	■		
		100만 원 이하			■	
		100만 원 초과				■

※ ● : 기안서, 출장계획서, 접대비지출품의서
※ ■ : 지출결의서, 각종신청서

18 영업부 사원 甲씨는 부산출장으로 450,000원을 지출했다. 甲씨가 작성한 결재 양식으로 옳은 것은?

① 출장계획서

결재	담당	팀장	부장	최종결재
	甲	/	/	팀장

② 출장계획서

결재	담당	팀장	부장	최종결재
	甲		전결	부장

③ 출장비신청시

결재	담당	팀장	부장	최종결재
	甲		/	팀장

④ 출장비신청서

결재	담당	팀장	부장	최종결재
	甲		전결	부장

(Tip) 국내 출장비 50만 원 이하인 경우 출장계획서는 팀장 전결, 출장비신청서는 부장 전결이므로 사원 甲씨가 작성해야 하는 결재 양식은 다음과 같다.

결재	출장계획서			
	담당	팀장	부장	최종결재
	甲	전결	/	팀장

결재	출장비신청서			
	담당	팀장	부장	최종결재
	甲		전결	부장

19 기획팀 사원 乙씨는 같은 팀 사원 丙씨의 부친상 부의금 500,000원을 회사 명의로 지급하기로 했다. 乙씨가 작성한 결재 양식으로 옳은 것은?

① 접대비지출품의서

결재	담당	팀장	부장	최종결재
	乙		전결	부장

② 접대비지출품의서

결재	담당	팀장	부장	최종결재
	乙			대표이사

③ 지출결의서

결재	담당	팀장	부장	최종결재
	乙	전결	/	팀장

④ 지출결의서

결재	담당	팀장	부장	최종결재
	乙		전결	부장

(Tip) 부의금은 접대비에 해당하는 경조사비이다. 30만 원이 초과되는 접대비는 접대비지출품의서, 지출결의서 모두 대표이사 결재사항이다. 따라서 사원 乙씨가 작성해야 하는 결재 양식은 다음과 같다.

결재	접대비지출품의서			
	담당	팀장	부장	최종결재
	乙			대표이사

결재	지출결의서			
	담당	팀장	부장	최종결재
	乙			대표이사

20 민원실 사원 丁씨는 외부 교육업체로부터 1회에 5만 원씩 총 10회에 걸쳐 진행되는 「전화상담 역량교육」을 담당하게 되었다. 丁씨가 작성한 결재 양식으로 옳은 것은?

①
기안서				
결재	담당	팀장	부장	최종결재
	丁	전결	/	팀장

②
기안서				
결재	담당	팀장	부장	최종결재
	丁			대표이사

③
지출결의서				
결재	담당	팀장	부장	최종결재
	丁	전결	/	팀장

④
지출결의서				
결재	담당	팀장	부장	최종결재
	丁		전결	대표이사

 교육비의 결재서류는 금액에 상관없이 기안서는 팀장 전결, 지출결의서는 대표이사 결재사항이므로 丁씨가 작성해야 하는 결재 양식은 다음과 같다.

기안서				
결재	담당	팀장	부장	최종결재
	丁	전결	/	팀장

지출결의서				
결재	담당	팀장	부장	최종결재
	丁			대표이사

21 경영전략의 유형으로 흔히 차별화, 원가 우위, 집중화 전략을 꼽을 수 있다. 다음에 제시된 내용들 중, 차별화 전략의 특징으로 볼 수 없는 설명을 모두 고른 것은?

> ㉠ 브랜드 강화를 위한 광고비용이 증가할 수 있다.
> ㉡ 견고한 유통망은 제품 차별화와 관계가 없다.
> ㉢ 차별화로 인한 규모의 경제 활용에 제약이 있을 수 있다.
> ㉣ 신규기업 진입에 대한 효과적인 억제가 어렵다.
> ㉤ 제품에 대한 소비자의 선호체계가 확연히 구분될 경우 효과적인 차별화가 가능하다.

① ㉠, ㉡   ② ㉡, ㉣

③ ㉢, ㉣   ④ ㉣, ㉤

 ㉡ 강력하고 견고한 유통망이 있을 경우, 고객을 세분화하여 제품 차별화 전략을 활용할 수 있다.
㉣ 차별화를 이루게 되면 경험과 노하우에 따른 더욱 특화된 제품이나 서비스가 제공되므로 신규기업 진입에 대한 효과적인 억제가 가능하게 된다.
㉠㉢ 차별화에는 많은 비용이 소요되므로 반드시 비용 측면을 고려해야 하며 일정 부분의 경영상 제약이 생길 수 있다.
㉤ 지역별, 연령별, 성별 특성 등의 선호체계 구분이 뚜렷할 경우 맞춤형 전략 수립이 용이하다.

Answer⤴ 18.④ 19.② 20.① 21.②

22 다음 ⊙~⊕ 중 조직 경영에 필요한 요소에 대한 설명을 모두 고른 것은 어느 것인가?

⊙ 조직의 목적 달성을 위해 경영자가 수립하는 것으로 보다 구체적인 방법과 과정이 담겨있다.

ⓒ 조직에서 일하는 구성원으로, 경영은 이들의 직무수행에 기초하여 이루어지기 때문에 이들의 배치 및 활용이 중요하다.

ⓔ 생산자가 상품 또는 서비스를 소비자에게 유통시키는 데 관련된 모든 체계적 경영활동이다.

ⓡ 특정의 경제적 실체에 관해 이해관계에 있는 사람들에게 합리적이고 경제적인 의사결정을 하는 데 있어 유용한 재무적 정보를 제공하기 위한 것으로, 이러한 일련의 과정 또는 체계를 뜻한다.

ⓜ 경영을 하는 데 사용할 수 있는 돈으로 이것이 충분히 확보되는 정도에 따라 경영의 방향과 범위가 정해지게 된다.

ⓗ 조직이 변화하는 환경에 적응하기 위하여 경영활동을 체계화하는 것으로 목표달성을 위한 수단이다.

① ⊙, ⓔ, ⓜ

② ⓒ, ⓔ, ⓡ

③ ⊙, ⓔ, ⓡ, ⓗ

④ ⊙, ⓒ, ⓜ, ⓗ

 조직 경영에 필요한 4대 요소는 경영목적, 인적자원, 자금, 경영전략이다.
⊙ 경영목적, ⓒ 인적자원, ⓜ 자금, ⓗ 경영전략
ⓔ은 마케팅에 관한 설명이며, ⓡ은 회계 관리를 설명하고 있다.

23 다음과 같은 팀장의 지시를 받은 오 대리가 업무를 처리하기 위해 들러야 하는 조직의 명칭이 순서대로 올바르게 나열된 것은?

> "오 대리, 갑자기 본부장님의 급한 지시 사항을 처리해야 하는데, 나 좀 도와줄 수 있 겠나? 어제 사장님께 보고 드릴 자료를 완성했는데, 자네가 혹시 오류나 수정 사항이 있 는지를 좀 확인해 주고 남 비서에게 전달을 좀 해 주게. 그리고 모레 있을 바이어 미팅 은 대형 계약 성사를 위해 매우 중요한 일이 될 테니 계약서 초안 검토 작업이 어느 정 도 되고 있는지도 한 번 알아봐 주게. 오는 길에 바이어 픽업 관련 배차 현황도 다시 한 번 확인해 주고, 다음 주 선적해야 할 물량 통관 작업에는 문제없는지 확인해서 박 과장 에게 알려줘야 하네. 실수 없도록 잘 좀 부탁하네."

① 총무팀, 회계팀, 인사팀, 법무팀

② 자금팀, 기획팀, 인사팀, 회계팀

③ 기획팀, 총무팀, 홍보팀, 물류팀

④ 비서실, 법무팀, 총무팀, 물류팀

 오 대리가 들러야 하는 조직의 업무 내용은 다음과 같이 정리할 수 있다.
  • 보고 서류 전달 – 비서실
  • 계약서 검토 확인 – 법무팀
  • 배차 현황 확인 – 총무팀
  • 통관 작업 확인 – 물류팀

24 다음과 같은 팀장의 지시 사항을 수행하기 위하여 업무협조를 구해야 할 조직의 명칭이 순서대로 올바르게 나열된 것은 어느 것인가?

> 다들 사장님 보고 자료 때문에 정신이 없는 모양인데 이건 자네가 좀 처리해줘야겠군. 다음 주에 있을 기자단 간담회 자료가 필요한데 옆 부서 박 부장한테 말해 두었으니 오전 중에 좀 가져다주게나. 그리고 내일 사장님께서 보고 직전에 외부에서 오신다던데 어디서 오시는 건지 일정 좀 확인해서 알려주고, 이틀 전 퇴사한 엄 차장 퇴직금 처리가 언제 마무리 될지도 알아봐 주게나. 아, 그리고 말이야, 자네는 아직 사원증이 발급되지 않았나? 확인해 보고 얼른 요청해서 걸고 다니게.

① 기획실, 경영관리실, 총무부, 비서실
② 영업2팀, 홍보실, 회계팀, 물류팀
③ 홍보실, 비서실, 인사부, 총무부
④ 경영관리실, 회계팀, 기획실, 총무부

 일반적으로 기자들을 상대하는 업무는 홍보실, 사장의 동선 및 일정 관리는 비서실, 퇴직 및 퇴직금 관련 업무는 인사부, 사원증 제작은 총무부에서 관장하는 업무로 분류된다.

25 다음은 경영전략의 추진과정을 도식화하여 나타낸 표이다. 표의 (가)~(다)에 대한 설명으로 적절하지 않은 것은?

① (가)에서는 SWOT 분석을 통해 기업이 처한 환경을 분석해 본다.
② (나)에서는 조직과 사업부문의 전략을 수립한다.
③ (나)에서는 경영전략을 도출하여 실행에 대한 모든 준비를 갖춘다.
④ (다)에서는 경영 목표와 전략을 재조정할 수 있는 기회를 갖는다.

(Tip) (가)는 환경분석 단계로, 내부와 외부의 환경을 SWOT 분석을 통하여 파악해 본다.
(나)는 경영전략 도출 단계로, 조직, 사업이나 부분 등의 전략을 수립한다.
(다)는 경영전략 실행 단계로 경영목적을 달성하는 단계이다.

26 조직문화는 과업지향, 관계지향, 위계지향, 혁신지향 문화로 분류된다. 다음 보기 중 과업지향 문화에 해당하는 것은?

> A : 엄격한 통제를 통한 결속과 안정성을 추구한다. 분명한 명령계통으로 조직의 통합을 이루는 일을 제일의 가치로 삼는다.
> B : 업무 수행의 효율성을 강조하여 목표 달성과 생산성 향상을 위해 전 조직원이 산출물 극대화를 위해 노력하는 문화가 조성되어 있다.
> C : 자율성과 개인의 책임을 강조한다. 고유 업무뿐 아니라 근태·잔업·퇴근 후 시간 활용에 있어서도 정해진 흐름을 배제하고 개인의 자율과 그에 따른 책임을 강조한다.
> D : 구성원들 간의 완만한 관계를 맺고 서로 신뢰하며 팀워크를 강조한다.

① A   ② B
③ C   ④ D

과업지향	• 조직의 성과 달성과 과업 수행에 있어 효율성 강조 • 명확한 조직목표의 설정을 강조하며, 합리적 목표 달성을 위한 수단으로서 구성원의 전문능력을 중시하고, 구성원들 간의 경쟁을 주요 자극제로 활용
관계지향	• 조직 내 가족적인 분위기의 창출과 유지에 가장 큰 역점을 둠 • 조직 구성원의 소속감, 상호 신뢰, 인화/단결 및 팀워크, 참여 등이 핵심가치로 자리 잡음
위계지향	• 조직 내부의 안정적이고 지속적인 통합·조정을 바탕으로 조직효율성 추구 • 분명한 위계질서와 명령계통, 공식적인 절차와 규칙을 중시
혁신지향	• 조직의 유연성 강조와 외부 환경에의 적응에 초점을 둠 • 적응과 조직성장을 뒷받침할 수 있는 적절한 자원획득이 중요하고, 구성원들의 창의성 및 기업가 정신을 핵심 가치로 강조

27 다음 〈보기〉와 같은 조직문화의 형태와 그 특징에 대한 설명 중 적절한 것만을 모두 고른 것은 어느 것인가?

〈보기〉
㉠ 위계를 지향하는 조직문화는 조직원 개개인의 능력과 개성을 존중한다.
㉡ 과업을 지향하는 조직문화는 업무 수행의 효율성을 강조한다.
㉢ 혁신을 지향하는 조직문화는 조직의 유연성과 외부 환경에의 적응에 초점을 둔다.
㉣ 관계를 지향하는 조직문화는 구성원들의 상호 신뢰와 인화 단결을 중요시한다.

① ㉠, ㉡
② ㉡, ㉣
③ ㉠, ㉡, ㉢
④ ㉡, ㉢, ㉣

 위계를 강조하는 조직문화 하에서는 조직 내부의 안정적이고 지속적인 통합, 조정을 바탕으로 일사불란한 조직 운영의 효율성을 추구하게 되는 특징이 있다. 조직원 개개인의 능력과 개성을 존중하는 모습은 혁신과 관계를 지향하는 조직문화에서 찾아볼 수 있는 특징이다.

28 '조직몰입'에 대한 다음 설명을 참고할 때, 조직몰입의 유형에 대한 설명으로 적절하지 않은 것은 어느 것인가?

몰입이라는 용어는 사회학에서 주로 다루어져 왔는데 사전적 의미에서 몰입이란 "감성적 또는 지성적으로 특정의 행위과정에서 빠지는 것"이므로 몰입은 타인, 집단, 조직과의 관계를 포함하며, 조직몰입은 종업원이 자신이 속한 조직에 대해 얼마만큼의 열정을 가지고 몰두하느냐 하는 정도를 가리키는 개념이다. 즉, 조직에 대한 충성 동일화 및 참여의 견지에서 조직구성원이 가지는 조직에 대한 성향을 의미한다. 또한 조직몰입은 조직의 목표와 가치에 대한 강한 신념과 조직을 위해 상당한 노력을 하고자 하는 의지 및 조직의 구성원으로 남기를 바라는 강한 욕구를 의미하기도 한다. 최근에는 직무만족보다 성과나 이직 등의 조직현상에 대한 설명력이 높다는 관점에서 조직에 대한 조직구성원의 태도를 나타내는 조직몰입은 많은 연구의 관심사가 되고 있다.

① '도덕적 몰입'은 비영리적 조직에서 찾아볼 수 있는 조직몰입 형태이다.
② 조직과 구성원 간의 관계가 타산적이고 합리적일 때의 유형은 '계산적 몰입'에 해당된다.
③ 조직과 구성원 간의 관계가 부정적, 착취적 상태인 몰입의 유형은 '소외적 몰입'에 해당된다.
④ '도덕적 몰입'은 몰입의 정도가 가장 낮다고 할 수 있다.

• **도덕적 몰입** : 비영리적 조직에서 찾아볼 수 있는 조직몰입 형태로 도덕적이며 규범적 동기에서 조직에 참가하는 것으로 조직몰입의 강도가 제일 높으며 가장 긍정적 조직으로의 지향을 나타낸다.

• **계산적 몰입** : 조직과 구성원 간의 관계가 타산적이고 합리적일 때의 유형으로 몰입의 정도는 중간 정도를 보이게 되며, 몰입 방향은 긍정적 혹은 부정적 방향으로 나타날 수 있다. 이러한 몰입은 공인적 조직에서 찾아볼 수 있으며 단순한 참여와 근속만을 의미한다.

• **소외적 몰입** : 주로 교도소, 포로수용소 등 착취적인 관계에서 볼 수 있는 것으로 조직과 구성원 간의 관계가 부정적 상태인 몰입이다.

29 다음 중 SWOT 분석기법에 대한 올바른 설명이 아닌 것은 어느 것인가?

① 외부 환경요인은 좋은 쪽으로 작용하는 것을 기회로, 나쁜 쪽으로 작용하는 것을 약점으로 분류하는 것이다.

② 내부 환경을 분석할 때에는 경쟁자와 비교하여 나의 강점과 약점을 분석해야 한다.

③ 외부의 환경요인을 분석할 때에는, 동일한 data라도 자신에게 긍정적으로 전개되면 기회로, 부정적으로 전개되면 위협으로 분류한다.

④ 내부 환경을 분석할 때에는 보유하고 있거나, 동원 가능하거나, 활용 가능한 자원이 강·약점의 내용이 된다.

 외부 환경요인은 좋은 쪽으로 작용하는 것을 '기회', 나쁜 쪽으로 작용하는 것을 '위협 요인'으로 분류한다. 약점과 위협요인은 단순히 내·외부의 요인 차이라는 점을 넘어, 약점은 경쟁자와 나와의 관계에 있어서 상대적으로 평가할 수 있는 부정적인 요인인 반면, 대외적 위협요인은 나쁜만 아닌 경쟁자에게도 동일하게 영향을 미치는 부정적인 요인을 의미한다. 예를 들어, 우리 회사의 취약한 구조나 경험 있는 인력의 부족 등은 나에게만 해당되는 약점으로 보아야 하나, 환율변동에 따른 환차손 증가, 경제 불황 등의 요인은 경쟁자에게도 해당되는 외부의 위협요인으로 볼 수 있다.

Answer 27.④ 28.④ 29.①

30 네트워크 조직구조가 가지는 일반적인 장점에 대한 설명으로 가장 옳지 않은 것은?

① 조직의 유연성과 자율성 강화를 통해 창의력을 발휘할 수 있다.

② 통합과 학습을 통해 경쟁력을 제고할 수 있다.

③ 조직의 네트워크화를 통해 환경 변화에 따른 불확실성을 감소시킬 수 있다.

④ 조직의 정체성과 응집력을 강화시킬 수 있다.

 네트워크 조직은 독립된 각 사업 부서들이 자신의 고유 기능을 수행하면서 제품 생산이나 프로젝트의 수행을 위해서 상호 협력적인 네트워크를 지니는 조직으로 ①②③의 장점이 있지만, 조직 간 경계가 애매하여 정체성과 응집력이 약화될 수 있다는 단점이 있다.

31 다음 '갑' 기업과 '을' 기업에 대한 설명 중 적절하지 않은 것은 어느 것인가?

> '갑' 기업은 다양한 사외 기관, 단체들과의 상호 교류 등 업무가 잦아 관련 업무를 전담하는 조직이 갖춰져 있다. 전담 조직의 인원이 바뀌는 일은 가끔 있지만, 상설 조직이 있어 매번 발생하는 유사 업무를 효율적으로 수행한다.
>
> '을' 기업은 사내 당구 동호회가 구성되어 있어 동호회에 가입한 직원들은 정기적으로 당구장을 찾아 쌓인 스트레스를 풀곤 한다. 가입과 탈퇴가 자유로우며 당구를 좋아하는 직원은 누구든 참여가 가능하다. 당구 동호회에 가입한 직원은 직급이 아닌 당구 실력으로만 평가 받으며, 언제 어디서 당구를 즐기든 상사의 지시를 받지 않아도 된다.

① '갑' 기업의 상설 조직은 의도적으로 만들어진 집단이다.

② '갑' 기업 상설 조직의 임무는 보통 명확하지 않고 즉흥적인 성격을 띤다.

③ '을' 기업 당구 동호회는 공식적인 임무 이외에도 다양한 요구들에 의해 구성되는 경우가 많다.

④ '을' 기업 당구 동호회의 활동은 자발적이며 행위에 대한 보상은 '보람'이다.

 '갑' 기업의 상설 조직은 공식적, '을' 기업의 당구 동호회는 비공식적 집단이다. 공식적인 집단은 조직의 공식적인 목표를 추구하기 위해 조직에서 의도적으로 만든 집단이다. 따라서 공식적인 집단의 목표나 임무는 비교적 명확하게 규정되어 있으며, 여기에 참여하는 구성원들도 인위적으로 결정되는 경우가 많다.

32 지식정보화 시대에 필요한 학습조직의 특성에 대한 설명으로 옳은 것만 묶은 것은?

> ⊙ 조직의 기본구성 단위는 팀으로, 수직적 조직구조를 강조한다.
> ⓒ 불확실한 환경에 요구되는 조직의 기억과 학습의 가능성에 주목한다.
> ⓒ 리더에게는 구성원들이 공유할 수 있는 미래비전 창조의 역할이 요구된다.
> ⓔ 체계화된 학습이 강조됨에 따라 조직 구성원의 권한은 약화된다.

① ⊙, ⓒ   ② ⊙, ⓔ
③ ⓒ, ⓒ   ④ ⓒ, ⓔ

 조직의 기본구성 단위는 팀으로, 수평적 조직구조를 강조하며 조직구성원과 관리자 간의 활발한 커뮤니케이션을 장려하고 전체를 중시하기 때문에 조직구성원의 권한이 약화되지 않는다.

33 다음 그림과 같은 형태의 조직체계를 유지하고 있는 기업에 대한 설명으로 적절한 것은 어느 것인가?

① 다양한 프로젝트를 수행해야 할 필요성이 커짐에 따라 조직 간의 유기적인 협조체제를 구축하였다.
② 의사결정 권한이 분산되어 더욱 전문적인 업무 처리가 가능하다.
③ 각 부서 간 내부 경쟁을 유발할 수 있다.
④ 조직 내 내부 효율성을 확보할 수 있는 조직 구조이다.

 그림과 같은 조직 구조는 하나의 의사결정권자의 지시와 부서별 업무 분화가 명확해, 전문성은 높아지고 유연성 및 유기성은 떨어지는 조직 구조라고 볼 수 있다. 또한 의사결정권자가 한 명으로 집중되면서 내부 효율성이 확보된다.
① 조직의 유기적인 협조체제가 구축된 구조는 아니다.
② 의사결정 권한이 집중된 조직 구조이다.
③ 유사한 업무를 통한 내부 경쟁을 유발할 수 있는 구조는 사업별 조직구조이다.

Answer ⨽ 30.④ 31.② 32.③ 33.④

34 다음은 T사의 휴직과 그에 따른 요건 등을 나타낸 규정이다. 〈보기〉와 같은 T사 직원들의 휴직 예정 내역 중 규정에 맞지 않는 사람을 모두 고른 것은 어느 것인가? (언급되지 않은 사항은 휴직 요건에 해당된다고 가정한다.)

구분	청원휴직(인력상황 등을 고려하여 임용권자가 휴직을 명함)					직권휴직	
	육아휴직	배우자 동반휴직	연수휴직	가사/간병 휴직	자기개발 휴직	질병휴직	군입대휴직
휴직 기간	자녀 1명당 3년 내	3년 이내(2년 연장 가능)	2년 이내	1년 이내(재직 중 3년 내)	1년(10년 재직 후 재휴직 가능)	1년 이내(부득이한 경우 1년 연장 가능)	복무기간
요건	만 8세 이하 또는 초등학교 2학년 이하의 자녀 양육자	외국에서 근무, 유학 또는 연수하는 배우자 동반	기관장 지정 연구·교육 기관 등에서 연수	장기간 요양을 요하는 부모·배우자·자녀, 배우자의 부모 간호	연구과제 수행, 교육기관 등 교육과정 수행, 개인주도 학습 등	신체, 정신상의 장애로 장기요양을 요할 때	병역 복무를 필하기 위해 징, 소집 되었을 때
증빙 서류	주민등록등본, 임신진단서	배우자 출국 사실 확인서, 출입국 증명서	–	가족관계증명서, 간병 대상자 병원진단서	별도 서류	병원 진단서	입영통지서, 군복무 확인서

〈보기〉
- A씨 : 초등학교 1학년인 아들의 육아를 위해 1년간의 휴직을 준비하고 있다.
- B씨 : 남편의 해외 주재원 근무 발령에 따라 본사 복귀 시까지의 기간을 고려, 다른 휴직을 사용한 경험이 없으므로 4년의 휴직을 한 번에 사용할 계획이다.
- C씨 : 신체상의 문제로 인해 1년 6개월 전부터 질병휴직을 사용하고 있으며, 추가 1년의 요양이 필요하다는 병원 진단서가 있음에도 6개월 후 우선 복직을 하여 다른 방법을 알아보려 한다.
- D씨 : 과거 노부모 간병을 위해 간헐적으로 2년 6개월간의 간병 휴직을 사용한 적이 있으며, 지난 주 갑작스런 사고를 당한 배우자를 위해 병원진단서를 첨부하여 추가 1년의 간병 휴직을 계획하고 있다.

① B씨, D씨
② A씨, B씨, D씨
③ C씨, D씨
④ B씨, C씨, D씨

- A씨 : 초등학교 2학년 이하의 자녀 양육이므로 육아휴직의 요건에 해당된다.
- B씨 : 배우자 동반 휴직에 해당되므로 3년 이내의 휴직이 허용되며, 4년을 원할 경우, 2년 연장을 하여야 한다. 최초 4년을 한 번에 사용할 수 없으며 다른 휴직 유무와는 관계없다.
- C씨 : 질병 휴직을 1년 연장하여 2년간 사용하는 경우에 해당되므로 병원 진단서와 관계없이 우선 2년 후 복직을 하여야 한다.
- D씨 : 간병 휴직의 기간이 총 3년 6개월이 되어 재직 중 3년 이내라는 규정에 맞지 않게 된다.

35 다음과 같은 '갑'사의 위임전결규칙을 참고할 때, 다음 중 적절한 행위로 볼 수 없는 것은 어느 것인가?

업무내용(소요예산 기준)	전결권자				이사장
	팀원	팀장	국(실)장	이사	
가. 공사 도급					
3억 원 이상					○
1억 원 이상				○	
1억 원 미만			○		
1,000만 원 이하		○			
나. 물품(비품, 사무용품 등) 제조/구매 및 용역					
3억 원 이상					○
1억 원 이상				○	
1억 원 미만			○		
1,000만 원 이하		○			
다. 자산의 임(대)차 계약					
1억 원 이상					○
1억 원 미만				○	
5,000만 원 미만			○		
라. 물품수리					
500만 원 이상			○		
500만 원 미만		○			
마. 기타 사업비 예산집행 기본품의					
1,000만 원 이상			○		
1,000만 원 미만		○			

① 국장이 부재중일 경우, 소요예산 5,000만 원인 공사 도급 계약은 팀장이 전결권자가 된다.

② 소요예산이 800만 원인 인쇄물의 구매 건은 팀장의 전결 사항이다.

③ 이사장이 부재중일 경우, 소요예산이 2억 원인 자산 임대차 계약 건은 국장이 전결권자 가 된다.

④ 소요예산이 600만 원인 물품수리 건은 이사의 결재가 필요하지 않다.

 차상위자가 전결권자가 되어야 하므로 이사장의 차상위자인 이사가 전결권자가 되어야 한다.
　① 차상위자가 전결권을 갖게 되므로 팀장이 전결권자가 되며, 국장이 업무 복귀 시 반드시 사 후 결재를 득하여야 한다.

Answer↱ 34.① 35.③

05 자원관리능력

1 자원과 자원관리

(1) 자원

① 자원의 종류 … 시간, 돈, 물적자원, 인적자원

② 자원의 낭비요인 … 비계획적 행동, 편리성 추구, 자원에 대한 인식 부재, 노하우 부족

(2) 자원관리 기본 과정

① 필요한 자원의 종류와 양 확인

② 이용 가능한 자원 수집하기

③ 자원 활용 계획 세우기

④ 계획대로 수행하기

예제 1

당신은 A출판사 교육훈련 담당자이다. 조직의 효율성을 높이기 위해 전사적인 시간관리에 대한 교육을 실시하기로 하였지만 바쁜 일정 상 직원들을 집합교육에 동원할 수 있는 시간은 제한적이다. 다음 중 귀하가 최우선의 교육 대상으로 삼아야 하는 것은 어느 부분인가?

구분	긴급한 일	긴급하지 않은 일
중요한 일	제1사분면	제2사분면
중요하지 않은 일	제3사분면	제4사분면

[출제의도]
주어진 일들을 중요도와 긴급도에 따른 시간관리 매트릭스에서 우선순위를 구분할 수 있는가를 측정하는 문항이다.

[해설]
교육훈련에서 최우선 교육대상으로 삼아야 하는 것은 긴급하지 않지만 중요한 일이다. 이를 긴급하지 않다고 해서 뒤로 미루다보면 급박하게 처리해야하는 업무가 증가하여 효율적인 시간관리가 어려워진다.

① 중요하고 긴급한 일로 위기사항이나 급박한 문제, 기간이 정해진 프로젝트 등이 해당되는 제1사분면
② 긴급하지는 않지만 중요한 일로 인간관계구축이나 새로운 기회의 발굴, 중장기 계획 등이 포함되는 제2사분면
③ 긴급하지만 중요하지 않은 일로 잠깐의 급한 질문, 일부 보고서, 눈 앞의 급박한 사항이 해당되는 제3사분면
④ 중요하지 않고 긴급하지 않은 일로 하찮은 일이나 시간낭비거리, 즐거운 활동 등이 포함되는 제4사분면

구분	긴급한 일	긴급하지 않은 일
중요한 일	위기사항, 급박한 문제, 기간이 정해진 프로젝트	인간관계구축, 새로운 기회의 발굴, 중장기계획
중요하지 않은 일	잠깐의 급한 질문, 일부 보고서, 눈앞의 급박한 사항	하찮은 일, 우편물, 전화, 시간낭비거리, 즐거운 활동

답 ②

2 자원관리능력을 구성하는 하위능력

(1) 시간관리능력

① 시간의 특성
  ㉠ 시간은 매일 주어지는 기적이다.
  ㉡ 시간은 똑같은 속도로 흐른다.
  ㉢ 시간의 흐름은 멈추게 할 수 없다.
  ㉣ 시간은 꾸거나 저축할 수 없다.
  ㉤ 시간은 사용하기에 따라 가치가 달라진다.

② 시간관리의 효과
  ㉠ 생산성 향상
  ㉡ 가격 인상
  ㉢ 위험 감소
  ㉣ 시장 점유율 증가

③ 시간계획

   ⊙ 개념 : 시간 자원을 최대한 활용하기 위하여 가장 많이 반복되는 일에 가장 많은 시간을 분배하고, 최단시간에 최선의 목표를 달성하는 것을 의미한다.

   ⓒ 60 : 40의 Rule

계획된 행동 (60%)	계획 외의 행동 (20%)	자발적 행동 (20%)
총 시간		

예제 2

유아용품 홍보팀의 사원 은이씨는 일산 킨텍스에서 열리는 유아용품박람회에 참여하고자 한다. 당일 회의 후 출발해야 하며 회의 종료 시간은 오후 3시이다.

장소	일시
일산 킨텍스 제2전시장	2016. 1. 20(금) PM 15:00~19:00 * 입장가능시간은 종료 2시간 전까지

오시는 길
지하철 : 4호선 대화역(도보 30분 거리)
버스 : 8109번, 8407번(도보 5분 거리)

• 회사에서 버스정류장 및 지하철역까지 소요시간

출발지	도착지		소요시간
회사	×× 정류장	도보	15분
		택시	5분
	지하철역	도보	30분
		택시	10분

• 일산 킨텍스 가는 길

교통편	출발지	도착지	소요시간
지하철	강남역	대화역	1시간 25분
버스	×× 정류장	일산 킨텍스 정류장	1시간 45분

위의 제시 상황을 보고 은이씨가 선택할 교통편으로 가장 적절한 것은?

① 도보 – 지하철
② 도보 – 버스
③ 택시 – 지하철
④ 택시 – 버스

[출제의도]
주어진 여러 시간정보를 수집하여 실제 업무 상황에서 시간자원을 어떻게 활용할 것인지 계획하고 할당하는 능력을 측정하는 문항이다.
[해설]
④ 택시로 버스정류장까지 이동해서 버스를 타고 가게 되면 택시(5분), 버스(1시간 45분), 도보(5분)으로 1시간 55분이 걸린다.
① 도보-지하철 : 도보(30분), 지하철(1시간 25분), 도보(30분)이므로 총 2시간 25분이 걸린다.
② 도보-버스 : 도보(15분), 버스(1시간 45분), 도보(5분)이므로 총 2시간 5분이 걸린다.
③ 택시-지하철 : 택시(10분), 지하철(1시간 25분), 도보(30분)이므로 총 2시간 5분이 걸린다.

답 ④

(2) 예산관리능력

① 예산과 예산관리

　㉠ 예산 : 필요한 비용을 미리 헤아려 계산하는 것이나 그 비용

　㉡ 예산관리 : 활동이나 사업에 소요되는 비용을 산정하고, 예산을 편성하는 것뿐만 아니라 예
　　산을 통제하는 것 모두를 포함한다.

② 예산의 구성요소

비용	직접비용	재료비, 원료와 장비, 시설비, 여행(출장) 및 잡비, 인건비 등
	간접비용	보험료, 건물관리비, 광고비, 통신비, 사무비품비, 각종 공과금 등

③ 예산수립 과정 : 필요한 과업 및 활동 구명 → 우선순위 결정 → 예산 배정

예제 3

당신은 가을 체육대회에서 총무를 맡으라는 지시를 받았다. 다음과 같은 계획에 따라 예산을 진행하였으나 확보된 예산이 생각보다 적게 되어 불가피하게 비용항목을 줄여야 한다. 다음 중 귀하가 비용 항목을 없애기에 가장 적절한 것은 무엇인가?

〈○○산업공단 춘계 1차 워크숍〉

1. 해당부서 : 인사관리팀, 영업팀, 재무팀
2. 일　　　정 : 2016년 4월 21일~23일(2박 3일)
3. 장　　　소 : 강원도 속초 ○○연수원
4. 행사내용 : 바다열차탑승, 체육대회, 친교의 밤 행사, 기타

---

① 숙박비　　　　　　　② 식비
③ 교통비　　　　　　　④ 기념품비

[출제의도]
업무에 소요되는 예산 중 꼭 필요한 것과 예산을 감축해야할 때 삭제 또는 감축이 가능한 것을 구분해내는 능력을 묻는 문항이다.
[해설]
한정된 예산을 가지고 과업을 수행할 때에는 중요도를 기준으로 예산을 사용한다. 위와 같이 불가피하게 비용 항목을 줄여야 한다면 기본적인 항목인 숙박비, 식비, 교통비는 유지되어야 하기에 항목을 없애기 가장 적절한 정답은 ④번이 된다.

답 ④

(3) 물적관리능력

① 물적자원의 종류
　　㉠ **자연자원** : 자연상태 그대로의 자원 ex) 석탄, 석유 등
　　㉡ **인공자원** : 인위적으로 가공한 자원 ex) 시설, 장비 등

② **물적자원관리** … 물적자원을 효과적으로 관리할 경우 경쟁력 향상이 향상되어 과제 및 사업의 성공으로 이어지며, 관리가 부족할 경우 경제적 손실로 인해 과제 및 사업의 실패 가능성이 커진다.

③ 물적자원 활용의 방해요인
　　㉠ 보관 장소의 파악 문제
　　㉡ 훼손
　　㉢ 분실

④ 물적자원관리 과정

과정	내용
사용 물품과 보관 물품의 구분	• 반복 작업 방지 • 물품활용의 편리성
동일 및 유사 물품으로의 분류	• 동일성의 원칙 • 유사성의 원칙
물품 특성에 맞는 보관 장소 선정	• 물품의 형상 • 물품의 소재

S호텔의 외식사업부 소속인 K씨는 예약일정 관리를 담당하고 있다. 아래의 예약일정과 정보를 보고 K씨의 판단으로 옳지 않은 것은?

〈S호텔 일식 뷔페 1월 ROOM 예약 일정〉

* 예약 : ROOM 이름(시작시간)

SUN	MON	TUE	WED	THU	FRI	SAT
					1	2
					백합(16)	장미(11) 백합(15)
3	4	5	6	7	8	9
라일락(15)		백향목(10) 백합(15)	장미(10) 백향목(17)	백합(11) 라일락(18)	백향목(15)	장미(10) 라일락(15)

ROOM 구분	수용가능인원	최소투입인력	연회장 이용시간
백합	20	3	2시간
장미	30	5	3시간
라일락	25	4	2시간
백향목	40	8	3시간

– 오후 9시에 모든 업무를 종료함
– 한 타임 끝난 후 1시간씩 세팅 및 정리
– 동 시간 대 서빙 투입인력은 총 10명을 넘을 수 없음

안녕하세요. 1월 첫째 주 또는 둘째 주에 신년회 행사를 위해 ROOM을 예약하려고 하는데요. 저희 동호회의 총 인원은 27명이고 오후 8시쯤 마무리하려고 합니다. 신정과 주말, 월요일은 피하고 싶습니다. 예약이 가능할까요?

① 인원을 고려했을 때 장미ROOM과 백향목ROOM이 적합하겠군.
② 만약 2명이 안 온다면 예약 가능한 ROOM이 늘어나겠구나.
③ 조건을 고려했을 때 예약 가능한 ROOM은 5일 장미ROOM뿐이겠구나.
④ 오후 5시부터 8시까지 가능한 ROOM을 찾아야해.

[출제의도]
주어진 정보와 일정표를 토대로 이용 가능한 물적자원을 확보하여 이를 정확하게 안내할 수 있는 능력을 측정하는 문항이다. 고객이 제공한 정보를 정확하게 파악하고 그 조건 안에서 가능한 자원을 제공할 수 있어야 한다.

[해설]
③ 조건을 고려했을 때 5일 장미ROOM과 7일 장미ROOM이 예약 가능하다.
① 참석 인원이 27명이므로 30명 수용 가능한 장미ROOM과 40명 수용 가능한 백향목ROOM 두 곳이 적합하다.
② 만약 2명이 안 온다면 총 참석 인원 25명이므로 라일락ROOM, 장미ROOM, 백향목ROOM이 예약 가능하다.
④ 오후 8시에 마무리하려고 계획하고 있으므로 적절하다.

답 ③

(4) 인적자원관리능력

① **인맥** … 가족, 친구, 직장동료 등 자신과 직접적인 관계에 있는 사람들인 핵심인맥과 핵심인맥들로부터 알게 된 파생인맥이 존재한다.

② **인적자원의 특성** … 능동성, 개발가능성, 전략적 자원

③ **인력배치의 원칙**

   ㉠ **적재적소주의** : 팀의 효율성을 높이기 위해 팀원의 능력이나 성격 등과 가장 적합한 위치에 배치하여 팀원 개개인의 능력을 최대로 발휘해 줄 것을 기대하는 것

   ㉡ **능력주의** : 개인에게 능력을 발휘할 수 있는 기회와 장소를 부여하고 그 성과를 바르게 평가하며 평가된 능력과 실적에 대해 그에 상응하는 보상을 주는 원칙

   ㉢ **균형주의** : 모든 팀원에 대한 적재적소를 고려

④ **인력배치의 유형**

   ㉠ **양적 배치** : 부문의 작업량과 조업도, 여유 또는 부족 인원을 감안하여 소요인원을 결정하여 배치하는 것

   ㉡ **질적 배치** : 적재적소의 배치

   ㉢ **적성 배치** : 팀원의 적성 및 흥미에 따라 배치하는 것

예제 5

최근 조직개편 및 연봉협상 과정에서 직원들의 불만이 높아지고 있다. 온갖 루머가 난무한 가운데 인사팀원인 당신에게 사내 게시판의 직원 불만사항에 대한 진위여부를 파악하고 대안을 세우라는 팀장의 지시를 받았다. 다음 중 당신이 조치를 취해야 하는 직원은 누구인가?

① 사원 A는 팀장으로부터 업무 성과가 탁월하다는 평가를 받았는데도 조직개편으로 인한 부서 통합으로 인해 승진을 못한 것이 불만이다.

② 사원 B는 회사가 예년에 비해 높은 영업 이익을 얻었는데도 불구하고 연봉 인상에 인색한 것이 불만이다.

③ 사원 C는 회사가 급여 정책을 변경해서 고정급 비율을 낮추고 기본급과 인센티브를 지급하는 제도로 바꾼 것이 불만이다.

④ 사원 D는 입사 동기인 동료가 자신보다 업무 실적이 좋지 않고 불성실한 근무태도를 가지고 있는데, 팀장과의 친분으로 인해 자신보다 높은 평가를 받은 것이 불만이다.

[출제의도]
주어진 직원들의 정보를 통해 시급하게 진위여부를 가리고 조치하여 인력배치를 해야 하는 사항을 확인하는 문제이다.

[해설]
사원 A, B, C는 각각 조직 정책에 대한 불만이기에 논의를 통해 조직적으로 대처하는 것이 옳지만, 사원 D는 팀장의 독단적인 전횡에 대한 불만이기 때문에 조사하여 시급히 조치할 필요가 있다. 따라서 가장 적절한 답은 ④번이 된다.

답 ④

05 출제예상문제

1 사내 냉방 효율을 위하여 층별 에어컨 수와 종류를 조정하려고 한다. 버리는 구형 에어컨과 구입하는 신형 에어컨을 최소화할 때, A상사는 신형 에어컨을 몇 대 구입해야 하는가?

사내 냉방 효율 조정 방안		
적용순서	조건	미충족 시 조정 방안
1	층별 월 전기료 60만 원 이하	구형 에어컨을 버려 조건 충족
2	구형 에어컨 대비 신형 에어컨 비율 1/2 이상 유지	신형 에어컨을 구입해 조건 충족

※ 구형 에어컨 1대의 월 전기료는 4만원이고, 신형 에어컨 1대의 월 전기료는 3만원이다.

사내 냉방시설 현황						
	1층	2층	3층	4층	5층	6층
구형	9	15	12	8	13	10
신형	5	7	6	3	4	5

① 1대   ② 2대
③ 3대   ④ 4대

 먼저 '층별 월 전기료 60만 원 이하' 조건을 적용해 보면 2층, 3층, 5층에서 각각 6대, 2대, 1대의 구형 에어컨을 버려야 한다. 다음으로 '구형 에어컨 대비 신형 에어컨 비율 1/2 이상 유지' 조건을 적용하면 4층, 5층에서 각각 1대, 2대의 신형 에어컨을 구입해야 한다. 따라서 A상사가 구입해야 하는 신형 에어컨은 총 3대이다.

Answer ↪ 1.③

2 A사는 2018년도 전력수급기본계획을 마련하고 "전력예비비율을 30% 이상으로 유지한다"는 목표를 설정하였다. 2017년 총공급전력량은 7,200만kW이고 최대전력수요는 6,000만kW라고 할 때, 다음 조건에서 A사가 채택하기에 적합하지 않은 대안은? (단, 발전소는 즉시 건설·운영되는 것으로 가정하고 이외의 다른 변수는 고려하지 않는다)

> • 발전소를 하나 더 건설하면 총공급전력량이 100만kW 증가한다.
> • 전기요금을 x% 인상하면 최대전력수요는 x% 감소한다.
> • 전력예비비율(%) = $\dfrac{총공급전력량 - 최대전력수요}{최대전력수요} \times 100$

① 발전소를 1개 더 건설하고, 전기요금을 10% 인상한다.
② 발전소를 3개 더 건설하고, 전기요금을 3% 인상한다.
③ 발전소를 6개 더 건설하고, 전기요금을 1% 인상한다.
④ 발전소를 8개 더 건설하고, 전기요금을 동결한다.

 발전소를 3개 더 건설했을 때 2018년 총공급전력량은 7,200 + 300 = 7,500만kW이고 최대전력수요는 6,000 − (6,000 × 0.03) = 5,820kW이다.

이때 전력예비비율은 $\dfrac{7,500 - 5,820}{5,820} \times 100 =$ 약 28.9%로 전력예비비율을 30% 이상으로 유지한다는 목표에 적합하지 않다.

3 여행사 직원인 甲은 A도시 관광 상품을 개발하기 위해 2월 15일(일요일)부터 4일간 A도시의 관광명소를 관람하려고 한다. A도시는 주요 관광명소를 관람할 수 있는 자유이용권인 시티 투어 패스(City Tour Pass)를 판매하고 있다. 다음 관광 정보와 조건에 근거할 때, 甲이 아래 7곳의 관광명소(a~g)를 모두 관람하는 데 필요한 최소 금액은?

- 하루에 2곳의 관광명소까지만 관람할 수 있다.
- g 궁전 관람에는 1일이 소요되며 궁전의 일부만 관람하는 경우에도 소요시간은 동일하다.
- 시티 투어 패스는 개시일로부터 연속적으로 사용해야 한다.
- g 궁전의 경우 본궁·정원·별궁 모두 관람해야 하며, 세 곳 모두 관람이 가능한 1일권을 판매하고 있다(월~금 : 21$, 토~일 : 25$).

■ 관광 정보

구분		관람료($)	휴관	패스 사용 가능 여부
a 박물관		9	화요일	가능
b 미술관		8	월요일	가능
c 박물관		9	없음	불가능
d 미술관		8	없음	가능
e 타워		7	일요일	불가능
f 타워		8	없음	가능
g 궁전	본궁	13	없음	가능 (단, 정원에서는 사용불가)
	정원	8		
	별궁	10		

■ 시티 투어 패스 가격

구분	가격($)/매
2일 패스	32
4일 패스	48
6일 패스	64

① 64$

② 69$

③ 70$

④ 72$

 甲이 최소 금액으로 7곳의 관광명소(a~g)를 모두 관람하는 일정은 다음과 같다.

날짜	15일(일)	16일(월)	17일(화)	18일(수)
방문지	a 박물관 b 미술관	d 미술관 f 타워	c 박물관 e 타워	g 궁전
요금	2일 패스 32$		9$ + 7$ = 16$	g 궁전 1일권 21$

따라서 최소 금액은 32 + 16 + 21 = 69$이다.

Answer → 2.② 3.②

4 甲은 본사 이전 공사를 위해 사내 입찰시스템에 등록하고자 하는 A~E업체 중 하나를 선택하여 계약을 맺으려 한다. 다음을 근거로 판단할 때 옳은 것을 고르면?

• 甲은 사내 입찰시스템에 등록되지 않은 업체와는 계약할 수 없다.
• 甲은 사내 입찰시스템에 등록하려는 각 업체의 정보(표 1)는 알 수 있지만 각 업체별 사전평가점수(표 2)는 모른다.
• 甲은 순편익이 가장 높은 업체를 선택하며, 이 때 순편익은 청사이전 편익에서 공사비 용을 뺀 값이다.
• 사내 입찰시스템은 사전평가점수 총점이 60점 이상인 업체만을 등록시키고, 평가항목 중 하나에서라도 분류배점의 40% 미만이 나올 경우에는 등록 자체를 허용하지 않는다.
• 공사 착공일은 3월 1일이며, 어떠한 일이 있어도 같은 해 7월 10일까지 공사가 완공되 어야 한다.

⟨표 1⟩ 업체의 정보

구분	A업체	B업체	C업체	D업체	E업체
공사소요기간(일)	120	100	140	125	130
공사비용(억 원)	16	10	18	13	11
본사이전편익(억 원)	18	12	25	17	16
안전성	上	中	上	中	下

⟨표 2⟩ 입찰시스템에 등록하려는 업체별 사전평가점수

평가항목	분류배점	A업체	B업체	C업체	D업체	E업체
가격	30	18	26	17	18	25
품질	20	17	16	15	13	12
수요기관만족도	20	14	7	15	13	11
서비스	30	22	27	18	15	27
총점	100	71	76	65	59	75

① 甲은 E업체와 계약을 맺을 것이다.
② 만약 D업체가 친환경인증으로 품질부문에서 가산점 2점을 얻는다면 甲은 D업체와 계약을 맺을 것이다.
③ 만약 甲이 순편익은 고려하지 않고 공사완공이 빨리 되는 것만 고려한다면 B업체와 계약을 맺을 것이다.
④ 만약 안전성이 下인 업체를 제외시킨다면 甲은 A업체와 계약을 맺을 것이다.

 사내 입찰시스템은 사전평가점수 총점이 60점 이상인 업체만을 등록시키고(D업체 탈락), 평가항 목 중 하나에서라도 분류배점의 40% 미만이 나올 경우에는 등록 자체를 허용하지 않는다(B업체 탈락). 따라서 甲은 사내 입찰시스템에 등록되는 A업체, C업체, E업체 중 순편익이 가장 높은 업체를 선택해야 하는데, 순편익이 가장 높은 C업체는 7월 10일까지 공사를 완공하지 못하므로 그 다음 순편익이 높은 E업체와 계약을 맺을 것이다.

5 다음은 A씨가 알아본 여행지의 관광 상품 비교표이다. 월요일에 A씨 부부가 여행을 갈 경우 하루 평균 가격이 가장 비싼 여행지부터 순서대로 올바르게 나열한 것은 어느 것인가? (출발일도 일정에 포함, 1인당 가격은 할인 전 가격이며, 가격 계산은 버림 처리하여 정수로 표시함)

관광지	일정	1인당 가격	비고
갑	5일	599,000원	–
을	6일	799,000원	주중 20% 할인
병	8일	999,000원	동반자 20% 할인
정	10일	1,999,000원	동반자 50% 할인

① 을지 – 갑지 – 병지 – 정지
② 정지 – 병지 – 갑지 – 을지
③ 정지 – 갑지 – 을지 – 병지
④ 정지 – 갑지 – 병지 – 을지

관광지	일정	2명의 하루 평균 가격
갑	5일	599,000 ÷ 5 × 2 = 239,600원
을	6일	799,000 ÷ 6 × 2 = 266,333원, 월~금은 주중 할인이 적용되어 하루 평균 266,333 × 0.8 = 213,066원이 된다. 따라서 월~토 일정 동안의 전체 금액[(213,066 × 5) + 266,333]에서 하루 평균 가격을 구하면 221,943원이다.
병	8일	999,000 ÷ 8 = 124,875원(1명), 999,000 ÷ 8 × 0.8 = 99,900원(1명) 따라서 2명은 124,875 + 99,900 = 224,775원
정	10일	1,999,000 ÷ 10 = 199,900원(1명), 1,999,000 ÷ 10 × 0.5 = 99,950원(1명) 따라서 2명은 199,900 + 99,950 = 299,850원

6 당신은 물류회사 보안팀 책임자이다. 신입사원 A가 1월 근무 일정 초안을 바탕으로 대체 근무자를 미리 배정하여 당신에게 검토를 요청하였다. A에게 대체 근무자를 변경하라고 지시해야 하는 날은?

〈근무 일정 관련 사내 규정〉
• 근무는 야간 4일과 주간 4일을 반복하며, 4일 근무 후에는 휴일 2일이 주어져야 한다.
• 각 조의 휴일 스케줄은 겹치지 않도록 한 달의 첫 2일은 조정 기간을 갖는다.
• 한 조의 일원이 개인 사유로 근무가 어려울 경우, 당일 휴일인 조의 일원 중 1인이 대체 근무를 한다. 이 역시 어려운 경우 그 직전일이 휴일이었던 조의 일원 중 1인이 대체 근무를 한다.
• 대체 근무의 경우 주간 직후 야간근무는 가능하며 야간 직후 주간 대체 근무는 불가하다.

〈보안팀 조별 명단〉

구분(조)	조원
1	김준면(조장), 박찬열, 김종인, 오세훈, 도경수, 변백현
2	김남준(조장), 전정국, 김태형, 박지민, 정호석, 김석진
3	육성재(조장), 서은광, 이민혁, 정일훈, 이창섭, 임현식

〈보안팀 1월 근무 일정표(초안)〉

월	화	수	목	금	토	일
			1 주:1/야:2	2 주:1/야:2	3 주:3/야:2	4 주:3/야:2
5 주:3/야:1	6 주:3/야:1	7 주:2/야:1	8 주:2/야:1	9 주:2/야:3	10 주:2/야:3	11 주:1/야:3
12 주:1/야:3	13 주:1/야:2	14 주:1/야:2	15 주:3/야:2	16 주:3/야:2	17 주:3/야:1	18 주:3/야:1
19 주:2/야:1	20 주:2/야:1	21 주:2/야:3	22 주:2/야:3	23 주:1/야:3	24 주:1/야:3	25 주:1/야:2
26 주:1/야:2	27 주:3/야:2	28 주:3/야:2	29 주:3/야:1	30 주:3/야:1	31 주:2/야:1	

※ 숫자(1~3) : 각 조/ 주 : 주간/ 야 : 야간 (기재되어 있지 않은 조는 휴일)

대체 예상일자	휴무 예정자	사유	대체 근무자
1/3 (토)	전정국	동생 결혼식	① 박찬열
1/9 (금)	이민혁	월차	② 변백현
1/12 (월)	도경수	정기 검진	③ 박지민
1/29 (목)	임현식	월차	④ 김태형

④ 1/29(목)에 휴무 예정자인 임현식은 3조로, 주간근무이다. 29일에 휴일인 2조는 전날인 28일에 야간근무로 야간 직후 주간 대체 근무가 불가하다. 따라서 2조인 김태형을 변경하라고 지시해야 한다.

7 영화 제작사 홍보부 사원인 당신은 부산에서 열리는 영화제 개막식에 참가하고자 교통편을 알아보고 있다. 당신은 개막식 당일 부서회의에 참가해야 하며, 회의 종료 시간은 오후 2시이다. 개막식에 참가하기 위해 당신이 선택해야 할 교통편으로 가장 적절한 것은?

◎ 부산영화제 개막식 안내
−일시 및 장소 : 2019. 10. 02(목) PM 14:00∼20:00, 부산 센텀시티
※ 개막식 입장 가능 시간은 종료 2시간 전까지

◎ 회사에서 공항 및 기차역까지 소요시간

출발지	도착지	소요시간
회사	김포공항	130분
	서울역	60분

◎ 비행기 및 기차 이동시간

구분	운행요일	출발지	출발시간	소요시간
비행기	화/목	김포공항	16:30	55분
KTX	매일	서울역	매 시 정각	150분

◎ 센텀시티 오시는 길

교통편	출발지	소요시간
공항 리무진 버스	김해공항	55분
버스	김해공항	70분
	부산역	40분
택시	김해공항	50분
	부산역	30분
도시철도	공항역	53분
	부산역	38분

① KTX − 버스　　　　　　② KTX − 택시
③ 비행기 − 택시　　　　　④ 비행기 − 공항 리무진 버스

Answer ➔ 6.④ 7.②

개막식 입장 가능 시간이 종료 2시간 전까지이므로 18시까지는 도착해야 개막식에 입장힐 수 있다. 16:30분에 출발하고 55분이 소요되는 비행기를 탄다면, 김해공항에서 센텀시티까지 소요시간이 가장 짧은 택시를 이용한다고 해도 18시까지 도착할 수 없다. 따라서 KTX를 이용해야 한다. 회사에서 14시에 회의를 마치고 서울역에 도착하면 15시이고, 15시 정각에 출발하는 KTX를 타고 부산역에 도착하면 17시 30분이다. 부산역에서 센텀시티까지 택시로 30분이므로 18시에 도착할 수 있다.

8 다음 글과 〈설립위치 선정 기준〉을 근거로 판단할 때, A사가 서비스센터를 설립하는 방식과 위치로 옳은 것은?

- 휴대폰 제조사 A는 B국에 고객서비스를 제공하기 위해 1개의 서비스센터 설립을 추진하려고 한다.
- 설립방식에는 ㈎ 방식과 ㈏ 방식이 있다.
- A사는 {(고객만족도 효과의 현재가치) − (비용의 현재가치)}의 값이 큰 방식을 선택한다.
- 비용에는 규제비용과 로열티비용이 있다.

구분		㈎ 방식	㈏ 방식
고객만족도 효과의 현재가치		5억 원	4.5억 원
비용의 현재가치	규제비용	3억 원 (설립 당해 연도만 발생)	없음
	로열티 비용	없음	− 3년간 로열티비용을 지불함 − 로열티비용의 현재가치 환산액 : 설립 당해년도는 2억 원, 그 다음 해부터는 직전년도 로열티비용의 1/2씩 감액한 금액

※ 고객만족도 효과의 현재가치는 설립 당해년도를 기준으로 산정된 결과이다.

〈설립위치 선정 기준〉

• 설립위치로 B국의 甲, 乙, 丙3곳을 검토 중이며, 각 위치의 특성은 다음과 같다.

위치	유동인구(만 명)	20~30대 비율(%)	교통혼잡성
甲	80	75	3
乙	100	50	1
丙	75	60	2

• A사는 {(유동인구) × (20~30대 비율) / (교통혼잡성)} 값이 큰 곳을 선정한다. 다만 A사는 제품의 특성을 고려하여 20~30대 비율이 50% 이하인 지역은 선정대상에서 제외한다.

	설립방식	설립위치
①	(가)	甲
②	(가)	丙
③	(나)	甲
④	(나)	乙

　㉠ 설립방식 : {(고객만족도 효과의 현재가치) − (비용의 현재가치)}의 값이 큰 방식 선택
　　• (가) 방식 : 5억 원 − 3억 원 = 2억 원→선택
　　• (나) 방식 : 4.5억 원 − (2억 원 + 1억 원 + 0.5억 원) = 1억 원
　㉡ 설립위치 : {(유동인구) × (20~30대 비율) / (교통혼잡성)} 값이 큰 곳 선정(20~30대 비율이 50% 이하인 지역은 선정대상에서 제외)
　　• 甲: 80 × 75 / 3 = 2,000
　　• 乙: 20~30대 비율이 50%이므로 선정대상에서 제외
　　• 丙: 75 × 60 / 2 = 2,250→선택

Answer ♪→ 8.②

9 다음 글을 근거로 판단할 때, 甲금속회사가 생산한 제품 A, B를 모두 판매하여 얻을 수 있는 최대 금액은?

- 甲금속회사는 특수구리합금 제품 A와 B를 생산 및 판매한다.
- 특수구리합금 제품 A, B는 10kg 단위로만 생산된다.
- 제품 A의 1kg당 가격은 300원이고, 제품 B의 1kg당 가격은 200원이다.
- 甲금속회사는 보유하고 있던 구리 710kg, 철 15kg, 주석 33kg, 아연 155kg, 망간 30kg 중 일부를 활용하여 아래 표의 질량 배합 비율에 따라 제품 A를 300kg 생산한 상태이다. (단, 개별 금속의 추가구입은 불가능하다)
- 합금 제품별 질량 배합 비율은 아래와 같으며 배합 비율을 만족하는 경우에만 제품이 될 수 있다.

(단위 : %)

구분	구리	철	주석	아연	망간
A	60	5	0	25	10
B	80	0	5	15	0

※ 배합된 개별 금속 질량의 합은 생산된 합금 제품의 질량과 같다.

① 195,000원
② 196,000원
③ 197,000원
④ 198,000원

 질량 배합 비율에 따라 제품 A를 300kg 생산하는 데 사용된 개별 금속의 양과 생산 후 남은 금속의 양은 다음 표와 같다.

구분	구리	철	주석	아연	망간
사용된 양	180	15	0	75	30
남은 양	530	0	33	80	0

남은 양으로 만들 수 있는 제품 B는 530kg(구리 424 + 주석 26.5 + 아연 79.5)이다. 따라서 甲급속회사가 생산한 제품은 A 300kg, B 530kg으로 이를 모두 판매하여 얻을 수 있는 최대 금액은 (300 × 300) + (530 × 200) = 196,000원이다.

10 다음 글을 근거로 판단할 때, 2018년 3월 인사 파견에서 선발될 직원만을 모두 고르면?

> - 공단에서는 소속 직원들의 역량 강화를 위해 정례적으로 인사 파견을 실시하고 있다.
> - 인사 파견은 지원자 중 3명을 선발하여 1년 간 이루어지고 파견 기간은 변경되지 않는다.
> - 선발 조건은 다음과 같다.
> - 과장을 선발하는 경우 동일 부서에 근무하는 직원을 1명 이상 함께 선발한다.
> - 동일 부서에 근무하는 2명 이상의 팀장을 선발할 수 없다.
> - 상생협력본부 직원을 1명 이상 선발한다.
> - 근무 평정이 70점 이상인 직원만을 선발한다.
> - 어학 능력이 '하'인 직원을 선발한다면 어학 능력이 '상'인 직원도 선발한다.
> - 직전 인사 파견 기간이 종료된 이후 2년 이상 경과하지 않은 직원을 선발할 수 없다.
> - 2018년 3월 인사 파견의 지원자 현황은 다음과 같다.
>
> | 직원 | 직위 | 근무 부서 | 근무 평정 | 어학 능력 | 직전 인사 파견 시작 시점 |
> |------|------|-----------|-----------|-----------|---------------------------|
> | A | 과장 | 협력본부 | 65 | 중 | 2014년 1월 |
> | B | 과장 | 계통본부 | 75 | 하 | 2015년 1월 |
> | C | 팀장 | 협력본부 | 90 | 중 | 2015년 7월 |
> | D | 팀장 | 수출본부 | 70 | 상 | 2014년 7월 |
> | E | 팀장 | 수출본부 | 75 | 중 | 2015년 1월 |
> | F | – | 협력본부 | 75 | 중 | 2015년 1월 |
> | G | – | 계통본부 | 80 | 하 | 2014년 7월 |

① A, D, F
② B, D, G
③ B, E, F
④ D, F, G

 - 첫 번째 조건 : A를 선발한다면 C, F 중 1명 이상을, B를 선발한다면 G를 함께 선발
- 두 번째 조건 : D와 E는 함께 선발할 수 없다.
- 네 번째 조건 : A 선발 제외
- 여섯 번째 조건 : C 선발 제외

협력본부 소속인 A와 C가 선발에서 제외된 상황에서 세 번째 조건에 따라 협력본부 직원을 1명 이상 선발해야 하므로 F는 반드시 포함된다. F가 선발된 상황에서 B가 선발되려면 G가 함께 선발되어야 하는데, 이 경우 어학 능력이 중, 하, 하로 다섯 번째 조건에 맞지 않는다. 두 번째 조건에 따라 D와 E를 함께 선발할 수 없는 상황에서 다섯 번째 조건에 맞게 직원을 선발하면 D, F, G가 된다.

11~12 다음 자료를 읽고 이어지는 물음에 답하시오.

〈등급별 성과급 지급액〉

성과평가 종합점수	성과 등급	등급별 성과급
95점 이상	S	기본급의 30%
90점 이상~95점 미만	A	기본급의 25%
85점 이상~90점 미만	B	기본급의 20%
80점 이상~85점 미만	C	기본급의 15%
75점 이상~80점 미만	D	기본급의 10%

〈항목별 평가 점수〉

	영업1팀	영업2팀	영업3팀	영업4팀	영업5팀
수익 달성률	90	93	72	85	83
매출 실적	92	78	90	88	87
근태 및 부서평가	90	89	82	77	93

* 항목별 평가 종합점수는 수익 달성률 점수의 40%, 매출 실적 점수의 40%, 근태 및 부서평가 점수의 20%를 합산해서 구함.

〈각 팀별 직원의 기본급〉

직원	기본급
곽 대리(영업 1팀)	210만 원
엄 과장(영업 2팀)	260만 원
신 차장(영업 3팀)	320만 원
남 사원(영업 4팀)	180만 원
권 대리(영업 5팀)	220만 원

* 팀별 성과급은 해당 팀의 모든 직원에게 적용된다.

11 위의 자료를 참고할 때, 항목별 평가 종합점수 순위가 두 번째와 세 번째인 팀을 순서대로 짝지은 것은 어느 것인가?

① 영업2팀, 영업3팀
② 영업3팀, 영업4팀
③ 영업5팀, 영업2팀
④ 영업3팀, 영업2팀

 주어진 규정에 의해 항목별 평가 종합점수를 계산해 보면 다음과 같다.

	영업1팀	영업2팀	영업3팀	영업4팀	영업5팀
수익 달성률	90×0.4=36.0	93×0.4=37.2	72×0.4=28.8	85×0.4=34	83×0.4=33.2
매출 실적	92×0.4=36.8	78×0.4=31.2	90×0.4=36	88×0.4=35.2	87×0.4=34.8
근태 및 부서평가	90×0.2=18	89×0.2=17.8	82×0.2=16.4	77×0.2=15.4	93×0.2=18.6
종합점수	90.8	86.2	81.2	84.6	86.6

따라서 항목별 평가 종합점수가 두 번째로 높은 팀은 영업5팀, 세 번째로 높은 팀은 영업2팀이 된다.

12 영업1팀의 곽 대리와 영업3팀의 신 차장이 받게 될 성과급은 각각 얼마인가?

① 55만 5천 원, 44만 원
② 54만 2천 원, 46만 원
③ 52만 5천 원, 48만 원
④ 51만 8천 원, 49만 원

 영업1팀과 영업3팀은 항목별 평가 종합점수(90.8점, 81.2점)에 의해 성과 등급이 각각 A등급과 C등급이 된다. 따라서 곽 대리는 210만 원의 25%, 신 차장은 320만 원의 15%를 각각 성과급으로 지급받게 된다. 따라서 곽 대리는 52만 5천 원, 신 차장은 48만 원이 된다.

13 다음 상황에서 총 순이익 200억 중에 Y사가 150억을 분배 받았다면 Y사의 연구개발비는 얼마인가?

X사와 Y사는 신제품을 공동개발하여 판매한 총 순이익을 다음과 같은 기준에 의해 분배하기로 약정하였다.
- 1번째 기준 : X사와 Y사는 총 순이익에서 각 회사 제조원가의 10%에 해당하는 금액을 우선 각자 분배 받는다.
- 2번째 기준 : 총 순수익에서 위의 1번째 기준에 의해 분배 받은 금액을 제외한 나머지 금액에 대한 분배는 각 회사가 연구개발을 지출한 비용에 비례하여 분배액을 정한다.

〈신제품 개발과 판례에 따른 연구개발비용과 총 순이익〉

(단위 : 억 원)

구분	X사	Y사
제조원가	200	600
연구개발비	100	( )
총 순이익	200	

① 200억 원
② 250억 원
③ 300억 원
④ 350억 원

 1번째 기준에 의해 X사는 200억의 10%인 20억을 분배 받고, Y사는 600억의 10%인 60억을 분배 받는다. Y가 분배 받은 금액이 총 150억이라고 했으므로 X사가 분배 받은 금액은 50억이다. X사가 두 번째 기준에 의해 분배 받은 금액은 30억이고, Y사가 두 번째 기준에 의해 분배 받은 금액은 90억이다. 두 번째 기준은 연구개발비용에 비례하여 분배 받은 것이므로 X사의 연구개발비의 3배로 계산하면 300억이다.

14 다음 글과 〈조건〉을 근거로 판단할 때, 중국으로 출장 가는 사람으로 짝지어진 것은?

C회사에서는 업무상 외국 출장이 잦은 편이다. 인사부 A씨는 매달 출장 갈 직원들을 정하는 업무를 맡고 있다. 이번 달에는 총 4국가로 출장을 가야 하며 인원은 다음과 같다.

미국	영국	중국	일본
1명	4명	3명	4명

출장을 갈 직원은 이 과장, 김 과장, 신 과장, 류 과장, 임 과장, 장 과장, 최 과장이 있으며, 개인별 출장 가능한 국가는 다음과 같다.

국가 ＼ 직원	이 과장	김 과장	신 과장	류 과장	임 과장	장 과장	최 과장
미국	○	×	○	×	×	×	×
영국	○	×	○	○	○	×	×
중국	×	○	○	○	○	×	○
일본	×	×	○	×	○	○	○

※ ○ : 출장 가능, × : 출장 불가능
※ 어떤 출장도 일정이 겹치진 않는다.

〈조건〉

• 한 사람이 두 국가까지만 출장 갈 수 있다.
• 모든 사람은 한 국가 이상 출장을 가야 한다.

① 김 과장, 최 과장, 류 과장 ② 김 과장, 신 과장, 류 과장
③ 신 과장, 류 과장, 임 과장 ④ 김 과장, 임 과장, 최 과장

 모든 사람이 한 국가 이상 출장을 가야 한다고 했으므로 김 과장은 꼭 중국을 가야 하며, 장 과장은 꼭 일본을 가야 한다. 또한 영국으로 4명이 출장을 가야 되고, 출장 가능 직원도 4명이므로 이 과장, 신 과장, 류 과장, 임 과장이 영국을 가야한다. 4국가 출장에 필요한 직원은 12명인데 김 과장과 장 과장이 1국가 밖에 못가므로 나머지 5명이 2국가를 출장간다는 것에 주의한다.

	출장가는 직원
미국(1명)	이 과장
영국(4명)	류 과장, 이 과장, 신 과장, 임 과장
중국(3명)	김 과장, 최 과장, 류 과장
일본(4명)	장 과장, 최 과장, 신 과장, 임 과장

Answer ↪ 13.③ 14.①

|15~16| D회사에서는 1년에 1명을 선발하여 해외연수를 보내주는 제도가 있다. 김 부장, 최 과장, 오 과장, 홍 대리 4명이 지원한 가운데 〈선발 기준〉과 〈지원자 현황〉은 다음과 같다. 다음을 보고 물음에 답하시오.

〈선발 기준〉

구분	점수	비고
외국어 성적	50점	
근무 경력	20점	15년 이상이 만점 대비 100%, 10년 이상 15년 미만이 70%, 10년 미만이 50%이다. 단, 근무경력이 최소 5년 이상인 자만 선발 자격이 있다.
근무 성적	10점	
포상	20점	3회 이상이 만점 대비 100%, 1~2회가 50%, 0회가 0%이다.
계	100점	

〈지원자 현황〉

구분	김 부장	최 과장	오 과장	홍 대리
근무경력	30년	20년	10년	3년
포상	2회	4회	0회	5회

※ 외국어 성적은 김 부장과 최 과장이 만점 대비 50%이고, 오 과장이 80%, 홍 대리가 100%이다.
※ 근무 성적은 최 과장이 만점이고, 김 부장, 오 과장, 홍 대리는 만점 대비 90%이다.

15 위의 선발기준과 지원자 현황에 따를 때 가장 높은 점수를 받은 사람이 선발된다면 선발되는 사람은?

① 김 부장
② 최 과장
③ 오 과장
④ 홍 대리

	김 부장	최 과장	오 과장	홍 대리
외국어 성적	25점	25점	40점	근무경력이 5년 미만이므로 선발 자격이 없다.
근무 경력	20점	20점	14점	
근무 성적	9점	10점	9점	
포상	10점	20점	0점	
계	64점	75점	63점	

16 회사 규정의 변경으로 인해 선발기준이 다음과 같이 변경되었다면, 새로운 선발기준 하에서 선발되는 사람은? (단, 가장 높은 점수를 받은 사람이 선발된다)

구분	점수	비고
외국어 성적	40점	
근무 경력	40점	30년 이상이 만점 대비 100%, 20년 이상 30년 미만이 70%, 20년 미만이 50%이다. 단, 근무경력이 최소 5년 이상인 자만 선발 자격이 있다.
근무 성적	10점	
포상	10점	3회 이상이 만점 대비 100%, 1~2회가 50%, 0회가 0%이다.
계	100점	

① 김 부장
② 최 과장
③ 오 과장
④ 홍 대리

	김 부장	최 과장	오 과장	홍 대리
외국어 성적	20점	20점	32점	근무경력이 5년 미만이므로 선발 자격이 없다.
근무 경력	40점	28점	20점	
근무 성적	9점	10점	9점	
포상	5점	10점	0점	
계	74점	68점	61점	

Answer ⟶ 15.② 16.①

17 다음은 어느 회사의 성과상여금 지급기준이다. 다음 기준에 따를 때 성과상여금을 가장 많이 받는 사원과 가장 적게 받는 사원의 금액 차이는 얼마인가?

〈성과상여금 지급기준〉

지급원칙
• 성과상여금은 적용대상사원에 대하여 성과(근무성적, 업무난이도, 조직 기여도의 평점 합) 순위에 따라 지급한다.

성과상여금 지급기준액

5급 이상	6급~7급	8급~9급	계약직
500만 원	400만 원	200만 원	200만 원

지급등급 및 지급률
• 5급 이상

지급등급	S등급	A등급	B등급	C등급
성과 순위	1위	2위	3위	4위 이하
지급률	180%	150%	120%	80%

• 6급 이하 및 계약직

지급등급	S등급	A등급	B등급
성과 순위	1위~2위	3~4위	5위 이하
지급률	150%	130%	100%

지급액 산정방법
개인별 성과상여금 지급액은 지급기준액에 해당등급의 지급율을 곱하여 산정한다.

〈소속사원 성과 평점〉

사원	평점			직급
	근무성적	업무난이도	조직기여도	
수현	8	5	7	계약직
이현	10	6	9	계약직
서현	8	8	6	4급
진현	5	5	8	5급
준현	9	9	10	6급
지현	9	10	8	7급

① 260만 원   ② 340만 원

③ 400만 원   ④ 450만 원

 사원별로 성과상여금을 계산해보면 다음과 같다.

사원	평점 합	순위	산정금액
수현	20	5	200만 원×100%=200만 원
이현	25	3	200만 원×130%=260만 원
서현	22	4	500만 원×80%=400만 원
진현	18	6	500만 원×80%=400만 원
준현	28	1	400만 원×150%=600만 원
지현	27	2	400만 원×150%=600만 원

가장 많이 받은 금액은 600만 원이고 가장 적게 받은 금액은 200만 원이므로 이 둘의 차는 400만 원이다.

18 G회사에서 근무하는 S씨는 직원들의 출장비를 관리하고 있다. 이 회사의 규정이 다음과 같을 때 S씨가 甲 부장에게 지급해야 하는 총일비와 총 숙박비는 각각 얼마인가? (국가 간 이동은 모두 항공편으로 한다고 가정한다)

여행일수의 계산

　여행일수는 여행에 실제로 소요되는 일수에 의한다. 국외여행의 경우에는 국내 출발일은 목적지를, 국내 도착일은 출발지를 여행하는 것으로 본다.

여비의 구분계산
• 여비 각 항목은 구분하여 계산한다.
• 같은 날에 여비액을 달리하여야 할 경우에는 많은 액을 기준으로 지급한다.

일비 · 숙박비의 지급
• 국외여행자의 경우는 〈국외여비정액표〉에 따라 지급한다.
• 일비는 여행일수에 따라 지급한다.
• 숙박비는 숙박하는 밤의 수에 따라 지급한다. 다만 항공편 이동 중에는 따로 숙박비를 지급하지 아니한다.

〈국외여비정액표〉

(단위 : 달러)

구분	여행국가	일비	숙박비
부장	A국	80	233
	B국	70	164

〈甲의 여행일정〉

1일째	(06:00) 출국
2일째	(07:00) A국 도착
	(18:00) 만찬
3일째	(09:00) 회의
	(15:00) A국 출국
	(17:00) B국 도착
4일째	(09:00) 회의
	(18:00) 만찬
5일째	(22:00) B국 출국
6일째	(20:00) 귀국

	총일비(달러)	총숙박비(달러)
①	450	561
②	450	610
③	460	610
④	460	561

 ㉠ 1일째와 2일째는 일비가 각각 80달러이고, 3일째는 여비액이 다를 경우 많은 액을 기준으로 삼는다 했으므로 80달러, 4~6일째는 각각 70달러이다. 따라서 총일비는 450달러이다.

ⓛ 1일째에서 2일째로 넘어가는 밤에는 항공편에서 숙박했고, 2일째에서 3일째 넘어가는 밤에는 숙박비가 233달러이다. 3일째에서 4일째로 넘어가는 밤과 4일째에서 5일째로 넘어가는 밤에는 각각 숙박비가 164달러이다. 5일째에서 6일째로 넘어가는 밤에는 항공편에서 숙박했다. 따라서 총숙박비는 561달러이다.

Answer⤳ 18.①

|19~20| 공장 주변지역의 농경수 오염에 책임이 있는 기업이 총 70억 원의 예산을 가지고 피해 현황 심사와 보상을 진행한다고 한다. 다음 글을 읽고 물음에 답하시오.

총 500건의 피해가 발생했고, 기업측에서는 실제 피해 현황을 심사하여 보상하기로 하였다. 심사에 소요되는 비용은 보상 예산에서 사용한다. 심사를 통해 좀 더 정확한 피해 규모를 파악할 수 있지만, 그에 따라 소요되는 비용 또한 증가하게 된다.

	1일째	2일째	3일째	4일째
일별 심사 비용(억 원)	0.5	0.7	0.9	1.1
일별 보상대상 제외건수	50	45	40	35

- 보상금 총액＝예산－심사 비용
- 표는 누적수치가 아닌, 하루에 소요되는 비용을 말함
- 일별 심사 비용은 매일 0.2억씩 증가하고 제외건수는 매일 5건씩 감소함
- 제외건수가 0이 되는 날, 심사를 중지하고 보상금을 지급함

19 기업측이 심사를 중지하는 날까지 소요되는 일별 심사 비용은 총 얼마인가?

① 15억 원　　　　　　　　　　② 15.5억 원
③ 16억 원　　　　　　　　　　④ 16.5억 원

 제외건수가 매일 5건씩 감소한다고 했으므로 11일째 되는 날 제외건수가 0이 되고 일별 심사 비용은 총 16.5억 원이 된다.

20 심사를 중지하고 총 500건에 대해서 보상을 한다고 할 때, 보상대상자가 받는 건당 평균 보상금은 대략 얼마인가?

① 약 1천만 원　　　　　　　　② 약 2천만 원
③ 약 3천만 원　　　　　　　　④ 약 4천만 원

 (70억－16.5억)/500건＝1,070만 원

21 甲회사 인사부에 근무하고 있는 H부장은 각 과의 요구를 모두 충족시켜 신규직원을 배치하여야 한다. 각 과의 요구가 다음과 같을 때 홍보과에 배정되는 사람은 누구인가?

〈신규직원 배치에 대한 각 과의 요구〉
• 관리과 : 5급이 1명 배정되어야 한다.
• 홍보과 : 5급이 1명 배정되거나 6급이 2명 배정되어야 한다.
• 재무과 : B가 배정되거나 A와 E가 배정되어야 한다.
• 총무과 : C와 D가 배정되어야 한다.

〈신규직원〉
• 5급 2명(A, B)
• 6급 4명(C, D, E, F)

---

① A
③ C와 D

② B
④ E와 F

 주어진 조건을 보면 관리과와 재무과에는 반드시 각각 5급이 1명씩 배정되고, 총무과에는 6급 2명이 배정된다. 인원수를 따져보면 홍보과에는 5급을 배정할 수 없기 때문에 6급이 2명 배정된다. 6급 4명 중에 C와 D는 총무과에 배정되므로 홍보과에 배정되는 사람은 E와 F이다. 각 과별로 배정되는 사람을 정리하면 다음과 같다.

관리과	A
홍보과	E, F
재무과	B
총무과	C, D

❚22~23❚ M대리는 차를 타고 회사에서 출발하여 A~E를 모두 거쳐 다시 회사로 돌아오려고 하며, 각 지점 간의 거리가 아래와 같다. 이를 보고 이어지는 물음에 답하시오.

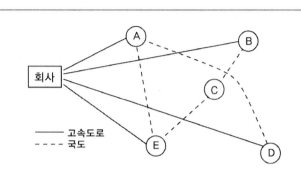

〈각 지점 간의 거리〉

(단위 : km)

구분	A	B	C	D	E
회사	150	170		175	160
A				172	187
B			100		
C					120
D					148

〈도로별 연비〉

(단위 : km/L)

고속도로	20
국도	10

* 휘발유 가격은 편의상 1,000원/L로 가정한다.

22 M대리가 최단 거리로 모든 지점을 방문하고 돌아온다고 할 때, 이동한 총 거리는 얼마인가?

① 856km

② 858km

③ 860km

④ 862km

 주어진 도로를 이용하여 이동할 수 있는 경로는 다음 두 가지만 가능하다.
1. 회사-A-D-E-C-B-회사(반대 순서 포함): 150+172+148+120+100+170=860km
2. 회사-B-C-E-A-D-회사(반대 순서 포함): 170+100+120+187+172+175=924km
따라서 최단 거리로 갈 경우 860km를 이동하게 된다.

23 M대리가 최단 거리로 이동하였을 경우 사용한 총 연료비는 얼마인가?

① 60,500원

② 61,600원

③ 62,600원

④ 63,600원

 앞 문제에서 최단 경로가 회사-A-D-E-C-B-회사로 확인되었으므로 이 경로를 고속도로와 국도로 구분하면 다음과 같다.
1) 고속도로 구간: 회사-A, D-E, B-회사
   고속도로 구간의 총 거리는 150+148+170=468km이다. 따라서 연비에 의해 총 주유량은 468÷20=23.4L가 된다.
2) 국도 구간: A-D, E-C, C-B
   국도 구간의 총 거리는 172+120+100=392km이다. 따라서 연비에 의해 총 주유량은 392÷10=39.2L가 된다.
따라서 총 주유량은 23.4+39.2=62.6L가 되어, 연료비는 62.6×1,000=62,600원이 된다.

24 Z회사는 6대(A~F)의 자동차 생산을 주문받았다. 오늘을 포함하여 30일 이내에 자동차를 생산할 계획이며 Z회사의 하루 최대투입가능 근로자 수는 100명이다. 다음 〈공정표〉에 근거할 때 Z회사가 벌어들일 수 있는 최대 수익은 얼마인가? (단, 작업은 오늘부터 개시되며 각 근로자는 자신이 투입된 자동차의 생산이 끝나야만 다른 자동차의 생산에 투입될 수 있고 1일 필요 근로자 수 이상의 근로자가 투입되더라도 자동차당 생산 소요기간은 변하지 않는다)

〈공정표〉

자동차	소요기간	1일 필요 근로자 수	수익
A	5일	20명	15억 원
B	10일	30명	20억 원
C	10일	50명	40억 원
D	15일	40명	35억 원
E	15일	60명	45억 원
F	20일	70명	85억 원

① 150억 원
② 155억 원
③ 160억 원
④ 165억 원

 최대 수익을 올리는 있는 진행공정은 다음과 같다.

F(20일, 70명)			C(10일, 50명)
B(10일, 30명)	A(5일, 20명)		

F(85억)+B(20억)+A(15억)+C(40억)=160억

25 J회사 관리부에서 근무하는 L씨는 소모품 구매를 담당하고 있다. 2016년 5월 중에 다음 조건 하에서 A4용지와 토너를 살 때, 총 비용이 가장 적게 드는 경우는? (단, 2016년 5월 1일에는 A4용지와 토너는 남아 있다고 가정하며, 다 썼다는 말이 없으면 그 소모품들은 남아있다고 가정한다)

- A4용지 100장 한 묶음의 정가는 1만 원, 토너는 2만 원이다. (A4용지는 100장 단위로 구매함)
- J회사와 거래하는 ◇◇오피스는 매달 15일에 전 품목 20% 할인 행사를 한다.
- ◇◇오피스에서는 5월 5일에 A사 카드를 사용하면 정가의 10%를 할인해 준다.
- 총 비용이란 소모품 구매가격과 체감비용(소모품을 다 써서 느끼는 불편)을 합한 것이다.
- 체감비용은 A4용지와 토너 모두 하루에 500원이다.
- 체감비용을 계산할 때, 소모품을 다 쓴 당일은 포함하고 구매한 날은 포함하지 않는다.
- 소모품을 다 쓴 당일에 구매하면 체감비용은 없으며, 소모품이 남은 상태에서 새 제품을 구입할 때도 체감비용은 없다.

① 3일에 A4용지만 다 써서, 5일에 A사 카드로 A4용지와 토너를 살 경우

② 13일에 토너만 다 써서 당일 토너를 사고, 15일에 A4용지를 살 경우

③ 10일에 A4용지와 토너를 다 써서 15일에 A4용지와 토너를 같이 살 경우

④ 3일에 A4용지만 다 써서 당일 A4용지를 사고, 13일에 토너를 다 써서 15일에 토너만 살 경우

① 1,000원(체감비용)+27,000원=28,000원
② 20,000원(토너)+8,000원(A4용지)=28,000원
③ 5,000원(체감비용)+24,000원=29,000원
④ 10,000원(A4용지)+1,000원(체감비용)+16,000원(토너)=27,000원

26 다음 사례에 나오는 효진의 시간관리 유형은 무엇인가?

> 효진은 하루 24시간 중 8시간의 회사 업무 이외에도 8시간을 효율적으로 활용하고 8시간동안 충분히 숙면도 취한다. 그녀는 어느 누구보다도 하루하루를 정신없이 바쁘게 살아가는 사람 중 한 명이다.

① 시간 창조형　　　　　　　　② 시간 소비형
③ 시간 절약형　　　　　　　　④ 시간 파괴형

 시간관리의 유형
　　㉠ **시간 창조형**(24시간형 인간) : 긍정적이며 에너지가 넘치고 빈틈없는 시간계획을 통해 비전과 목표 및 행동을 실천하는 사람
　　㉡ **시간 절약형**(16시간형 인간) : 8시간 회사 업무 이외에도 8시간을 효율적으로 활용하고 8시간을 자는 사람. 정신없이 바쁘게 살아가는 사람
　　㉢ **시간 소비형**(8시간형 인간) : 8시간 일하고 16시간을 제대로 활용하지 못하며 빈둥대면서 살아가는 사람. 시간은 많은데도 불구하고 마음은 쫓겨 항상 바쁜 척하고 허둥대는 사람
　　㉣ **시간 파괴형**(0시간형 인간) : 주어진 시간을 제대로 활용하기는커녕 시간관념이 없이 자신의 시간은 물론 남의 시간마저 죽이는 사람

27 다음 사례를 읽고 분석한 내용으로 옳지 않은 것은?

> 경수는 영화를 보기 위해 5,000원을 지불하고 영화표를 예매하였다. 하지만 영화를 보기로 한 날 갑작스럽게 친구가 등산을 가자고 제안하였다. 경수는 잠시 고민하였지만 결국 영화를 보기로 결정하고 친구와의 등산은 다음으로 미뤘다. 여기서 영화 관람과 등산에 소요되는 시간은 동일하고 경수에게 영화 관람의 편익은 10,000원이고 등산의 편익은 3,000원이다. 또한 영화표의 환불이나 양도는 불가하다.

① 영화 관람과 등산 중 경수에게 더 큰 실익을 주는 것은 영화관람이다.
② 영화 관람으로 인한 기회비용은 3,000원이다.
③ 경수가 영화를 관람하기로 한 것은 합리적 선택이다.
④ 영화 관람을 위해 지불한 5,000원은 회수할 수 없는 한계비용이다.

 ④ 영화 관람을 위해 지불한 5,000원은 회수할 수 없는 매몰비용이다.
　　※ 매몰비용과 한계비용
　　　㉠ 매몰비용 : 이미 매몰되어 다시 되돌릴 수 없는 비용으로 의사결정을 하고 실행한 후에 발생하는 비용 중 회수할 수 없는 비용을 말한다.
　　　㉡ 한계비용 : 생산물 한 단위를 추가로 생산할 때 필요한 총 비용의 증가분을 말한다.

28 ‘갑’시에 위치한 B공사 권 대리는 다음과 같은 일정으로 출장을 계획하고 있다. 출장비 지급 내역에 따라 권 대리가 받을 수 있는 출장비의 총액은 얼마인가?

<지역별 출장비 지급 내역>

출장 지역	일비	식비
‘갑’시	15,000원	15,000원
‘갑’시 외 지역	23,000원	17,000원

* 거래처 차량으로 이동할 경우, 일비 5,000원 차감

* 오후 일정 시작일 경우, 식비 7,000원 차감

<출장 일정>

출장 일자	지역	출장 시간	이동계획
화요일	‘갑’시	09:00~18:00	거래처 배차
수요일	‘갑’시 외 지역	10:30~16:00	대중교통
금요일	‘갑’시	14:00~19:00	거래처 배차

① 75,000원

② 78,000원

③ 83,000원

④ 85,000원

 일자별 출장비 지급액을 살펴보면 다음과 같다. 화요일 일정에는 거래처 차량이 지원되므로 5,000원이 차감되며, 금요일 일정에는 거래처 차량 지원과 오후 일정으로 인해 5,000+7,000=12,000원이 차감된다.

출장 일자	지역	출장 시간	이동계획	출장비
화요일	‘갑’시	09:00~18:00	거래처 배차	30,000-5,000 = 25,000원
수요일	‘갑’시 외 지역	10:30~16:00	대중교통	40,000원
금요일	‘갑’시	14:00~19:00	거래처 배차	30,000-5,000-7,000 = 18,000원

따라서 출장비 총액은 25,000+40,000+18,000=83,000원이 된다.

Answer → 26.③ 27.④ 28.③

29 다음 사례에 대한 분석으로 옳은 것은?

> 자택근무로 일하고 있는 지수는 컴퓨터로 그림 작업을 하고 있다. 수입은 시간당 7천 원이고 작업하는 시간에 따라 '피로도'라는 비용이 든다. 지수가 하루에 작업하는 시간과 그에 따른 수입(편익) 및 피로도(비용)의 정도를 각각 금액으로 환산하면 다음과 같다.
>
> (단위 : 원)
>
> | 시간 | 3 | 4 | 5 | 6 | 7 |
> |---|---|---|---|---|---|
> | 총 편익 | 21,000 | 28,000 | 35,000 | 42,000 | 49,000 |
> | 총 비용 | 11,000 | 15,000 | 22,000 | 28,000 | 36,000 |
>
> * 순편익=총 편익-총 비용

① 지수는 하루에 6시간 일하는 것이 가장 합리적이다.
② 지수가 1시간 더 일할 때마다 추가로 발생하는 비용은 일정하다.
③ 지수는 자택근무로 하루에 최대로 얻을 수 있는 순편익이 15,000원이다.
④ 지수가 1시간 더 일할 때마다 추가로 발생하는 편익은 계속 증가한다.

 ② 1시간 더 일할 때마다 추가로 발생하는 비용은 일정하지 않다.
③ 지수가 자택근무로 하루에 최대로 얻을 수 있는 순편익은 14,000원이다.
④ 1시간 더 일할 때마다 추가로 발생하는 편익은 항상 일정하다.

30 물적 자원 활용의 방해요인 중 다음 사례에 해당되는 것끼리 바르게 묶인 것은?

> 건설회사에 다니는 박과장은 하나의 물건을 오랫동안 사용하지 못하고 수시로 바꾸는 것으로 동료들에게 유명하다. 며칠 전에도 사무실에서 작업공구를 사용하고 아무 곳에 놓았다가 잊어버려 새로 구입하였고 오늘은 며칠 전에 구입했던 핸드폰을 만지다 떨어뜨려 A/S센터에 수리를 맡기기도 했다. 박과장은 이렇게 물건을 사용하고 제자리에 두기만 하면 오랫동안 잃어버리지 않고 사용할 수 있는데도 평소 아무 생각 없이 물건을 방치하여 새로 구입한 적이 허다하고 조금만 조심해서 사용하면 굳이 비싼 돈을 들여 다시 수리를 맡기지 않아도 될 것을 함부로 다루다가 망가뜨려 수리를 맡긴 적이 한두 번이 아니다. 박과장은 이러한 일로 매달 월급의 3분의 1을 소비하며 매일 자기 자신의 행동에 대해 후회하고 있다.

① 구입하지 않은 경우, 훼손 및 파손된 경우
② 보관 장소를 파악하지 못한 경우, 훼손 및 파손된 경우
③ 구입하지 않은 경우, 분실한 경우
④ 보관 장소를 파악하지 못한 경우, 분실한 경우

물적 자원 활용의 방해요인으로는 물품의 보관 장소를 파악하지 못한 경우, 물품이 훼손 및 파손된 경우, 물품을 분실한 경우로 나눌 수 있다. 해당 사례는 물품의 보관 장소를 파악하지 못한 경우와 물품이 훼손 및 파손된 경우에 속한다.

31 다음 사례에 나타난 자원 낭비 요인으로 옳지 않은 것은?

> 진수는 평소 시간에 대해서 중요하게 생각한 적이 없다. '시간이란 누구에게나 무한하게 있는 것으로 사람들은 왜 그렇게 시간을 중요하게 생각하는지 모르겠다.' 이것이 진수의 생각이다. 따라서 그는 어떤 일이나 약속을 하더라도 그때그때 기분에 따라서 행동을 하지 결코 계획을 세워 행동한 적이 없고 그 결과 중요한 약속을 지키지 못하거나 일을 그르친 적이 한두 번이 아니었다. 그리고 약간의 노하우만 있으면 쉽고 빨리 할 수 있는 일들도 진수는 다른 사람들에 비해 어렵고 오랜 시간을 들여 행하는 편이다. 이러한 이유로 사람들은 점점 진수를 신뢰하지 못하게 되었고 진수의 인간관계는 멀어지게 되었다.

① 비계획적 행동
② 편리성 추구
③ 자원에 대한 인식 부재
④ 노하우 부족

 ①「그는 어떤 일이나 약속을 하더라도 그때그때 기분에 따라서 행동을 하지 결코 계획을 세워 행동한 적이 없다.」→ 비계획적 행동
③「진수는 평소 시간에 대해서 중요하게 생각한 적이 없다. '시간이란 누구에게나 무한하게 있는 것으로 사람들은 왜 그렇게 시간을 중요하게 생각하는지 모르겠다.'」→ 자원에 대한 인식 부재
④「약간의 노하우만 있으면 쉽고 빨리 할 수 있는 일들도 진수는 다른 사람들에 비해 어렵고 오랜 시간을 들여 행하는 편이다.」→ 노하우 부족

Answer┌→ 29.① 30..② 31.②

32 인사팀에 신입사원 민기 씨는 회사에서 NCS채용 도입을 위한 정보를 얻기 위해 NCS기반 능력 중심채용 설명회를 다녀오려고 한다. 민기 씨는 오늘 오후 1시까지 김 대리님께 보고서를 작성 해서 드리고 30분 동안 피드백을 받기로 했다. 오전 중에 정리를 마치려면 시간이 빠듯할 것 같다. 다음에 제시된 설명회 자료와 교통편을 보고 민기 씨가 생각한 것으로 틀린 것은?

> 　최근 이슈가 되고 있는 공공기관의 NCS 기반 능력중심 채용에 관한 기업들의 궁금증 해소를 위하여 붙임과 같이 설명회를 개최하오니 많은 관심 부탁드립니다.
> 감사합니다.
>
> －붙임－
>
> | 설명회 장소 | 일시 | 비고 |
> |---|---|---|
> | 서울고용노동청(5층) 컨벤션홀 | 2019. 11. 13(금) 15:00~17:00 | 설명회의 원활한 진행을 위 해 설명회 시작 15분 뒤부터 는 입장을 제한합니다. |
>
> 오시는 길
> 지하철 : 2호선 을지로입구역 4번 출구(도보 10분 거리)
> 버스 : 149, 152번 ○○센터(도보 5분 거리)

> • 회사에서 버스정류장 및 지하철역까지 소요시간
>
> | 출발지 | 도착지 | 소요시간 | |
> |---|---|---|---|
> | 회사 | ×× 정류장 | 도보 | 30분 |
> | | | 택시 | 10분 |
> | | 지하철역 | 도보 | 20분 |
> | | | 택시 | 5분 |
>
> • 서울고용노동청 가는 길
>
> | 교통편 | 출발지 | 도착지 | 소요시간 |
> |---|---|---|---|
> | 지하철 | 잠실역 | 을지로입구역 | 1시간(환승포함) |
> | 버스 | ×× 정류장 | ○○센터 정류장 | 50분(정체 시 1시간 10분) |

① 택시를 타지 않아도 버스를 타고 가면 늦지 않게 설명회에 갈 수 있다.

② 어떤 방법으로 이동하더라도 설명회에 입장은 가능하다.

③ 택시를 타지 않아도 지하철을 타고 가면 늦지 않게 설명회에 갈 수 있다.

④ 정체가 되지 않는다면 버스를 타고 가는 것이 지하철보다 빠르게 갈 수 있다.

 ① 도보로 버스정류장까지 이동해서 버스를 타고 가게 되면 도보(30분), 버스(50분), 도보(5분)으로 1시간 25분이 걸리지만 버스가 정체될 수 있으므로 1시간 45분으로 계산하는 것이 바람직하다. 민기 씨는 1시 30분에 출발할 수 있으므로 3시 15분에 도착하게 되고 입장은 할 수 있으나 늦는다.

※ 소요시간 계산
  ㉠ **도보-버스** : 도보(30분), 버스(50분), 도보(5분)이므로 총 1시간 25분(정체 시 1시간 45분) 걸린다.
  ㉡ **도보-지하철** : 도보(20분), 지하철(1시간), 도보(10분)이므로 총 1시간 30분 걸린다.
  ㉢ **택시-버스** : 택시(10분), 버스(50분), 도보(5분)이므로 총 1시간 5분(정체 시 1시간 25분) 걸린다.
  ㉣ **택시-지하철** : 택시(5분), 지하철(1시간), 도보(10분)이므로 총 1시간 15분 걸린다.

Answer ⤳ 32.①

33 A씨와 B씨는 내일 있을 시장동향 설명회에 발표할 준비를 함께 하게 되었다. 우선 오전 동안 자료를 수집하고 오후 1시에 함께 회의하여 PPT작업과 도표로 작성해야 할 자료 등을 정리하고 각자 다음과 같은 업무를 나눠서 하려고 한다. 회의를 제외한 모든 업무는 혼자서 할 수 있는 일이고, 발표원고 작성은 PPT가 모두 작성되어야 시작할 수 있다. 각 영역당 소요시간이 다음과 같을 때 옳지 않은 것은? (단, 두 사람은 가장 빨리 작업을 끝낼 수 있는 방법을 선택한다)

업무	소요시간
회의	1시간
PPT 작성	2시간
PPT 검토	2시간
발표원고 작성	3시간
도표 작성	3시간

① 7시까지 발표 준비를 마칠 수 있다.
② 두 사람은 같은 시간에 준비를 마칠 수 있다.
③ A가 도표작성 능력이 떨어지고 두 사람의 PPT 활용 능력이 비슷하다면 발표원고는 A가 작성하게 된다.
④ 도표를 작성한 사람이 발표원고를 작성한다.

 ④ PPT작성이 도표작성보다 더 먼저 끝나므로 PPT를 작성한 사람이 발표원고를 작성하는 것이 일을 더 빨리 끝낼 수 있다.

34 다음은 여행사를 통해 구입한 전자항공권 내용의 일부이다. 항공권의 내용에 대한 설명 중 가장 옳지 않은 것은?

Passenger Name	Jang/Hyo-Mi		Booking Reference		810-1850
Ticket Number		1803841764936-937			
서울(ICN)-파리(CDG)	D901 (예약번호:EN2BD4)		14:00/18:00		17FEB16
파리(CDG)-Kishasa(FIH)	A898 (예약번호:3DGM20)		10:50/18:40		18FEB16
Kishasa(FIH)- 아디스아바바(ADD)	E831 (예약번호:3DGM20)		13:45/20:05		21FEB16
아디스아바바(ADD)- 두바이(DXB)	E724 (예약번호:ES66X3)		19:35/00:35		24FEB16
두바이(DXB)-서울(ICN)	D5952 (예약번호:EN2BD4)		03:00/16:00		25FEB16

① 전체 여정의 예약번호는 810-1850이다.
② 각 항공 일정의 개별 변경이 필요한 경우에는 개별 예약번호를 통해 변경해야 한다.
③ 두바이에서 출발하여 서울에 도착하는 날짜는 2월 26일이 될 것이다.
④ 서울에서 파리에 가는 항공편과 두바이에서 서울로 돌아오는 항공편은 같은 항공회사이다.

 ③ 두바이에서 출발하여 서울에 도착하는 날짜는 2월 25일이 될 것이다.

35 다음 중 간접비는 모두 몇 개인가?

- 재료비   • 인건비
- 광고비   • 공과금
- 보험료   • 건물관리비

① 1개   ② 2개
③ 3개   ④ 4개

 직접비용 : 제품의 생산이나 서비스를 창출하기 위해 직접 소비
예 재료비, 원료와 장비, 시설비, 인건비 등
간접비용 : 제품을 생산하거나 서비스를 창출하기 위해 소비된 비용 중에서 직접비용을 제외한 비용으로 제품 생산에 직접 관련되지 않은 비용
예 보험료, 건물관리비, 광고비, 통신비, 사무비품비, 각종 공과금 등

PART III

인성검사

01 인성검사의 이해

1 인성(성격)검사의 개념과 목적

인성(성격)이란 개인을 특징짓는 평범하고 일상적인 사회적 이미지, 즉 지속적이고 일관된 공적 성격(Public – personality)이며, 환경에 대응함으로써 선천적·후천적 요소의 상호작용으로 결정화된 심리적·사회적 특성 및 경향을 의미한다.

인성검사는 직무적성검사를 실시하는 대부분의 기업체에서 병행하여 실시하고 있으며, 인성검사만 독자적으로 실시하는 기업도 있다.

기업체에서는 인성검사를 통하여 각 개인이 어떠한 성격 특성이 발달되어 있고, 어떤 특성이 얼마나 부족한지, 그것이 해당 직무의 특성 및 조직문화와 얼마나 맞는지를 알아보고 이에 적합한 인재를 선발하고자 한다. 또한 개인에게 적합한 직무 배분과 부족한 부분을 교육을 통해 보완하도록 할 수 있다.

인성검사의 측정요소는 검사방법에 따라 차이가 있다. 또한 각 기업체들이 사용하고 있는 인성검사는 기존에 개발된 인성검사방법에 각 기업체의 인재상을 적용하여 자신들에게 적합하게 재개발하여 사용하는 경우가 많다. 그러므로 기업체에서 요구하는 인재상을 파악하여 그에 따른 대비책을 준비하는 것이 바람직하다. 본서에서 제시된 인성검사는 크게 '특성'과 '유형'의 측면에서 측정하게 된다.

2 성격의 특성

(1) 정서적 측면

정서적 측면은 평소 마음의 당연시하는 자세나 정신상태가 얼마나 안정하고 있는지 또는 불안정한지를 측정한다.

정서의 상태는 직무수행이나 대인관계와 관련하여 태도나 행동으로 드러난다. 그러므로 정서적 측면을 측정하는 것에 의해, 장래 조직 내의 인간관계에 어느 정도 잘 적응할 수 있을까(또는 적응하지 못할까)를 예측하는 것이 가능하다.

그렇기 때문에, 정서적 측면의 결과는 채용 시에 상당히 중시된다. 아무리 능력이 좋아도 장기적으로 조직 내의 인간관계에 잘 적응할 수 없다고 판단되는 인재는 기본적으로는 채용되지 않는다.

일반적으로 인성(성격)검사는 채용과는 관계없다고 생각하나 정서적으로 조직에 적응하지 못하는 인재는 채용단계에서 가려내지는 것을 유의하여야 한다.

① 민감성(신경도) … 꼼꼼함, 섬세함, 성실함 등의 요소를 통해 일반적으로 신경질적인지 또는 자신의 존재를 위협받는다는 불안을 갖기 쉬운지를 측정한다.

질문	그렇다	약간 그렇다	그저 그렇다	별로 그렇지 않다	그렇지 않다
• 배려적이라고 생각한다. • 어지러진 방에 있으면 불안하다. • 실패 후에는 불안하다. • 세세한 것까지 신경쓴다. • 이유 없이 불안할 때가 있다.					

▶측정결과

㉠ '그렇다'가 많은 경우(상처받기 쉬운 유형) : 사소한 일에 신경 쓰고 다른 사람의 사소한 한마디 말에 상처를 받기 쉽다.
• 면접관의 심리 : '동료들과 잘 지낼 수 있을까?', '실패할 때마다 위축되지 않을까?'
• 면접대책 : 다소 신경질적이라도 능력을 발휘할 수 있다는 평가를 얻도록 한다. 주변과 충분한 의사소통이 가능하고, 결정한 것을 실행할 수 있다는 것을 보여주어야 한다.
㉡ '그렇지 않다'가 많은 경우(정신적으로 안정적인 유형) : 사소한 일에 신경 쓰지 않고 금방 해결하며, 주위 사람의 말에 과민하게 반응하지 않는다.
• 면접관의 심리 : '계약할 때 필요한 유형이고, 사고 발생에도 유연하게 대처할 수 있다.'
• 면접대책 : 일반적으로 '민감성'의 측정치가 낮으면 플러스 평가를 받으므로 더욱 자신감 있는 모습을 보여준다.

② 자책성(과민도) … 자신을 비난하거나 책망하는 정도를 측정한다.

질문	그렇다	약간 그렇다	그저 그렇다	별로 그렇지 않다	그렇지 않다
• 후회하는 일이 많다. • 자신이 하찮은 존재라 생각된다. • 문제가 발생하면 자기의 탓이라고 생각한다. • 무슨 일이든지 끙끙대며 진행하는 경향이 있다. • 온순한 편이다.					

▶측정결과

㉠ '그렇다'가 많은 경우(자책하는 유형) : 비관적이고 후회하는 유형이다.
• 면접관의 심리 : '끙끙대며 괴로워하고, 일을 진행하지 못할 것 같다.'
• 면접대책 : 기분이 저조해도 항상 의욕을 가지고 생활하는 것과 책임감이 강하다는 것을 보여준다.
㉡ '그렇지 않다'가 많은 경우(낙천적인 유형) : 기분이 항상 밝은 편이다.
• 면접관의 심리 : '안정된 대인관계를 맺을 수 있고, 외부의 압력에도 흔들리지 않는다.'
• 면접대책 : 일반적으로 '자책성'의 측정치가 낮아야 좋은 평가를 받는다.

③ 기분성(불안도) … 기분의 굴곡이나 감정적인 면의 미숙함이 어느 정도인지를 측정하는 것이다.

질문	그렇다	약간 그렇다	그저 그렇다	별로 그렇지 않다	그렇지 않다
• 다른 사람의 의견에 자신의 결정이 흔들리는 경우가 많다.					
• 기분이 쉽게 변한다.					
• 종종 후회한다.					
• 다른 사람보다 의지가 약한 편이라고 생각한다.					
• 금방 싫증을 내는 성격이라는 말을 자주 듣는다.					

▶측정결과
㉠ '그렇다'가 많은 경우(감정의 기복이 많은 유형) : 의지력보다 기분에 따라 행동하기 쉽다.
　• 면접관의 심리 : '감정적인 것에 약하며, 상황에 따라 생산성이 떨어지지 않을까?'
　• 면접대책 : 주변 사람들과 항상 협조한다는 것을 강조하고 한결같은 상태로 일할 수 있다는 평가를 받도록 한다.
㉡ '그렇지 않다'가 많은 경우(감정의 기복이 적은 유형) : 감정의 기복이 없고, 안정적이다.
　• 면접관의 심리 : '안정적으로 업무에 임할 수 있다.'
　• 면접대책 : 기분성의 측정치가 낮으면 플러스 평가를 받으므로 자신감을 가지고 면접에 임한다.

④ 독자성(개인도) … 주변에 대한 견해나 관심, 자신의 견해나 생각에 어느 정도의 속박감을 가지고 있는지를 측정한다.

질문	그렇다	약간 그렇다	그저 그렇다	별로 그렇지 않다	그렇지 않다
• 창의적 사고방식을 가지고 있다.					
• 융통성이 있는 편이다.					
• 혼자 있는 편이 많은 사람과 있는 것보다 편하다.					
• 개성적이라는 말을 듣는다.					
• 교제는 번거로운 것이라고 생각하는 경우가 많다.					

▶측정결과

㉠ '그렇다'가 많은 경우 : 자기의 관점을 중요하게 생각하는 유형으로, 주위의 상황보다 자신의 느낌과 생각을 중시한다.
- 면접관의 심리 : '제멋대로 행동하지 않을까?'
- 면접대책 : 주위 사람과 협조하여 일을 진행할 수 있다는 것과 상식에 얽매이지 않는다는 인상을 심어준다.
㉡ '그렇지 않다'가 많은 경우 : 상식적으로 행동하고 주변 사람의 시선에 신경을 쓴다.
- 면접관의 심리 : '다른 직원들과 협조하여 업무를 진행할 수 있겠다.'
- 면접대책 : 협조성이 요구되는 기업체에서는 플러스 평가를 받을 수 있다.

⑤ **자신감(자존심도)** … 자기 자신에 대해 얼마나 긍정적으로 평가하는지를 측정한다.

질문	그렇다	약간 그렇다	그저 그렇다	별로 그렇지 않다	그렇지 않다
• 다른 사람보다 능력이 뛰어나다고 생각한다. • 다소 반대의견이 있어도 나만의 생각으로 행동할 수 있다. • 나는 다른 사람보다 기가 센 편이다. • 동료가 나를 모욕해도 무시할 수 있다. • 대개의 일을 목적한 대로 헤쳐나갈 수 있다고 생각한다.					

▶측정결과

㉠ '그렇다'가 많은 경우 : 자기 능력이나 외모 등에 자신감이 있고, 비판당하는 것을 좋아하지 않는다.
- 면접관의 심리 : '자만하여 지시에 잘 따를 수 있을까?'
- 면접대책 : 다른 사람의 조언을 잘 받아들이고, 겸허하게 반성하는 면이 있다는 것을 보여주고, 동료들과 잘 지내며 리더의 자질이 있다는 것을 강조한다.
㉡ '그렇지 않다'가 많은 경우 : 자신감이 없고 다른 사람의 비판에 약하다.
- 면접관의 심리 : '패기가 부족하지 않을까?', '쉽게 좌절하지 않을까?'
- 면접대책 : 극도의 자신감 부족으로 평가되지는 않는다. 그러나 마음이 약한 면은 있지만 의욕적으로 일을 하겠다는 마음가짐을 보여준다.

⑥ **고양성**(분위기에 들뜨는 정도) … 자유분방함, 명랑함과 같이 감정(기분)의 높고 낮음의 정도를 측정한다.

질문	그렇다	약간 그렇다	그저 그렇다	별로 그렇지 않다	그렇지 않다
• 침착하지 못한 편이다. • 다른 사람보다 쉽게 우쭐해진다. • 모든 사람이 아는 유명인사가 되고 싶다. • 모임이나 집단에서 분위기를 이끄는 편이다. • 취미 등이 오랫동안 지속되지 않는 편이다.					

▶측정결과

㉠ '그렇다'가 많은 경우 : 자극이나 변화가 있는 일상을 원하고 기분을 들뜨게 하는 사람과 친밀하게 지내는 경향이 강하다.

• 면접관의 심리 : '일을 진행하는 데 변덕스럽지 않을까?'

• 면접대책 : 밝은 태도는 플러스 평가를 받을 수 있지만, 착실한 업무능력이 요구되는 직종에서는 마이너스 평가가 될 수 있다. 따라서 자기조절이 가능하다는 것을 보여준다.

㉡ '그렇지 않다'가 많은 경우 : 감정이 항상 일정하고, 속을 드러내 보이지 않는다.

• 면접관의 심리 : '안정적인 업무 태도를 기대할 수 있겠다.'

• 면접대책 : '고양성'의 낮음은 대체로 플러스 평가를 받을 수 있다. 그러나 '무엇을 생각하고 있는지 모르겠다' 등의 평을 듣지 않도록 주의한다.

⑦ 허위성(진위성) … 필요 이상으로 자기를 좋게 보이려 하거나 기업체가 원하는 '이상형'에 맞춘 대답을 하고 있는지, 없는지를 측정한다.

질문	그렇다	약간 그렇다	그저 그렇다	별로 그렇지 않다	그렇지 않다
• 약속을 깨뜨린 적이 한 번도 없다. • 다른 사람을 부럽다고 생각해 본 적이 없다. • 꾸지람을 들은 적이 없다. • 사람을 미워한 적이 없다. • 화를 낸 적이 한 번도 없다.					

▶측정결과

㉠ '그렇다'가 많은 경우 : 실제의 자기와는 다른, 말하자면 원칙으로 해답할 가능성이 있다.

• 면접관의 심리 : '거짓을 말하고 있다.'

• 면접대책 : 조금이라도 좋게 보이려고 하는 '거짓말쟁이'로 평가될 수 있다. '거짓을 말하고 있다.'는 마음 따위가 전혀 없다 해도 결과적으로는 정직하게 답하지 않는다는 것이 되어 버린다. '허위성'의 측정 질문은 구분되지 않고 다른 질문 중에 섞여 있다. 그러므로 모든 질문에 솔직하게 답하여야 한다. 또한 자기 자신과 너무 동떨어진 이미지로 답하면 좋은 결과를 얻지 못한다. 그리고 면접에서 '허위성'을 기본으로 한 질문을 받게 되므로 당황하거나 또다른 모순된 답변을 하게 된다. 걸치레를 하거나 무리한 욕심을 부리지 말고 '이런 사회인이 되고 싶다.'는 현재의 자신보다, 조금 성장한 자신을 표현하는 정도가 적당하다.

㉡ '그렇지 않다'가 많은 경우 : 냉정하고 정직하며, 외부의 압력과 스트레스에 강한 유형이다. '대쪽 같음'의 이미지가 굳어지지 않도록 주의한다.

(2) 행동적인 측면

행동적 측면은 인격 중에 특히 행동으로 드러나기 쉬운 측면을 측정한다. 사람의 행동 특징 자체에는 선도 악도 없으나, 일반적으로는 일의 내용에 의해 원하는 행동이 있다. 때문에 행동적 측면은 주로 직종과 깊은 관계가 있는데 자신의 행동 특성을 살려 적합한 직종을 선택한다면 플러스가 될 수 있다.

행동 특성에서 보여지는 특징은 면접장면에서도 드러나기 쉬운데 본서의 모의 TEST의 결과를 참고하여 자신의 태도, 행동이 면접관의 시선에 어떻게 비치는지를 점검하도록 한다.

① 사회적 내향성 … 대인관계에서 나타나는 행동경향으로 '낯가림'을 측정한다.

질문	선택
A : 파티에서는 사람을 소개받은 편이다. B : 파티에서는 사람을 소개하는 편이다.	
A : 처음 보는 사람과는 즐거운 시간을 보내는 편이다. B : 처음 보는 사람과는 어색하게 시간을 보내는 편이다.	
A : 친구가 적은 편이다. B : 친구가 많은 편이다.	
A : 자신의 의견을 말하는 경우가 적다. B : 자신의 의견을 말하는 경우가 많다.	
A : 사교적인 모임에 참석하는 것을 좋아하지 않는다. B : 사교적인 모임에 항상 참석한다.	

▶측정결과

㉠ 'A'가 많은 경우 : 내성적이고 사람들과 접하는 것에 소극적이다. 자신의 의견을 말하지 않고 조심스러운 편이다.
- 면접관의 심리 : '소극적인데 동료와 잘 지낼 수 있을까?'
- 면접대책 : 대인관계를 맺는 것을 싫어하지 않고 의욕적으로 일을 할 수 있다는 것을 보여준다.

㉡ 'B'가 많은 경우 : 사교적이고 자기의 생각을 명확하게 전달할 수 있다.
- 면접관의 심리 : '사교적이고 활동적인 것은 좋지만, 자기주장이 너무 강하지 않을까?'
- 면접대책 : 협조성을 보여주고, 자기주장이 너무 강하다는 인상을 주지 않도록 주의한다.

② 내성성(침착도) … 자신의 행동과 일에 대해 침착하게 생각하는 정도를 측정한다.

질문	선택
A : 시간이 걸려도 침착하게 생각하는 경우가 많다. B : 짧은 시간에 결정을 하는 경우가 많다.	
A : 실패의 원인을 찾고 반성하는 편이다. B : 실패를 해도 그다지(별로) 개의치 않는다.	
A : 결론이 도출되어도 몇 번 정도 생각을 바꾼다. B : 결론이 도출되면 신속하게 행동으로 옮긴다.	
A : 여러 가지 생각하는 것이 능숙하다. B : 여러 가지 일을 재빨리 능숙하게 처리하는 데 익숙하다.	
A : 여러 가지 측면에서 사물을 검토한다. B : 행동한 후 생각을 한다.	

▶측정결과

㉠ 'A'가 많은 경우 : 행동하기 보다는 생각하는 것을 좋아하고 신중하게 계획을 세워 실행한다.
- 면접관의 심리 : '행동으로 실천하지 못하고, 대응이 늦은 경향이 있지 않을까?'
- 면접대책 : 발로 뛰는 것을 좋아하고, 일을 더디게 한다는 인상을 주지 않도록 한다.

㉡ 'B'가 많은 경우 : 차분하게 생각하는 것보다 우선 행동하는 유형이다.
- 면접관의 심리 : '생각하는 것을 싫어하고 경솔한 행동을 하지 않을까?'
- 면접대책 : 계획을 세우고 행동할 수 있는 것을 보여주고 '사려깊다'라는 인상을 남기도록 한다.

③ **신체활동성** … 몸을 움직이는 것을 좋아하는가를 측정한다.

질문	선택
A : 민첩하게 활동하는 편이다. B : 준비행동이 없는 편이다.	
A : 일을 척척 해치우는 편이다. B : 일을 더디게 처리하는 편이다.	
A : 활발하다는 말을 듣는다. B : 얌전하다는 말을 듣는다.	
A : 몸을 움직이는 것을 좋아한다. B : 가만히 있는 것을 좋아한다.	
A : 스포츠를 하는 것을 즐긴다. B : 스포츠를 보는 것을 좋아한다.	

▶측정결과

㉠ 'A'가 많은 경우 : 활동적이고, 몸을 움직이게 하는 것이 컨디션이 좋다.

• 면접관의 심리 : '활동적으로 활동력이 좋아 보인다.'

• 면접대책 : 활동하고 얻은 성과 등과 주어진 상황의 대응능력을 보여준다.

㉡ 'B'가 많은 경우 : 침착한 인상으로, 차분하게 있는 타입이다.

• 면접관의 심리 : '좀처럼 행동하려 하지 않아 보이고, 일을 빠르게 처리할 수 있을까?'

④ **지속성(노력성)** … 무슨 일이든 포기하지 않고 끈기 있게 하려는 정도를 측정한다.

질문	선택
A : 일단 시작한 일은 시간이 걸려도 끝까지 마무리한다. B : 일을 하다 어려움에 부딪히면 단념한다.	
A : 끈질긴 편이다. B : 바로 단념하는 편이다.	
A : 인내가 강하다는 말을 듣는다. B : 금방 싫증을 낸다는 말을 듣는다.	
A : 집념이 깊은 편이다. B : 담백한 편이다.	
A : 한 가지 일에 구애되는 것이 좋다고 생각한다. B : 간단하게 체념하는 것이 좋다고 생각한다.	

▶측정결과

㉠ 'A'가 많은 경우 : 시작한 것은 어려움이 있어도 포기하지 않고 인내심이 높다.
- **면접관의 심리** : '한 가지의 일에 너무 구애되고, 업무의 진행이 원활할까?'
- **면접대책** : 인내력이 있는 것은 플러스 평가를 받을 수 있지만 집착이 강해 보이기도 한다.

㉡ 'B'가 많은 경우 : 뒤끝이 없고 조그만 실패로 일을 포기하기 쉽다.
- **면접관의 심리** : '질리는 경향이 있고, 일을 정확히 끝낼 수 있을까?'
- **면접대책** : 지속적인 노력으로 성공했던 사례를 준비하도록 한다.

⑤ **신중성(주의성)** ··· 자신이 처한 주변상황을 즉시 파악하고 자신의 행동이 어떤 영향을 미치는지를 측정한다.

질문	선택
A : 여러 가지로 생각하면서 완벽하게 준비하는 편이다. B : 행동할 때부터 임기응변적인 대응을 하는 편이다.	
A : 신중해서 타이밍을 놓치는 편이다. B : 준비 부족으로 실패하는 편이다.	
A : 자신은 어떤 일에도 신중히 대응하는 편이다. B : 순간적인 충동으로 활동하는 편이다.	
A : 시험을 볼 때 끝날 때까지 재검토하는 편이다. B : 시험을 볼 때 한 번에 모든 것을 마치는 편이다.	
A : 일에 대해 계획표를 만들어 실행한다. B : 일에 대한 계획표 없이 진행한다.	

▶측정결과

㉠ 'A'가 많은 경우 : 주변 상황에 민감하고, 예측하여 계획 있게 일을 진행한다.
- 면접관의 심리 : '너무 신중해서 적절한 판단을 할 수 있을까?', '앞으로의 상황에 불안을 느끼지 않을까?'
- 면접대책 : 예측을 하고 실행을 하는 것은 플러스 평가가 되지만, 너무 신중하면 일의 진행이 정체될 가능성을 보이므로 추진력이 있다는 강한 의욕을 보여준다.

㉡ 'B'가 많은 경우 : 주변 상황을 살펴보지 않고 착실한 계획 없이 일을 진행시킨다.
- 면접관의 심리 : '사려 깊지 않고, 실패하는 일이 많지 않을까?', '판단이 빠르고 유연한 사고를 할 수 있을까?'
- 면접대책 : 사전준비를 중요하게 생각하고 있다는 것 등을 보여주고, 경솔한 인상을 주지 않도록 한다. 또한 판단력이 빠르거나 유연한 사고 덕분에 일 처리를 잘 할 수 있다는 것을 강조한다.

(3) 의욕적인 측면

의욕적인 측면은 의욕의 정도, 활동력의 유무 등을 측정한다. 여기서의 의욕이란 우리들이 보통 말하고 사용하는 '하려는 의지'와는 조금 뉘앙스가 다르다. '하려는 의지'란 그 때의 환경이나 기분에 따라 변화하는 것이지만, 여기에서는 조금 더 변화하기 어려운 특징, 말하자면 정신적 에너지의 양으로 측정하는 것이다.

의욕적 측면은 행동적 측면과는 다르고, 전반적으로 어느 정도 점수가 높은 쪽을 선호한다. 모의검사의 의욕적 측면의 결과가 낮다면, 평소 일에 몰두할 때 조금 의욕 있는 자세를 가지고 서서히 개선하도록 노력해야 한다.

① 달성의욕 … 목적의식을 가지고 높은 이상을 가지고 있는지를 측정한다.

질문	선택
A : 경쟁심이 강한 편이다. B : 경쟁심이 약한 편이다.	
A : 어떤 한 분야에서 제1인자가 되고 싶다고 생각한다. B : 어느 분야에서든 성실하게 임무를 진행하고 싶다고 생각한다.	
A : 규모가 큰일을 해보고 싶다. B : 맡은 일에 충실히 임하고 싶다.	
A : 아무리 노력해도 실패한 것은 아무런 도움이 되지 않는다. B : 가령 실패했을 지라도 나름대로의 노력이 있었으므로 괜찮다.	
A : 높은 목표를 설정하여 수행하는 것이 의욕적이다. B : 실현 가능한 정도의 목표를 설정하는 것이 의욕적이다.	

▶측정결과
㉠ 'A'가 많은 경우 : 큰 목표와 높은 이상을 가지고 승부욕이 강한 편이다.
• 면접관의 심리 : '열심히 일을 해줄 것 같은 유형이다.'
• 면접대책 : 달성의욕이 높다는 것은 어떤 직종이라도 플러스 평가가 된다.
㉡ 'B'가 많은 경우 : 현재의 생활을 소중하게 여기고 비약적인 발전을 위하여 기를 쓰지 않는다.
• 면접관의 심리 : '외부의 압력에 약하고, 기획입안 등을 하기 어려울 것이다.'
• 면접대책 : 일을 통하여 하고 싶은 것들을 구체적으로 어필한다.

② **활동의욕** … 자신에게 잠재된 에너지의 크기로, 정신적인 측면의 활동력이라 할 수 있다.

질문	선택
A : 하고 싶은 일을 실행으로 옮기는 편이다. B : 하고 싶은 일을 좀처럼 실행할 수 없는 편이다.	
A : 어려운 문제를 해결해 가는 것이 좋다. B : 어려운 문제를 해결하는 것을 잘하지 못한다.	
A : 일반적으로 결단이 빠른 편이다. B : 일반적으로 결단이 느린 편이다.	
A : 곤란한 상황에도 도전하는 편이다. B : 사물의 본질을 깊게 관찰하는 편이다.	
A : 시원시원하다는 말을 잘 듣는다. B : 꼼꼼하다는 말을 잘 듣는다.	

▶측정결과

㉠ 'A'가 많은 경우 : 꾸물거리는 것을 싫어하고 재빠르게 결단해서 행동하는 타입이다.
 • 면접관의 심리 : '일을 처리하는 솜씨가 좋고, 일을 척척 진행할 수 있을 것 같다.'
 • 면접대책 : 활동의욕이 높은 것은 플러스 평가가 된다. 사교성이나 활동성이 강하다는 인상을 준다.
㉡ 'B'가 많은 경우 : 안전하고 확실한 방법을 모색하고 차분하게 시간을 아껴서 일에 임하는 타입이다.
 • 면접관의 심리 : '재빨리 행동을 못하고, 일의 처리속도가 느린 것이 아닐까?'
 • 면접대책 : 활동성이 있는 것을 좋아하고 움직임이 더디다는 인상을 주지 않도록 한다.

3 성격의 유형

(1) 인성검사유형의 4가지 척도

정서적인 측면, 행동적인 측면, 의욕적인 측면의 요소들은 성격 특성이라는 관점에서 제시된 것들로 각 개인의 장·단점을 파악하는 데 유용하다. 그러나 전체적인 개인의 인성을 이해하는 데는 한계가 있다.

성격의 유형은 개인의 '성격적인 특색'을 가리키는 것으로, 사회인으로서 적합한지, 아닌지를 말하는 관점과는 관계가 없다. 따라서 채용의 합격 여부에는 사용되지 않는 경우가 많으며, 입사 후의 적정 부서 배치의 자료가 되는 편이라 생각하면 된다. 그러나 채용과 관계가 없다고 해서 아무런 준비도 필요없는 것은 아니다. 자신을 아는 것은 면접 대책의 밑거름이 되므로 모의검사 결과를 충분히 활용하도록 하여야 한다.

본서에서는 4개의 척도를 사용하여 기본적으로 16개의 패턴으로 성격의 유형을 분류하고 있다. 각 개인의 성격이 어떤 유형인지 재빨리 파악하기 위해 사용되며, '적성'에 맞는지, 맞지 않는지의 관점에 활용된다.

- 흥미관심의 방향 : 내향형 ←————→ 외향형
- 사물에 대한 견해 : 직관형 ←————→ 감각형
- 판단하는 방법 : 감정형 ←————→ 사고형
- 환경에 대한 접근방법 : 지각형 ←————→ 판단형

(2) 성격유형

① **흥미·관심의 방향**(내향⇆외향) … 흥미·관심의 방향이 자신의 내면에 있는지, 주위환경 등 외면에 향하는지를 가리키는 척도이다.

질문	선택
A : 내성적인 성격인 편이다. B : 개방적인 성격인 편이다.	
A : 항상 신중하게 생각을 하는 편이다. B : 바로 행동에 착수하는 편이다.	
A : 수수하고 조심스러운 편이다. B : 자기 표현력이 강한 편이다.	
A : 다른 사람과 함께 있으면 침착하지 않다. B : 혼자서 있으면 침착하지 않다.	

▶측정결과

㉠ **'A'가 많은 경우(내향)** : 관심의 방향이 자기 내면에 있으며, 조용하고 낯을 가리는 유형이다. 행동력은 부족하나 집중력이 뛰어나고 신중하고 꼼꼼하다.

㉡ **'B'가 많은 경우(외향)** : 관심의 방향이 외부환경에 있으며, 사교적이고 활동적인 유형이다. 꼼꼼함이 부족하여 대충하는 경향이 있으나 행동력이 있다.

② 일(사물)을 보는 방법(직감⇆감각) … 일(사물)을 보는 법이 직감적으로 형식에 얽매이는지, 감각적으로 상식적인지를 가리키는 척도이다.

질문	선택
A : 현실주의적인 편이다. B : 상상력이 풍부한 편이다.	
A : 정형적인 방법으로 일을 처리하는 것을 좋아한다. B : 만들어진 방법에 변화가 있는 것을 좋아한다.	
A : 경험에서 가장 적합한 방법으로 선택한다. B : 지금까지 없었던 새로운 방법을 개척하는 것을 좋아한다.	
A : 성실하다는 말을 듣는다. B : 호기심이 강하다는 말을 듣는다.	

▶측정결과

㉠ 'A'가 많은 경우(감각) : 현실적이고 경험주의적이며 보수적인 유형이다.

㉡ 'B'가 많은 경우(직관) : 새로운 주제를 좋아하며, 독자적인 시각을 가진 유형이다.

③ 판단하는 방법(감정⇆사고) … 일을 감정적으로 판단하는지, 논리적으로 판단하는지를 가리키는 척도이다.

질문	선택
A : 인간관계를 중시하는 편이다. B : 일의 내용을 중시하는 편이다.	
A : 결론을 자기의 신념과 감정에서 이끌어내는 편이다. B : 결론을 논리적 사고에 의거하여 내리는 편이다.	
A : 다른 사람보다 동정적이고 눈물이 많은 편이다. B : 다른 사람보다 이성적이고 냉정하게 대응하는 편이다.	
A : 다른 사람보다 동정적이고 눈물이 많은 편이다. B : 다른 사람보다 이성적이고 냉정하게 대응하는 편이다.	

▶측정결과

㉠ 'A'가 많은 경우(감정) : 일을 판단할 때 마음·감정을 중요하게 여기는 유형이다. 감정이 풍부하고 친절하나 엄격함이 부족하고 우유부단하며, 합리성이 부족하다.

㉡ 'B'가 많은 경우(사고) : 일을 판단할 때 논리성을 중요하게 여기는 유형이다. 이성적이고 합리적이나 타인에 대한 배려가 부족하다.

④ 환경에 대한 접근방법 … 주변상황에 어떻게 접근하는지, 그 판단기준을 어디에 두는지를 측정한다.

질문	선택
A : 사전에 계획을 세우시 않고 행농한다. B : 반드시 계획을 세우고 그것에 의거해서 행동한다.	
A : 자유롭게 행동하는 것을 좋아한다. B : 조직적으로 행동하는 것을 좋아한다.	
A : 조직성이나 관습에 속박당하지 않는다. B : 조직성이나 관습을 중요하게 여긴다.	
A : 계획 없이 낭비가 심한 편이다. B : 예산을 세워 물건을 구입하는 편이다.	

▶측정결과

㉠ 'A'가 많은 경우(지각) : 일의 변화에 융통성을 가지고 유연하게 대응하는 유형이다. 낙관적이며 질서보다는 자유를 좋아하나 임기응변식의 대응으로 무계획적인 인상을 줄 수 있다.

㉡ 'B'가 많은 경우(판단) : 일의 진행시 계획을 세워서 실행하는 유형이다. 순차적으로 진행하는 일을 좋아하고 끈기가 있으나 변화에 대해 적절하게 대응하지 못하는 경향이 있다.

(3) 성격유형의 판정

성격유형은 합격 여부의 판정보다는 배치를 위한 자료로써 이용된다. 즉, 기업은 입사시험단계에서 입사 후에도 사용할 수 있는 정보를 입수하고 있다는 것이다. 성격검사에서는 어느 척도가 얼마나 고득점이었는지에 주시하고 각각의 측면에서 반드시 하나씩 고르고 편성한다. 편성은 모두 16가지가 되나 각각의 측면을 더 세분하면 200가지 이상의 유형이 나온다.

여기에서는 16가지 편성을 제시한다. 성격검사에 어떤 정보가 게재되어 있는지를 이해하면서 자기의 성격유형을 파악하기 위한 실마리로 활용하도록 한다.

① 내향 – 직관 – 감정 – 지각(TYPE A)

관심이 내면에 향하고 조용하고 소극적이다. 사물에 대한 견해는 새로운 것에 대해 호기심이 강하고, 독창적이다. 감정은 좋아하는 것과 싫어하는 것의 판단이 확실하고, 감정이 풍부하고 따뜻한 느낌이 있는 반면, 합리성이 부족한 경향이 있다. 환경에 접근하는 방법은 순응적이고 상황의 변화에 대해 유연하게 대응하는 것을 잘한다.

② 내향 - 직관 - 감정 - 사고(TYPE B)

관심이 내면으로 향하고 조용하고 쑥쓰러움을 잘 타는 편이다. 사물을 보는 관점은 독창적이며, 자기나름대로 궁리하며 생각하는 일이 많다. 좋고 싫음으로 판단하는 경향이 강하고 타인에게는 친절한 반면, 우유부단하기 쉬운 편이다. 환경 변화에 대해 유연하게 대응하는 것을 잘한다.

③ 내향 - 직관 - 사고 - 지각(TYPE C)

관심이 내면으로 향하고 얌전하고 교제범위가 좁다. 사물을 보는 관점은 독창적이며, 현실에서 먼 추상적인 것을 생각하기를 좋아한다. 논리적으로 생각하고 판단하는 경향이 강하고 이성적이지만, 남의 감정에 대해서는 무반응인 경향이 있다. 환경의 변화에 순응적이고 융통성 있게 임기응변으로 대응할 수가 있다.

④ 내향 - 직관 - 사고 - 판단(TYPE D)

관심이 내면으로 향하고 주의깊고 신중하게 행동을 한다. 사물을 보는 관점은 독창적이며 논리를 좋아해서 이치를 따지는 경향이 있다. 논리적으로 생각하고 판단하는 경향이 강하고, 객관적이지만 상대방의 마음에 대한 배려가 부족한 경향이 있다. 환경에 대해서는 순응하는 것보다 대응하며, 한 번 정한 것은 끈질기게 행동하려 한다.

⑤ 내향 - 감각 - 감정 - 지각(TYPE E)

관심이 내면으로 향하고 조용하며 소극적이다. 사물을 보는 관점은 상식적이고 그대로의 것을 좋아하는 경향이 있다. 좋음과 싫음으로 판단하는 경향이 강하고 타인에 대해서 동정심이 많은 반면, 엄격한 면이 부족한 경향이 있다. 환경에 대해서는 순응적이고, 예측할 수 없다해도 태연하게 행동하는 경향이 있다.

⑥ 내향 - 감각 - 감정 - 판단(TYPE F)

관심이 내면으로 향하고 얌전하며 쑥쓰러움을 많이 탄다. 사물을 보는 관점은 상식적이고 논리적으로 생각하는 것보다도 경험을 중요시하는 경향이 있다. 좋고 싫음으로 판단하는 경향이 강하고 사람이 좋은 반면, 개인적 취향이나 소원에 영향을 받는 일이 많은 경향이 있다. 환경에 대해서는 영향을 받지 않고, 자기 페이스 대로 꾸준히 성취하는 일을 잘한다.

⑦ 내향 - 감각 - 사고 - 지각(TYPE G)

관심이 내면으로 향하고 얌전하고 교제범위가 좁다. 사물을 보는 관점은 상식적인 동시에 실천적이며, 틀에 박힌 형식을 좋아한다. 논리적으로 판단하는 경향이 강하고 침착하지만 사람에 대해서는 엄격하여 차가운 인상을 주는 일이 많다. 환경에 대해서 순응적이고, 계획적으로 행동하지 않으며 자유로운 행동을 좋아하는 경향이 있다.

⑧ 내향 - 감각 - 사고 - 판단(TYPE H)

관심이 내면으로 향하고 주의 깊고 신중하게 행동을 한다. 사물을 보는 관점이 상식적이고 새롭고 경험하지 못한 일에 대응을 잘 하지 못한다. 논리적으로 생각하고 판단하는 경향이 강하고, 공평하지만 상대방의 감정에 대해 배려가 부족할 때가 있다. 환경에 대해서는 작용하는 편이고, 질서 있게 행동하는 것을 좋아한다.

⑨ 외향 - 직관 - 감정 - 지각(TYPE I)

관심이 외향으로 향하고 밝고 활동적이며 교제범위가 넓다. 사물을 보는 관점은 독창적이고 호기심이 강하며 새로운 것을 생각하는 것을 좋아한다. 좋음 싫음으로 판단하는 경향이 강하다. 사람은 좋은 반면 개인적 취향이나 소원에 영향을 받는 일이 많은 편이다.

⑩ 외향 - 직관 - 감정 - 판단(TYPE J)

관심이 외향으로 향하고 개방적이며 누구와도 쉽게 친해질 수 있다. 사물을 보는 관점은 독창적이고 자기 나름대로 궁리하고 생각하는 면이 많다. 좋음과 싫음으로 판단하는 경향이 강하고, 타인에 대해 동정적이기 쉽고 엄격함이 부족한 경향이 있다. 환경에 대해서는 작용하는 편이고 질서 있는 행동을 하는 것을 좋아한다.

⑪ 외향 - 직관 - 사고 - 지각(TYPE K)

관심이 외향으로 향하고 태도가 분명하며 활동적이다. 사물을 보는 관점은 독창적이고 현실과 거리가 있는 추상적인 것을 생각하는 것을 좋아한다. 논리적으로 생각하고 판단하는 경향이 강하고, 공평하지만 상대에 대한 배려가 부족할 때가 있다.

⑫ 외향 - 직관 - 사고 - 판단(TYPE L)

관심이 외향으로 향하고 밝고 명랑한 성격이며 사교적인 것을 좋아한다. 사물을 보는 관점은 독창적이고 논리적인 것을 좋아하기 때문에 이치를 따지는 경향이 있다. 논리적으로 생각하고 판단하는 경향이 강하고 침착성이 뛰어나지만 사람에 대해서 엄격하고 차가운 인상을 주는 경우가 많다. 환경에 대해 작용하는 편이고 계획을 세우고 착실하게 실행하는 것을 좋아한다.

⑬ 외향 - 감각 - 감정 - 지각(TYPE M)

관심이 외향으로 향하고 밝고 활동적이고 교제범위가 넓다. 사물을 보는 관점은 상식적이고 종래대로 있는 것을 좋아한다. 보수적인 경향이 있고 좋아함과 싫어함으로 판단하는 경향이 강하며 타인에게는 친절한 반면, 우유부단한 경우가 많다. 환경에 대해 순응적이고, 융통성이 있고 임기응변으로 대응할 가능성이 높다.

⑭ 외향 - 감각 - 감정 - 판단(TYPE N)

관심이 외향으로 향하고 개방적이며 누구와도 쉽게 대면할 수 있다. 사물을 보는 관점은 상식적이고 논리적으로 생각하기보다는 경험을 중시하는 편이다. 좋아함과 싫어함으로 판단하는 경향이 강하고 감정이 풍부하며 따뜻한 느낌이 있는 반면에 합리성이 부족한 경우가 많다. 환경에 대해서 작용하는 편이고, 한 번 결정한 것은 끈질기게 실행하려고 한다.

⑮ 외향 - 감각 - 사고 - 지각(TYPE O)

관심이 외향으로 향하고 시원한 태도이며 활동적이다. 사물을 보는 관점이 상식적이며 동시에 실천적이고 명백한 형식을 좋아하는 경향이 있다. 논리적으로 생각하고 판단하는 경향이 강하고, 객관적이지만 상대 마음에 대해 배려가 부족한 경향이 있다.

⑯ 외향 - 감각 - 사고 - 판단(TYPE P)

관심이 외향으로 향하고 밝고 명랑하며 사교적인 것을 좋아한다. 사물을 보는 관점은 상식적이고 경험하지 못한 새로운 것에 대응을 잘 하지 못한다. 논리적으로 생각하고 판단하는 경향이 강하고 이성적이지만 사람의 감정에 무심한 경향이 있다. 환경에 대해서는 작용하는 편이고, 자기 페이스대로 꾸준히 성취하는 것을 잘한다.

4 인성검사의 대책

(1) 미리 알아두어야 할 점

① 출제 문항 수 … 인성검사의 출제 문항 수는 특별히 정해진 것이 아니며 각 기업체의 기준에 따라 달라질 수 있다. 보통 100문항 이상에서 500문항까지 출제된다고 예상하면 된다.

② 출제형식

　㉠ '예' 아니면 '아니오'의 형식

다음 문항을 읽고 자신에게 해당되는지 안 되는지를 판단하여 해당될 경우 '예'를, 해당되지 않을 경우 '아니오'를 고르시오.

질문	예	아니오
1. 자신의 생각이나 의견은 좀처럼 변하지 않는다.	○	
2. 구입한 후 끝까지 읽지 않은 책이 많다.		○

다음 문항에 대해서 평소에 자신이 생각하고 있는 것이나 행동하고 있는 것에 ○표를 하시오.

질문	그렇다	약간 그렇다	그저 그렇다	별로 그렇지 않다	그렇지 않다
1. 시간에 쫓기는 것이 싫다.		○			
2. 여행가기 전에 계획을 세운다			○		

㉠ A와 B의 선택형식

A와 B에 주어진 문장을 읽고 자신에게 해당되는 것을 고르시오.

질문	선택
A : 걱정거리가 있어서 잠을 못 잘 때가 있다. B : 걱정거리가 있어도 잠을 잘 잔다.	(○) ( )

(2) 임하는 자세

① **솔직하게 있는 그대로 표현한다** … 인성검사는 평범한 일상생활 내용들을 다룬 짧은 문장과 어떤 대상이나 일에 대한 선로를 선택하는 문장으로 구성되었으므로 평소에 자신이 생각한 바를 너무 골똘히 생각하지 말고 문제를 보는 순간 떠오른 것을 표현한다.

② **모든 문제를 신속하게 대답한다** … 인성검사는 시간 제한이 없는 것이 원칙이지만 기업체들은 일정한 시간 제한을 두고 있다. 인성검사는 개인의 성격과 자질을 알아보기 위한 검사이기 때문에 정답이 없다. 다만, 기업체에서 바람직하게 생각하거나 기대되는 결과가 있을 뿐이다. 따라서 시간에 쫓겨서 대충 대답을 하는 것은 바람직하지 못하다.

실전 인성검사

※ 인성검사는 개인의 성향을 측정하기 위한 도구로 정답이 없습니다.(250문항 / 30분)

▌1~500▐ 다음 제시된 문항이 당신에게 해당한다면 YES, 그렇지 않다면 NO를 선택하시오.

	YES	NO
1. 사람들이 붐비는 도시보다 한적한 시골이 좋다.	( )	( )
2. 전자기기를 잘 다루지 못하는 편이다.	( )	( )
3. 인생에 대해 깊이 생각해 본 적이 없다.	( )	( )
4. 혼자서 식당에 들어가는 것은 전혀 두려운 일이 아니다.	( )	( )
5. 남녀 사이의 연애에서 중요한 것은 돈이다.	( )	( )
6. 걸음걸이가 빠른 편이다.	( )	( )
7. 육류보다 채소류를 더 좋아한다.	( )	( )
8. 소곤소곤 이야기하는 것을 보면 자기에 대해 험담하고 있는 것으로 생각된다.	( )	( )
9. 여럿이 어울리는 자리에서 이야기를 주도하는 편이다.	( )	( )
10. 집에 머무는 시간보다 밖에서 활동하는 시간이 더 많은 편이다.	( )	( )
11. 무엇인가 창조해내는 작업을 좋아한다.	( )	( )
12. 자존심이 강하다고 생각한다.	( )	( )
13. 금방 흥분하는 성격이다.	( )	( )
14. 거짓말을 한 적이 많다.	( )	( )
15. 신경질적인 편이다.	( )	( )
16. 끙끙대며 고민하는 타입이다.	( )	( )
17. 자신이 맡은 일에 반드시 책임을 지는 편이다.	( )	( )
18. 누군가와 마주하는 것보다 통화로 이야기하는 것이 더 편하다.	( )	( )
19. 운동신경이 뛰어난 편이다.	( )	( )
20. 생각나는 대로 말해버리는 편이다.	( )	( )
21. 싫어하는 사람이 없다.	( )	( )
22. 학창시절 국·영·수보다는 예체능 과목을 더 좋아했다.	( )	( )
23. 쓸데없는 고생을 하는 일이 많다.	( )	( )
24. 자주 생각이 바뀌는 편이다.	( )	( )
25. 갈등은 대화로 해결한다.	( )	( )
26. 내 방식대로 일을 한다.	( )	( )
27. 영화를 보고 운 적이 많다.	( )	( )

28. 어떤 것에 대해서도 화낸 적이 없다. ┄┄┄┄┄┄┄┄┄┄┄┄┄┄┄┄┄┄┄(　)(　)

29. 좀처럼 아픈 적이 없다. ┄┄┄┄┄┄┄┄┄┄┄┄┄┄┄┄┄┄┄┄┄┄┄┄┄┄(　)(　)

30. 자신은 도움이 안 되는 사람이라고 생각한다. ┄┄┄┄┄┄┄┄┄┄┄(　)(　)

31. 어떤 일이든 쉽게 싫증을 내는 편이다. ┄┄┄┄┄┄┄┄┄┄┄┄┄┄┄(　)(　)

32. 개성적인 사람이라고 생각한다. ┄┄┄┄┄┄┄┄┄┄┄┄┄┄┄┄┄┄┄(　)(　)

33. 자기주장이 강한 편이다. ┄┄┄┄┄┄┄┄┄┄┄┄┄┄┄┄┄┄┄┄┄┄┄┄(　)(　)

34. 뒤숭숭하다는 말을 들은 적이 있다. ┄┄┄┄┄┄┄┄┄┄┄┄┄┄┄┄(　)(　)

35. 인터넷 사용이 아주 능숙하다. ┄┄┄┄┄┄┄┄┄┄┄┄┄┄┄┄┄┄┄┄(　)(　)

36. 사람들과 관계 맺는 것을 보면 잘하지 못한다. ┄┄┄┄┄┄┄┄┄(　)(　)

37. 사고방식이 독특하다. ┄┄┄┄┄┄┄┄┄┄┄┄┄┄┄┄┄┄┄┄┄┄┄┄┄┄(　)(　)

38. 대중교통보다는 걷는 것을 더 선호한다. ┄┄┄┄┄┄┄┄┄┄┄┄┄(　)(　)

39. 끈기가 있는 편이다. ┄┄┄┄┄┄┄┄┄┄┄┄┄┄┄┄┄┄┄┄┄┄┄┄┄┄┄(　)(　)

40. 신중한 편이라고 생각한다. ┄┄┄┄┄┄┄┄┄┄┄┄┄┄┄┄┄┄┄┄┄┄(　)(　)

41. 인생의 목표는 큰 것이 좋다. ┄┄┄┄┄┄┄┄┄┄┄┄┄┄┄┄┄┄┄┄(　)(　)

42. 어떤 일이라도 바로 시작하는 타입이다. ┄┄┄┄┄┄┄┄┄┄┄┄┄(　)(　)

43. 낯가림을 하는 편이다. ┄┄┄┄┄┄┄┄┄┄┄┄┄┄┄┄┄┄┄┄┄┄┄┄┄(　)(　)

44. 생각하고 나서 행동하는 편이다. ┄┄┄┄┄┄┄┄┄┄┄┄┄┄┄┄┄┄(　)(　)

45. 쉬는 날은 밖으로 나가는 경우가 많다. ┄┄┄┄┄┄┄┄┄┄┄┄┄(　)(　)

46. 시작한 일은 반드시 완성시킨다. ┄┄┄┄┄┄┄┄┄┄┄┄┄┄┄┄┄┄(　)(　)

47. 면밀한 계획을 세운 여행을 좋아한다. ┄┄┄┄┄┄┄┄┄┄┄┄┄┄(　)(　)

48. 야망이 있는 편이라고 생각한다. ┄┄┄┄┄┄┄┄┄┄┄┄┄┄┄┄┄┄(　)(　)

49. 활동력이 있는 편이다. ┄┄┄┄┄┄┄┄┄┄┄┄┄┄┄┄┄┄┄┄┄┄┄┄(　)(　)

50. 많은 사람들과 왁자지껄하게 식사하는 것을 좋아하지 않는다. ┄┄┄(　)(　)

51. 장기적인 계획을 세우는 것을 꺼려한다. ┄┄┄┄┄┄┄┄┄┄┄┄┄(　)(　)

52. 자기 일이 아닌 이상 무심한 편이다. ┄┄┄┄┄┄┄┄┄┄┄┄┄┄┄(　)(　)

53. 하나의 취미에 열중하는 타입이다. ┄┄┄┄┄┄┄┄┄┄┄┄┄┄┄┄(　)(　)

54. 스스로 모임에서 회장에 어울린다고 생각한다. ┄┄┄┄┄┄┄┄┄(　)(　)

55. 입신출세의 성공이야기를 좋아한다. ┄┄┄┄┄┄┄┄┄┄┄┄┄┄┄(　)(　)

56. 어떠한 일도 의욕을 가지고 임하는 편이다. ┄┄┄┄┄┄┄┄┄┄┄(　)(　)

57. 학급에서는 존재가 희미했다. ┄┄┄┄┄┄┄┄┄┄┄┄┄┄┄┄┄┄┄┄(　)(　)

58. 항상 무언가를 생각하고 있다. ┄┄┄┄┄┄┄┄┄┄┄┄┄┄┄┄┄┄┄(　)(　)

59. 스포츠는 보는 것보다 하는 게 좋다. ···( )( )

60. 문제 상황을 바르게 인식하고 현실적이고 객관적으로 대처한다. ···············( )( )

61. 흐린 날은 반드시 우산을 가지고 간다. ··( )( )

62. 여러 명보다 1 : 1로 대화하는 것을 선호한다. ······································( )( )

63. 공격하는 타입이라고 생각한다. ···( )( )

64. 리드를 받는 편이다. ··( )( )

65. 너무 신중해서 기회를 놓친 적이 있다. ··( )( )

66. 시원시원하게 움직이는 타입이다. ···( )( )

67. 야근을 해서라도 업무를 끝낸다. ···( )( )

68. 누군가를 방문할 때는 반드시 사전에 확인한다. ··································( )( )

69. 아무리 노력해도 결과가 따르지 않는다면 의미가 없다. ························( )( )

70. 솔직하고 타인에 대해 개방적이다. ···( )( )

71. 유행에 둔감하다고 생각한다. ··( )( )

72. 정해진 대로 움직이는 것은 시시하다. ··( )( )

73. 꿈을 계속 가지고 있고 싶다. ··( )( )

74. 질서보다 자유를 중요시하는 편이다. ··( )( )

75. 혼자서 취미에 몰두하는 것을 좋아한다. ··( )( )

76. 직관적으로 판단하는 편이다. ··( )( )

77. 영화나 드라마를 보며 등장인물의 감정에 이입된다. ····························( )( )

78. 시대의 흐름에 역행해서라도 자신을 관철하고 싶다. ····························( )( )

79. 다른 사람의 소문에 관심이 없다. ··( )( )

80. 창조적인 편이다. ··( )( )

81. 비교적 눈물이 많은 편이다. ···( )( )

82. 융통성이 있다고 생각한다. ···( )( )

83. 친구의 휴대전화 번호를 잘 모른다. ···( )( )

84. 스스로 고안하는 것을 좋아한다. ···( )( )

85. 정이 두터운 사람으로 남고 싶다. ··( )( )

86. 새로 나온 전자제품의 사용방법을 익히는 데 오래 걸린다. ·····················( )( )

87. 세상의 일에 별로 관심이 없다. ···( )( )

88. 변화를 추구하는 편이다. ···( )( )

89. 업무는 인간관계로 선택한다. ··( )( )

90. 환경이 변하는 것에 구애되지 않는다. ··( )( )

91. 다른 사람들에게 첫인상이 좋다는 이야기를 자주 듣는다. ·····················( )( )

92. 인생은 살 가치가 없다고 생각한다. ·····································( )( )

93. 의지가 약한 편이다. ···( )( )

94. 다른 사람이 하는 일에 별로 관심이 없다. ·····························( )( )

95. 자주 넘어지거나 다치는 편이다. ···( )( )

96. 심심한 것을 못 참는다. ···( )( )

97. 다른 사람을 욕한 적이 한 번도 없다. ··································( )( )

98. 몸이 아프더라도 병원에 잘 가지 않는 편이다. ····················( )( )

99. 금방 낙심하는 편이다. ···( )( )

100. 평소 말이 빠른 편이다. ···( )( )

101. 어려운 일은 되도록 피하는 게 좋다. ·······························( )( )

102. 다른 사람이 내 의견에 간섭하는 것이 싫다. ·····················( )( )

103. 낙천적인 편이다. ··( )( )

104. 남을 돕다가 오해를 산 적이 있다. ···································( )( )

105. 모든 일에 준비성이 철저한 편이다. ·································( )( )

106. 상냥하다는 말을 들은 적이 있다. ···································( )( )

107. 맑은 날보다 흐린 날을 더 좋아한다. ·······························( )( )

108. 많은 친구들을 만나는 것보다 단 둘이 만나는 것이 더 좋다. ·······( )( )

109. 평소에 불평불만이 많은 편이다. ····································( )( )

110. 가끔 나도 모르게 엉뚱한 행동을 하는 때가 있다. ···············( )( )

111. 생리현상을 잘 참지 못하는 편이다. ·································( )( )

112. 다른 사람을 기다리는 경우가 많다. ·································( )( )

113. 술자리나 모임에 억지로 참여하는 경우가 많다. ··················( )( )

114. 결혼과 연애는 별개라고 생각한다. ·································( )( )

115. 노후에 대해 걱정이 될 때가 많다. ··································( )( )

116. 잃어버린 물건은 쉽게 찾는 편이다. ·································( )( )

117. 비교적 쉽게 감격하는 편이다. ·······································( )( )

118. 어떤 것에 대해서는 불만을 가진 적이 없다. ·····················( )( )

119. 걱정으로 밤에 못 잘 때가 많다. ·····································( )( )

120. 자주 후회하는 편이다. ···( )( )

121. 쉽게 학습하지만 쉽게 잊어버린다. ·································( )( )

122. 낮보다 밤에 일하는 것이 좋다. ······································( )( )

YES   NO

123. 많은 사람 앞에서도 긴장하지 않는다. ·······································( )( )

124. 상대방에게 감정 표현을 하기가 어렵게 느껴진다. ·······················( )( )

125. 인생을 포기하는 마음을 가진 적이 한 번도 없다. ·······················( )( )

126. 규칙에 대해 드러나게 반발하기보다 속으로 반발한다. ···················( )( )

127. 자신의 언행에 대해 자주 반성한다. ···································( )( )

128. 활동범위가 좁아 늘 가던 곳만 고집한다. ·····························( )( )

129. 나는 끈기가 다소 부족하다. ···( )( )

130. 좋다고 생각하더라도 좀 더 검토하고 나서 실행한다. ···················( )( )

131. 위대한 인물이 되고 싶다. ···( )( )

132. 한 번에 많은 일을 떠맡아도 힘들지 않다. ·····························( )( )

133. 사람과 약속은 부담스럽다. ···( )( )

134. 질문을 받으면 충분히 생각하고 나서 대답하는 편이다. ·················( )( )

135. 머리를 쓰는 것보다 땀을 흘리는 일이 좋다. ·························( )( )

136. 결정한 것에는 철저히 구속받는다. ···································( )( )

137. 아무리 바쁘더라도 자기관리를 위한 운동을 꼭 한다. ···················( )( )

138. 이왕 할 거라면 일등이 되고 싶다. ···································( )( )

139. 과감하게 도전하는 타입이다. ·······································( )( )

140. 자신은 사교적이 아니라고 생각한다. ·································( )( )

141. 무심코 도리에 대해서 말하고 싶어진다. ·······························( )( )

142. 목소리가 큰 편이다. ···( )( )

143. 단념하기보다 실패하는 것이 낫다고 생각한다. ·······················( )( )

144. 예상하지 못한 일은 하고 싶지 않다. ·································( )( )

145. 파란만장하더라도 성공하는 인생을 살고 싶다. ·······················( )( )

146. 활기찬 편이라고 생각한다. ···( )( )

147. 자신의 성격으로 고민한 적이 있다. ···································( )( )

148. 무심코 사람들을 평가 한다. ···( )( )

149. 때때로 성급하다고 생각한다. ·······································( )( )

150. 자신은 꾸준히 노력하는 타입이라고 생각한다. ·······················( )( )

151. 터무니없는 생각이라도 메모한다. ···································( )( )

152. 리더십이 있는 사람이 되고 싶다. ···································( )( )

153. 열정적인 사람이라고 생각한다. ·····································( )( )

154. 다른 사람 앞에서 이야기를 하는 것이 조심스럽다. ·····················( )( )

155. 세심하기보다 통찰력이 있는 편이다. ··( )( )

156. 엉덩이가 가벼운 편이다. ··( )( )

157. 여러 가지로 구애받는 것을 견디지 못한다. ······································( )( )

158. 돌다리도 두들겨 보고 건너는 쪽이 좋다. ·······································( )( )

159. 자신에게는 권력욕이 있다. ··( )( )

160. 자신의 능력보다 과중한 업무를 할당받으면 기쁘다. ·····························( )( )

161. 사색적인 사람이라고 생각한다. ···( )( )

162. 비교적 개혁적이다. ··( )( )

163. 좋고 싫음으로 정할 때가 많다. ···( )( )

164. 전통에 얽매인 습관은 버리는 것이 적절하다. ····································( )( )

165. 교제 범위가 좁은 편이다. ··( )( )

166. 발상의 전환을 할 수 있는 타입이라고 생각한다. ·································( )( )

167. 주관적인 판단으로 실수한 적이 있다. ··( )( )

168. 현실적이고 실용적인 면을 추구한다. ···( )( )

169. 타고난 능력에 의존하는 편이다. ··( )( )

170. 다른 사람을 의식하여 외모에 신경을 쓴다. ·····································( )( )

171. 마음이 담겨 있으면 선물은 아무 것이나 좋다. ···································( )( )

172. 여행은 내 마음대로 하는 것이 좋다. ···( )( )

173. 추상적인 일에 관심이 있는 편이다. ··( )( )

174. 큰일을 먼저 결정하고 세세한 일을 나중에 결정하는 편이다. ·······················( )( )

175. 괴로워하는 사람을 보면 답답하다. ···( )( )

176. 자신의 가치기준을 알아주는 사람은 아무도 없다. ································( )( )

177. 인간성이 없는 사람과는 함께 일할 수 없다. ·····································( )( )

178. 상상력이 풍부한 편이라고 생각한다. ···( )( )

179. 의리, 인정이 두터운 상사를 만나고 싶다. ······································( )( )

180. 인생은 앞날을 알 수 없어 재미있다. ···( )( )

181. 조직에서 분위기 메이커다. ··( )( )

182. 반성하는 시간에 차라리 실수를 만회할 방법을 구상한다. ··························( )( )

183. 늘 하던 방식대로 일을 처리해야 마음이 편하다. ·································( )( )

184. 쉽게 이룰 수 있는 일에는 흥미를 느끼지 못한다. ································( )( )

185. 좋다고 생각하면 바로 행동한다. ··( )( )

186. 후배들은 무섭게 가르쳐야 따라온다. ···( )( )

YES   NO

187. 한 번에 많은 일을 떠맡는 것이 부담스럽다. ································(   )(   )

188. 능력 없는 상사라도 진급을 위해 아부할 수 있다. ·······················(   )(   )

189. 질문을 받으면 그때의 느낌으로 대답하는 편이다. ·······················(   )(   )

190. 땀을 흘리는 것보다 머리를 쓰는 일이 좋다. ····························(   )(   )

191. 단체 규칙에 그다지 구속받지 않는다. ·································(   )(   )

192. 물건을 자주 잃어버리는 편이다. ····································(   )(   )

193. 불만이 생기면 즉시 말해야 한다. ···································(   )(   )

194. 안전한 방법을 고르는 타입이다. ····································(   )(   )

195. 사교성이 많은 사람을 보면 부럽다. ·································(   )(   )

196. 성격이 급한 편이다. ··(   )(   )

197. 갑자기 중요한 프로젝트가 생기면 혼자서라도 야근할 수 있다. ············(   )(   )

198. 내 인생에 절대로 포기하는 경우는 없다. ·····························(   )(   )

199. 예상하지 못한 일도 해보고 싶다. ···································(   )(   )

200. 평범하고 평온하게 행복한 인생을 살고 싶다. ·························(   )(   )

201. 상사의 부정을 눈감아 줄 수 있다. ··································(   )(   )

202. 자신은 소극적이라고 생각하지 않는다. ·······························(   )(   )

203. 이것저것 평하는 것이 싫다. ·······································(   )(   )

204. 자신은 꼼꼼한 편이라고 생각한다. ··································(   )(   )

205. 꾸준히 노력하는 것을 잘 하지 못한다. ·······························(   )(   )

206. 내일의 계획이 이미 머릿속에 계획되어 있다. ·························(   )(   )

207. 협동성이 있는 사람이 되고 싶다. ···································(   )(   )

208. 동료보다 돋보이고 싶다. ···(   )(   )

209. 다른 사람 앞에서 이야기를 잘한다. ·································(   )(   )

210. 실행력이 있는 편이다. ··(   )(   )

211. 계획을 세워야만 실천할 수 있다. ···································(   )(   )

212. 누구라도 나에게 싫은 소리를 하는 것은 듣기 싫다. ·····················(   )(   )

213. 생각으로 끝나는 일이 많다. ·······································(   )(   )

214. 피곤하더라도 웃으며 일하는 편이다. ·································(   )(   )

215. 과중한 업무를 할당받으면 포기해버린다. ·····························(   )(   )

216. 상사가 지시한 일이 부당하면 업무를 하더라도 불만을 토로한다. ···········(   )(   )

217. 또래에 비해 보수적이다. ···(   )(   )

218. 자신에게 손해인지 이익인지를 생각하여 결정할 때가 많다. ···············(   )(   )

219. 전통적인 방식이 가장 좋은 방식이라고 생각한다. ·······························(   )(   )

220. 때로는 친구들이 너무 많아 부담스럽다. ·······································(   )(   )

221. 상식적인 판단을 할 수 있는 타입이라고 생각한다. ····················· (   )(   )

222. 너무 객관적이라는 평가를 받는다. ···(   )(   )

223. 안정적인 방법보다는 위험성이 높더라도 높은 이익을 추구한다. ·······(   )(   )

224. 타인의 아이디어를 도용하여 내 아이디어처럼 꾸민 적이 있다. ········(   )(   )

225. 조직에서 돋보이기 위해 준비하는 것이 있다. ·····························(   )(   )

226. 선물은 상대방에게 필요한 것을 사줘야 한다. ·····························(   )(   )

227. 나무보다 숲을 보는 것에 소질이 있다. ·····································(   )(   )

228. 때때로 자신을 지나치게 비하하기도 한다. ·································(   )(   )

229. 조직에서 있는 듯 없는 듯한 존재이다. ·····································(   )(   )

230. 다른 일을 제쳐두고 한 가지 일에 몰두한 적이 있다. ·················(   )(   )

231. 가끔 다음 날 지장이 생길 만큼 술을 마신다. ·····························(   )(   )

232. 같은 또래보다 개방적이다. ··(   )(   )

233. 사실 돈이면 안 될 것이 없다고 생각한다. ·································(   )(   )

234. 능력이 없더라도 공평하고 공적인 상사를 만나고 싶다. ···············(   )(   )

235. 사람들이 자신을 비웃는다고 종종 여긴다. ·································(   )(   )

236. 내가 먼저 적극적으로 사람들과 관계를 맺는다. ·························(   )(   )

237. 모임을 스스로 만들기보다 이끌려가는 것이 편하다. ···················(   )(   )

238. 몸을 움직이는 것을 좋아하지 않는다. ·······································(   )(   )

239. 꾸준한 취미를 갖고 있다. ··(   )(   )

240. 때때로 나는 경솔한 편이라고 생각한다. ···································(   )(   )

241. 때로는 목표를 세우는 것이 무의미하다고 생각한다. ···················(   )(   )

242. 어떠한 일을 시작하는데 많은 시간이 걸린다. ·····························(   )(   )

243. 초면인 사람과도 바로 친해질 수 있다. ·····································(   )(   )

244. 일단 행동하고 나서 생각하는 편이다. ·······································(   )(   )

245. 여러 가지 일 중에서 쉬운 일을 먼저 시작하는 편이다. ···············(   )(   )

246. 마무리를 짓지 못해 포기하는 경우가 많다. ·································(   )(   )

247. 여행은 계획 없이 떠나는 것을 좋아한다. ···································(   )(   )

248. 욕심이 없는 편이라고 생각한다. ···(   )(   )

249. 성급한 결정으로 후회한 적이 있다. ···(   )(   )

250. 많은 사람들과 왁자지껄하게 식사하는 것을 좋아한다. ·················(   )(   )

251. 상대방의 잘못을 쉽게 용서하지 못한다. ·······························(   )(   )

252. 주위 사람이 상처받는 것을 고려해 발언을 자제할 때가 있다. ············(   )(   )

253. 자존심이 강한 편이다. ···(   )(   )

254. 생각 없이 함부로 말하는 사람을 보면 불편하다. ···························(   )(   )

255. 다른 사람 앞에 내세울 만한 특기가 서너 개 정도 있다. ··················(   )(   )

256. 거짓말을 한 적이 한 번도 없다. ··(   )(   )

257. 경쟁사라도 많은 연봉을 주면 옮길 수 있다. ······························(   )(   )

258. 자신은 충분히 신뢰할 만한 사람이라고 생각한다. ·························(   )(   )

259. 좋고 싫음이 얼굴에 분명히 드러난다. ·······································(   )(   )

260. 다른 사람에게 욕을 한 적이 한 번도 없다. ······························(   )(   )

261. 친구에게 먼저 연락을 하는 경우가 드물다. ·······························(   )(   )

262. 밥보다는 빵을 더 좋아한다. ···(   )(   )

263. 누군가에게 쫓기는 꿈을 종종 꾼다. ···(   )(   )

264. 삶은 고난의 연속이라고 생각한다. ···(   )(   )

265. 쉽게 화를 낸다는 말을 듣는다. ···(   )(   )

266. 지난 과거를 돌이켜 보면 괴로운 적이 많았다. ····························(   )(   )

267. 토론에서 진 적이 한 번도 없다. ··(   )(   )

268. 나보다 나이가 많은 사람을 대하는 것이 불편하다. ·······················(   )(   )

269. 의심이 많은 편이다. ···(   )(   )

270. 주변 사람이 자기 험담을 하고 있다고 생각할 때가 있다. ·················(   )(   )

271. 이론만 내세우는 사람이라는 평가를 받는다. ·······························(   )(   )

272. 실패보다 성공을 먼저 생각한다. ··(   )(   )

273. 자신에 대한 자부심이 강한 편이다. ···(   )(   )

274. 다른 사람들의 장점을 잘 보는 편이다. ·····································(   )(   )

275. 주위에 괜찮은 사람이 거의 없다. ···(   )(   )

276. 법에도 융통성이 필요하다고 생각한다. ······································(   )(   )

277. 쓰레기를 길에 버린 적이 없다. ···(   )(   )

278. 차가 없으면 빨간 신호라도 횡단보도를 건넌다. ···························(   )(   )

279. 평소 식사를 급하게 하는 편이다. ···(   )(   )

280. 동료와의 경쟁심으로 불법을 저지른 적이 있다. ··························(   )(   )

281. 자신을 배신한 사람에게는 반드시 복수한다. ·······························(   )(   )

282. 오히려 고된 일을 헤쳐 나가는데 자신이 있다. ····························(   )(   )

283. 착한 사람이라는 말을 들을 때가 많다. ·····································( )( )

284. 업무적인 능력으로 칭찬 받을 때가 자주 있다. ·····················( )( )

285. 개성적인 사람이라는 말을 자주 듣는다. ·······························( )( )

286. 누구와도 편하게 대화할 수 있다. ···( )( )

287. 나보다 나이가 많은 사람들하고도 격의 없이 지낸다. ···········( )( )

288. 사물의 근원과 배경에 대해 관심이 많다. ·····························( )( )

289. 쉬는 것보다 일하는 것이 편하다. ···( )( )

290. 계획하는 시간에 직접 행동하는 것이 효율적이다. ···············( )( )

291. 높은 수익이 안정보다 중요하다. ···( )( )

292. 지나치게 꼼꼼하게 검토하다가 시기를 놓친 경험이 있다. ·····( )( )

293. 이성보다 감성이 풍부하다. ···( )( )

294. 약속한 일을 어기는 경우가 종종 있다. ·································( )( )

295. 생각했다고 해서 꼭 행동으로 옮기는 것은 아니다. ···············( )( )

296. 목표 달성을 위해서 타인을 이용한 적이 있다. ·····················( )( )

297. 적은 친구랑 깊게 사귀는 편이다. ···( )( )

298. 경쟁에서 절대로 지고 싶지 않다. ···( )( )

299. 내일해도 되는 일을 오늘 안에 끝내는 편이다. ·····················( )( )

300. 정확하게 한 가지만 선택해야 하는 결정은 어렵다. ···············( )( )

301. 시작하기 전에 정보를 수집하고 계획하는 시간이 더 많다. ·····( )( )

302. 복잡하게 오래 생각하기보다 일단 해나가며 수정하는 것이 좋다. ·( )( )

303. 나를 다른 사람과 비교하는 경우가 많다. ·····························( )( )

304. 개인주의적 성향이 강하여 사적인 시간을 중요하게 생각한다. ·( )( )

305. 논리정연하게 말을 하는 편이다. ···( )( )

306. 어떤 일을 하다 문제에 부딪히면 스스로 해결하는 편이다. ·····( )( )

307. 업무나 과제에 대한 끝맺음이 확실하다. ·····························( )( )

308. 남의 의견에 순종적이며 지시받는 것이 편안하다. ···············( )( )

309. 부지런한 편이다. ···( )( )

310. 뻔한 이야기나 서론이 긴 것을 참기 어렵다. ·························( )( )

311. 창의적인 생각을 잘 하지만 실천은 부족하다. ·····················( )( )

312. 막판에 몰아서 일을 처리하는 경우가 종종 있다. ·················( )( )

313. 나는 의견을 말하기에 앞서 신중히 생각하는 편이다. ···········( )( )

314. 선입견이 강한 편이다. ···( )( )

315. 돌발적이고 긴급한 상황에서도 쉽게 당황하지 않는다. ·····················( )( )

316. 새로운 친구를 사귀는 것보다 현재의 친구들을 유지하는 것이 좋다. ······( )( )

317. 글보다 말로 하는 것이 편할 때가 있다. ·····································( )( )

318. 혼자 조용히 일하는 경우가 능률이 오른다. ································( )( )

319. 불의를 보더라도 참는 편이다. ··( )( )

320. 기회는 쟁취하는 사람의 것이라고 생각한다. ·······························( )( )

321. 사람을 설득하는 것에 다소 어려움을 겪는다. ·······························( )( )

322. 착실한 노력의 이야기를 좋아한다. ···( )( )

323. 어떠한 일에도 의욕이 임하는 편이다. ······································( )( )

324. 학급에서는 존재가 두드러졌다. ··( )( )

325. 아무것도 생각하지 않을 때가 많다. ··( )( )

326. 스포츠는 하는 것보다는 보는 게 좋다. ·····································( )( )

327. '좀 더 노력하시오'라는 말을 듣는 편이다. ··································( )( )

328. 비가 오지 않으면 우산을 가지고 가지 않는다. ······························( )( )

329. 1인자보다는 조력자의 역할을 좋아한다. ····································( )( )

330. 의리를 지키는 타입이다. ···( )( )

331. 리드를 하는 편이다. ··( )( )

332. 신중함이 부족해서 후회한 적이 있다. ······································( )( )

333. 여유 있게 대비하는 타입이다. ··( )( )

334. 업무가 진행 중이라도 야근을 하지 않는다. ·································( )( )

335. 생각날 때 방문하므로 부재중일 때가 있다. ·································( )( )

336. 노력하는 과정이 중요하고 결과는 중요하지 않다. ···························( )( )

337. 무리해서 행동할 필요는 없다. ··( )( )

338. 종교보다 자기 스스로의 신념을 더 중요하게 생각한다. ·····················( )( )

339. 정해진 대로 움직이는 편이 안심된다. ······································( )( )

340. 현실을 직시하는 편이다. ···( )( )

341. 자유보다 질서를 중요시하는 편이다. ·······································( )( )

342. 모두와 잡담하는 것을 좋아한다. ··( )( )

343. 경험에 비추어 판단하는 편이다. ··( )( )

344. 영화나 드라마는 각본의 완성도나 화면구성에 주목한다. ·····················( )( )

345. 시대의 흐름 속에서 자신을 살게 하고 싶다. ·································( )( )

346. 다른 사람의 소문에 관심이 많은 편이다. ···································( )( )

347. 실무적인 편이다. ···(   )(   )

348. 비교적 냉정한 편이다. ···(   )(   )

349. 협조성이 있다고 생각한다. ···(   )(   )

350. 오랜 기간 사귄 친한 친구가 많은 편이다. ·······························(   )(   )

351. 정해진 순서에 따르는 것을 좋아한다. ·····································(   )(   )

352. 이성적인 사람으로 남고 싶다. ···(   )(   )

353. 평소 조바심을 느끼는 경우가 종종 있다. ·································(   )(   )

354. 세상의 일에 관심이 많다. ···(   )(   )

355. 안정을 추구하는 편이다. ···(   )(   )

356. 업무는 내용으로 선택한다. ···(   )(   )

357. 되도록 환경은 변하지 않는 것이 좋다. ····································(   )(   )

358. 밝은 성격이다. ···(   )(   )

359. 별로 반성하지 않는다. ··(   )(   )

360. 자신을 시원시원한 사람이라고 생각한다. ·······························(   )(   )

361. 활동범위가 비교적 넓은 편이다. ···(   )(   )

362. 좋은 사람이 되고 싶다. ··(   )(   )

363. 사람과 만날 약속은 즐겁다. ···(   )(   )

364. 이미 결정된 것이라도 그다지 구속받지 않는다. ·······················(   )(   )

365. 공과 사는 확실히 구분해야 된다고 생각한다. ··························(   )(   )

366. 지위에 어울리면 된다. ··(   )(   )

367. 도리는 상관없다. ···(   )(   )

368. '참 착하네요'라는 말을 자주 듣는다. ······································(   )(   )

369. 단념이 중요하다고 생각한다. ···(   )(   )

370. 누구도 예상하지 못한 일을 해보고 싶다. ································(   )(   )

371. 평소 몹시 귀찮아하는 편이라고 생각한다. ·······························(   )(   )

372. 특별히 소극적이라고 생각하지 않는다. ····································(   )(   )

373. 자신은 성급하지 않다고 생각한다. ···(   )(   )

374. 내일의 계획은 머릿속에 기억한다. ··(   )(   )

375. 엉덩이가 무거운 편이다. ···(   )(   )

376. 특별히 구애받는 것이 없다. ···(   )(   )

377. 돌다리는 두들겨 보지 않고 건너도 된다. ·································(   )(   )

378. 활동적인 사람이라고 생각한다. ···(   )(   )

379. 비교적 보수적이다. ··(   )(   )

380. 전통을 견실히 지키는 것이 적절하다. ··(   )(   )

381. 교제 범위가 넓은 편이다. ··(   )(   )

382. 너무 객관적이어서 실패하는 경우가 종종 있다. ··································(   )(   )

383. 내가 누구의 팬인지 주변의 사람들이 안다. ··(   )(   )

384. 가능성보다 현실이다. ··(   )(   )

385. 그 사람에게 필요한 것을 선물하고 싶다. ··(   )(   )

386. 여행은 계획적으로 하는 것이 좋다. ··(   )(   )

387. 구체적인 일에 관심이 있는 편이다. ··(   )(   )

388. 일은 착실히 하는 편이다. ··(   )(   )

389. 괴로워하는 사람을 보면 우선 이유를 생각한다. ··································(   )(   )

390. 가치 기준은 자신의 밖에 있다고 생각한다. ··(   )(   )

391. 밝고 개방적인 편이다. ··(   )(   )

392. 현실 인식을 잘하는 편이라고 생각한다. ··(   )(   )

393. 시시해도 계획적인 인생이 좋다. ··(   )(   )

394. 특정 인물이나 집단에서라면 가볍게 대화할 수 있다. ························(   )(   )

395. 사물에 대해 가볍게 생각하는 경향이 있다. ··(   )(   )

396. 계획을 정확하게 세워서 행동하는 것을 못한다. ··································(   )(   )

397. 주변의 일을 여유 있게 해결한다. ··(   )(   )

398. 생각한 일은 반드시 행동으로 옮긴다. ··(   )(   )

399. 목표 달성에 별로 구애받지 않는다. ··(   )(   )

400. 경쟁하는 것을 좋아하지 않는다. ··(   )(   )

401. 정해진 친구만 교제한다. ··(   )(   )

402. 활발한 사람이라는 말을 듣는 편이다. ··(   )(   )

403. 자주 기회를 놓치는 편이다. ··(   )(   )

404. 단념하는 것이 필요할 때도 있다. ··(   )(   )

405. 학창시절 체육수업을 못했다. ··(   )(   )

406. 결과보다 과정이 중요하다. ··(   )(   )

407. 자기 능력의 범위 내에서 정확히 일을 하고 싶다. ······························(   )(   )

408. 새로운 사람을 만날 때는 용기가 필요하다. ··(   )(   )

409. 차분하고 사려 깊은 사람을 동경한다. ··(   )(   )

410. 글을 쓸 때 미리 내용을 결정하고 나서 쓴다. ····································(   )(   )

411. 여러 가지 일을 경험하고 싶다. ·····································( )( )

412. 스트레스를 해소하기 위해 집에서 조용히 지낸다. ·················( )( )

413. 기한 내에 끝내지 못하는 일이 있다. ·····························( )( )

414. 무리한 도전을 할 필요는 없다고 생각한다. ·······················( )( )

415. 남의 앞에 나서는 것을 잘 하지 못하는 편이다. ···················( )( )

416. 납득이 안 되면 행동이 안 된다. ·································( )( )

417. 약속시간에 여유 없이 도착하는 편이다. ···························( )( )

418. 유연히 대응하는 편이다. ·······································( )( )

419. 휴일에는 집 안에서 편안하게 있을 때가 많다. ·····················( )( )

420. 위험성을 무릅쓰면서 성공하고 싶다고 생각하지 않는다. ···········( )( )

421. '누군가 도와주지 않을까'라고 생각하는 편이다. ·················( )( )

422. 친구가 적은 편이다. ···( )( )

423. 결론이 나도 여러 번 생각을 하는 편이다. ·······················( )( )

424. 앞으로의 일이 걱정되어도 어쩔 수 없다. ·······················( )( )

425. 같은 일을 계속해서 잘 하지 못한다. ·····························( )( )

426. 움직이지 않고 많은 생각을 하는 것이 즐겁다. ·····················( )( )

427. 오늘 하지 않아도 되는 일은 내일 하는 편이다. ···················( )( )

428. 체험을 중요하게 여기는 편이다. ·································( )( )

429. 도리를 판별하는 사람을 좋아한다. ·······························( )( )

430. 갑작스런 상황에 유연하게 대처하는 편이다. ·······················( )( )

431. 예의범절을 중요시한다. ·······································( )( )

432. 쉬는 날은 외출하고 싶다. ·······································( )( )

433. 생각날 때 물건을 산다. ·······································( )( )

434. 이성적인 사람이 되고 싶다고 생각한다. ···························( )( )

435. 초면인 사람을 만나는 일은 잘 하지 못한다. ·······················( )( )

436. 재미있는 것을 추구하는 경향이 있다. ···························( )( )

437. 어려움에 처해 있는 사람을 보면 원인을 생각한다. ·················( )( )

438. 돈이 없으면 걱정이 된다. ·······································( )( )

439. 한 가지 일에 매달리는 편이다. ·································( )( )

440. 연구는 이론체계를 만들어 내는 데 의의가 있다. ···················( )( )

441. 규칙을 벗어나서까지 사람을 돕고 싶지 않다. ·····················( )( )

442. 일부러 위험에 접근하는 것은 어리석다고 생각한다. ···············( )( )

443. 남의 주목을 받고 싶어 하는 편이다. ·······································( )( )

444. 소극적인 편이라고 생각한다. ··( )( )

445. 무심코 평론가가 되어 버린다. ··( )( )

446. 성격이 차분한 편이다. ··( )( )

447. 비밀을 금방 말해버리는 편이다. ······································( )( )

448. 금방 싫증을 내는 편이다. ···( )( )

449. 자주 덤벙대는 타입이다. ···( )( )

450. 인생의 목표는 작은 것에서부터 시작하는 것이 좋다. ···········( )( )

451. 말보다 행동이 앞서는 편이다. ···( )( )

452. 다른 사람과 만날 약속이 자주 부담이 되곤 한다. ···············( )( )

453. 다양한 취미를 가지고 있다. ··( )( )

454. '참 잘했네요!'라는 말을 종종 듣는다. ·······························( )( )

455. 날씨가 흐리더라도 우산을 챙기지 않는다. ·························( )( )

456. 삶이 주는 사소한 즐거움에 만족하는 편이다. ·····················( )( )

457. 누군가를 방문할 때 사전에 연락 없이 불쑥 찾아가는 편이다. ···( )( )

458. 무조건 행동해야 한다. ··( )( )

459. 상사에게 너무 순종하면 손해다. ·····································( )( )

460. 주변에 능력 없는 사람들을 보면 답답하다. ·······················( )( )

461. 계획 없는 여행을 좋아한다. ··( )( )

462. 완성되기 전에 포기하는 경우가 많다. ·······························( )( )

463. 사소한 욕심이 많은 편이다. ··( )( )

464. 무슨 일도 좀처럼 시작하지 못한다. ··································( )( )

465. 인생의 목표는 손이 닿을 정도면 된다. ·····························( )( )

466. 무언가에 쉽게 질리는 편이다. ···( )( )

467. 보수적인 면을 추구한다. ···( )( )

468. 인생의 앞날을 알 수 없어 재미있다고 생각한다. ···············( )( )

469. 일은 대담하게 하는 편이다. ··( )( )

470. 전통에 구애되는 것은 버리는 것이 적절하다. ·····················( )( )

471. 내일의 계획이라도 메모한다. ···( )( )

472. 단념하면 끝이라고 생각한다. ···( )( )

473. 자신에 대한 타인의 평가에 스트레스를 받는다. ·················( )( )

474. 독서량이 적은 편이다. ··( )( )

475. 사소하지만 남들이 보다 뛰어난 점이 있다. ·····························( )( )

476. 토론을 하여 진 적이 한 번도 없다. ·································( )( )

477. 모든 인간은 이기적이라고 생각한다. ·······························( )( )

478. 시간이 아까워 분 단위로 나누어 쓴다. ···························( )( )

479. 사람에게 위로 받는 것은 어리석은 일이다. ·······················( )( )

480. 인생 목표달성을 위하여 지금도 노력하고 있다. ·················( )( )

481. 자신을 다른 사람들보다 뛰어나다고 생각한다. ···················( )( )

482. 처음 만나는 사람과 금방 친해질 수 있다. ·······················( )( )

483. 문장은 미리 내용을 결정하고 나서 쓴다. ·······················( )( )

484. 기회가 있으면 꼭 얻는 편이다. ··································( )( )

485. 어렸을 적에 체육을 좋아했다. ···································( )( )

486. 점점 더 높은 능력이 요구되는 일을 하고 싶다. ·················( )( )

487. 한 우물만 파고 싶다. ···( )( )

488. 일단 무엇이든지 도전하는 편이다. ······························( )( )

489. 모르는 것이 있어도 행동하면서 생각한다. ·······················( )( )

490. 약속시간에 여유를 갖고 조금 일찍 나가는 편이다. ···············( )( )

491. '내가 안하면 누가 할 것인가!'라고 생각하는 편이다. ··············( )( )

492. 계획한 일을 행동으로 옮기지 못하면 왠지 찜찜하다. ·············( )( )

493. 경우에 따라서는 상사에게 화를 낼 수도 있다. ···················( )( )

494. 아직 구체적인 인생 목표가 없다. ·······························( )( )

495. 이성을 사귀는 주요 기준은 외모다. ····························( )( )

496. 최선을 다해 좋은 결과를 얻은 적이 많다. ·······················( )( )

497. 나쁜 일을 해도 죄의식을 느끼지 않는 편이다. ···················( )( )

498. 주변 사람의 대소사에 관심이 많다. ····························( )( )

499. 일은 절대로 즐거운 놀이가 될 수 없다. ·························( )( )

500. 어떤 경우라도 시간을 지키기 위해 노력한다. ···················( )( )

03 직업윤리

1 **윤리와 직업**

(1) 윤리의 의미

① 윤리적 인간 : 공동의 이익을 추구하고 도덕적 가치 신념을 기반으로 형성된다.

② 윤리규범의 형성 : 공동생활과 협력을 필요로 하는 인간생활에서 형성되는 공동행동의 룰을 기반으로 형성된다.

③ 윤리의 의미 : 인간과 인간 사이에서 지켜야 할 도리를 바르게 하는 것으로 인간 사회에 필요한 올바른 질서라고 할 수 있다.

예제 1

윤리에 대한 설명으로 옳지 않은 것은?

① 윤리는 인간과 인간 사이에서 지켜져야 할 도리를 바르게 하는 것으로 볼 수 있다.

② 동양적 사고에서 윤리는 인륜과 동일한 의미이며, 엄격한 규율이나 규범의 의미가 배어 있다.

③ 인간은 윤리를 존중하며 살아야 사회가 질서와 평화를 얻게 되고, 모든 사람이 안심하고 개인적 행복을 얻게 된다.

④ 윤리는 세상에 두 사람 이상이 있으면 존재하며, 반대로 혼자 있을 때도 지켜야 한다.

[출제의도]
윤리의 의미와 윤리적 인간, 윤리규범의 형성 등에 대한 기본적인 이해를 평가는 문제이다.

[해설]
윤리는 인간과 인간 사이에서 지켜져야 할 도리를 바르게 하는 것으로서 이 세상에 두 사람 이상이 있으면 존재하고 반대로 혼자 있을 때에는 의미가 없는 말이 되기도 한다.

답 ④

---

(2) 직업의 의미

① 직업은 본인의 자발적 의사에 의한 장기적으로 지속하는 일로, 경제적 보상이 따라야 한다.

② **입신출세론** : 입신양명(立身揚名)이 입신출세(立身出世)로 바뀌면서 현대에 와서는 직업 활동의 결과를 출세에 비중을 두는 경향이 짙어졌다.

③ 3D 기피현상 : 힘들고(Difficult), 더럽고(Dirty), 위험한(Dangerous) 일은 하지 않으려고 하는 현상

(3) 직업윤리

① 직업윤리란 직업인이라면 반드시 지켜야 할 공통적인 윤리규범으로 어느 직장에 다니느냐를

구분하지 않는다.

② 직업윤리와 개인윤리의 조화

  ㉠ 업무상 행해지는 개인의 판단과 행동이 사회적 파급력이 큰 기업시스템을 통하여 다수의 이해관계자와 관련된다.

  ㉡ 많은 사람의 고도화 된 협력을 요구하므로 맡은 역할에 대한 책임완수와 투명한 일 처리가 필요하다.

  ㉢ 규모가 큰 공동 재산·정보 등을 개인이 관리하므로 높은 윤리의식이 요구된다.

  ㉣ 직장이라는 특수 상황에서 갖는 집단적 인간관계는 가족관계, 친분관계와는 다른 배려가 요구된다.

  ㉤ 기업은 경쟁을 통하여 사회적 책임을 다하고, 보다 강한 경쟁력을 키우기 위하여 조직원인의 역할과 능력을 꾸준히 향상시켜야 한다.

  ㉥ 직무에 따른 특수한 상황에서는 개인 차원의 일반 상식과 기준으로는 규제할 수 없는 경우가 많다.

예제 2

직업윤리에 대한 설명으로 옳지 않은 것은?

① 개인윤리를 바탕으로 각자가 직업에 종사하는 과정에서 요구되는 특수한 윤리규범이다.
② 직업에 종사하는 현대인으로서 누구나 공통적으로 지켜야 할 윤리기준을 직업윤리라 한다.
③ 개인윤리의 기본 덕목인 사랑, 자비 등과 공동발전의 추구, 장기적 상호이익 등의 기본은 직업윤리도 동일하다.
④ 직업을 가진 사람이라면 반드시 지켜야 할 윤리규범이며, 중소기업 이상의 직장에 다니느냐에 따라 구분된다.

[출제의도]
직업윤리의 정의와 내용에 대한 올바른 이해를 요구하는 문제이다.
[해설]
직업윤리란 직업을 가진 사람이라면 반드시 지켜야 할 공통적인 윤리규범을 말하는 것으로 어느 직장에 다니느냐를 구분하지 않는다.

답 ④

2 직업윤리를 구성하는 하위능력

(1) 근로윤리

① 근면한 태도
  ㉠ 근면이란 게으르지 않고 부지런한 것으로 근면하기 위해서는 일에 임할 때 적극적이고 능동적인 자세가 필요하다.
  ㉡ 근면의 종류
    • 외부로부터 강요당한 근면
    • 스스로 자진해서 하는 근면

② 정직한 행동
  ㉠ 정직은 신뢰를 형성하고 유지하는 데 기본적이고 필수적인 규범이다.
  ㉡ 정직과 신용을 구축하기 위한 지침
    • 정직과 신뢰의 자산을 매일 조금씩 쌓아가자.
    • 잘못된 것도 정직하게 밝히자.
    • 타협하거나 부정직을 눈감아 주지 말자.
    • 부정직한 관행은 인정하지 말자.

③ 성실한 자세 : 성실은 일관하는 마음과 정성의 덕으로 자신의 일에 최선을 다하고자 하는 마음자세를 가지고 업무에 임하는 것이다.

예제 3

우리 사회에서 정직과 신용을 구축하기 위한 지침으로 볼 수 없는 것은?

① 정직과 신뢰의 자산을 매일 조금씩 쌓아가도록 한다.
② 잘못된 것도 정직하게 밝혀야 한다.
③ 작은 실수는 눈감아 주고 때론 타협을 하여야 한다.
④ 부정직한 관행은 인정하지 말아야 한다.

[출제의도]
근로윤리 중에서도 정직한 행동과 성실한 자세에 대해 올바르게 이해하고 있는지 평가하는 문제이다.
[해설]
타협하거나 부정직한 일에 대해서는 눈감아주지 말아야 한다.

답 ③

---

(2) 공동체윤리

① 봉사(서비스)의 의미
  ㉠ 직업인에게 봉사란 자신보다 고객의 가치를 최우선으로 하는 서비스 개념이다.

ⓛ SERVICE의 7가지 의미
- S(Smile & Speed) : 서비스는 미소와 함께 신속하게 하는 것
- E(Emotion) : 서비스는 감동을 주는 것
- R(Respect) : 서비스는 고객을 존중하는 것
- V(Value) : 서비스는 고객에게 가치를 제공하는 것
- I(Image) : 서비스는 고객에게 좋은 이미지를 심어 주는 것
- C(Courtesy) : 서비스는 예의를 갖추고 정중하게 하는 것
- E(Excellence) : 서비스는 고객에게 탁월하게 제공되어져야 하는 것

ⓒ 고객접점서비스 : 고객과 서비스 요원 사이에서 15초 동안의 짧은 순간에 이루어지는 서비스로, 이 순간을 진실의 순간(MOT ; Moment of Truth) 또는 결정적 순간이라고 한다.

② 책임의 의미 : 책임은 모든 결과는 나의 선택으로 인한 결과임을 인식하는 태도로, 상황을 회피하지 않고 맞닥뜨려 해결하는 자세가 필요하다.

③ 준법의 의미 : 준법은 민주 시민으로서 기본적으로 지켜야 하는 의무이며 생활 자세이다.

④ 예절의 의미 : 예절은 일정한 생활문화권에서 오랜 생활습관을 통해 하나의 공통된 생활방법으로 정립되어 관습적으로 행해지는 사회계약적 생활규범으로, 언어문화권에 따라 다르고 같은 언어문화권이라도 지방에 따라 다를 수 있다.

⑤ 직장에서의 예절
ⓐ 직장에서의 인사예절
- 악수
　-악수를 하는 동안에는 상대에게 집중하는 의미로 반드시 눈을 맞추고 미소를 짓는다.
　-악수를 할 때는 오른손을 사용하고, 너무 강하게 쥐어짜듯이 잡지 않는다.
　-악수는 힘 있게 해야 하지만 상대의 뼈를 부수듯이 손을 잡지 말아야 한다.
　-악수는 서로의 이름을 말하고 간단한 인사 몇 마디를 주고받는 정도의 시간 안에 끝내야 한다.
- 소개
　-나이 어린 사람을 연장자에게 소개한다.
　-내가 속해 있는 회사의 관계자를 타 회사의 관계자에게 소개한다.
　-신참자를 고참자에게 소개한다.
　-동료임원을 고객, 손님에게 소개한다.
　-비임원을 임원에게 소개한다.
　-소개받는 사람의 별칭은 그 이름이 비즈니스에서 사용되는 것이 아니라면 사용하지 않는다.
　-반드시 성과 이름을 함께 말한다.
　-상대방이 항상 사용하는 경우라면, Dr. 또는 Ph.D. 등의 칭호를 함께 언급한다.
　-정부 고관의 직급명은 퇴직한 경우라도 항상 사용한다.
　-천천히 그리고 명확하게 말한다.

-각각의 관심사와 최근의 성과에 대하여 간단한 언급을 한다.
- 명함 교환
-명함은 반드시 명함 지갑에서 꺼내고 상대방에게 받은 명함도 명함 지갑에 넣는다.
-상대방에게서 명함을 받으면 받은 즉시 호주머니에 넣지 않는다.
-명함은 하위에 있는 사람이 먼저 꺼내는데 상위자에 대해서는 왼손으로 가볍게 받쳐 내는 것이 예의이며, 동위자, 하위자에게는 오른손으로만 쥐고 건넨다.
-명함을 받으면 그대로 집어넣지 말고 명함에 관해서 한두 마디 대화를 건네 본다.
-쌍방이 동시에 명함을 꺼낼 때는 왼손으로 서로 교환하고 오른손으로 옮겨진다.
ⓛ 직장에서의 전화예절
- 전화걸기
-전화를 걸기 전에 먼저 준비를 한다. 정보를 얻기 위해 전화를 하는 경우라면 얻고자 하는 내용을 미리 메모하도록 한다.
-전화를 건 이유를 숙지하고 이와 관련하여 대화를 나눌 수 있도록 준비한다.
-전화는 정상적인 업무가 이루어지고 있는 근무 시간에 걸도록 한다.
-당신이 통화를 원하는 상대와 통화할 수 없을 경우에 대비하여 비서나 다른 사람에게 메시지를 남길 수 있도록 준비한다.
-전화는 직접 걸도록 한다.
-전화를 해달라는 메시지를 받았다면 가능한 한 48시간 안에 답해주도록 한다.
- 전화받기
-전화벨이 3~4번 울리기 전에 받는다.
-당신이 누구인지를 즉시 말한다.
-천천히, 명확하게 예의를 갖추고 말한다.
-밝은 목소리로 말한다.
-말을 할 때 상대방의 이름을 함께 사용한다.
-메시지를 받아 적을 수 있도록 펜과 메모지를 곁에 둔다.
-주위의 소음을 최소화한다.
-긍정적인 말로서 전화 통화를 마치고 전화를 건 상대방에게 감사를 표시한다.
- 휴대전화
-당신이 어디에서 휴대전화로 전화를 하든지 간에 상대방에게 통화를 강요하지 않는다.
-상대방이 장거리 요금을 지불하게 되는 휴대전화의 사용은 피한다.
-운전하면서 휴대전화를 하지 않는다.
-친구의 휴대전화를 빌려 달라고 부탁하지 않는다.
-비상시에만 휴대전화를 사용하는 친구에게는 휴대전화로 전화하지 않는다.

ⓒ 직장에서의 E-mail 예절
　　　• E-mail 보내기
　　　－상단에 보내는 사람의 이름을 적는다.
　　　－메시지에는 언제나 제목을 넣도록 한다.
　　　－메시지는 간략하게 만든다.
　　　－요점을 빗나가지 않는 제목을 잡도록 한다.
　　　－올바른 철자와 문법을 사용한다.
　　　• E-mail 답하기
　　　－원래 이-메일의 내용과 관련된 일관성 있는 답을 하도록 한다.
　　　－다른 비즈니스 서신에서와 마찬가지로 화가 난 감정의 표현을 보내는 것은 피한다.
　　　－답장이 어디로, 누구에게로 보내는지 주의한다.

⑥ 성예절을 지키기 위한 자세 : 직장에서 여성의 특징을 살린 한정된 업무를 담당하던 과거와는 달
　리 여성과 남성이 대등한 동반자 관계로 동등한 역할과 능력발휘를 한다는 인식을 가질 필요
　가 있다.
　　ⓐ 직장 내에서 여성이 남성과 동등한 지위를 보장 받기 위해서 그만한 책임과 역할을 다해야
　　　하며, 조직은 그에 상응하는 여건을 조성해야 한다.
　　ⓑ 성희롱 문제를 사전에 예방하고 효과적으로 처리하는 방안이 필요한 것이다.
　　ⓒ 남성 위주의 가부장적 문화와 성 역할에 대한 과거의 잘못된 인식을 타파하고 남녀공존의
　　　직장문화를 정착하는 노력이 필요하다.

예제 4

예절에 대한 설명으로 옳지 않은 것은?

① 예절은 일정한 생활문화권에서 오랜 생활습관을 통해 하나의 공통된 생활방식
　으로 정립되어 관습적으로 행해지는 사회계약적인 생활규범이라 할 수 있다.
② 예절은 언어문화권에 따라 다르나 동일한 언어문화권일 경우에는 모두 동일
　하다.
③ 무리를 지어 하나의 문화를 형성하여 사는 일정한 지역을 생활문화권이라
　하며, 이 문화권에 사는 사람들이 가장 편리하고 바람직한 방법이라고 여겨
　그렇게 행하는 생활방법이 예절이다.
④ 예절은 한 나라에서 통일되어야 국민들이 생활하기가 수월하며, 올바른 예
　절을 지키는 것이 바른 삶을 사는 것이라 할 수 있다.

[출제의도]
공동체윤리에 속하는 여러 항목
중 예절의 의미와 특성에 대한
이해능력을 평가하는 문제이다.
[해설]
예절은 언어문화권에 따라 다르
고, 동일한 언어문화권이라도 지
방에 따라 다를 수 있다. 예를
들면 우리나라의 경우 서울과 지
방에 따라 예절이 조금씩 다르다.

답 ②

1 다음 지문의 빈칸에 들어갈 알맞은 것을 〈보기〉에서 고른 것은?

> 기업은 합법적인 이윤 추구 활동 이외에 자선·교육·문화·체육 활동 등 사회에 긍정적 영향을 미치는 책임 있는 활동을 수행하기도 한다. 이처럼 기업이 사회적 책임을 수행하는 이유는 _____

> 〈보기〉
> ㉠ 기업은 국민의 대리인으로서 공익 추구를 주된 목적으로 하기 때문이다.
> ㉡ 기업의 장기적인 이익 창출에 기여할 수 있기 때문이다.
> ㉢ 법률에 의하여 강제된 것이기 때문이다.
> ㉣ 환경 경영 및 윤리 경영의 가치를 실현할 수 있기 때문이다.

① ㉠, ㉡   ② ㉠, ㉢
③ ㉡, ㉢   ④ ㉡, ㉣

 기업은 환경 경영, 윤리 경영과 노동자를 비롯한 사회 전체의 이익을 동시에 추구하며 그에 따라 의사 결정 및 활동을 하는 사회적 책임을 가져야 한다.
㉠ 기업은 이윤 추구를 주된 목적으로 하는 사적 집단이다.

2 다음 기사 내용에서 'A씨'에게 필요한 업무 수행의 자세로 알맞은 것은?

> **부실 공사 눈감아준 공무원 입건**
> △△경찰서는 부실공사를 알고도 준공검사를 해준 혐의로 공무원 A씨를 불구속 입건했다. 그는 수백 억 원의 예산이 투입되는 주택 건설 사업과 관련해 기존 설계도면에 문제가 있다는 것을 알면서도 설계 변경 없이 공사를 진행하도록 하고 준공검사까지 내주었다. 특히 A씨는 준공검사 때에도 현장에 가지 않고 준공검사 조서를 작성한 것으로 드러났다.

① 많은 성과를 내기 위해 관행에 따라 일을 처리해야 한다.
② 사실 확인보다는 문서의 정확성을 위해 노력해야 한다.
③ 정명(正名) 정신에 따라 사회적 책임을 완수해야 한다.
④ 인정(人情)에 의거해 업무를 처리해야 한다.

 ③ 사회적으로 문제가 되는 공직자의 비리, 부정부패는 책임 윤리의 부재에서 비롯된 것이다. 이러한 문제를 해결하기 위해서는 사회적 지위에 맞게 역할을 수행해야 한다는 정명(正名) 정신이 필요하다.

3 다음과 같은 입장에서 긍정의 대답을 할 질문으로 알맞은 것은?

> 기업의 존재는 공공적이며, 사회적 목표에 이바지하는 한에서 정당화된다. 기업이 성장하고 발전하는 것은 기업 혼자만의 힘이 아니므로, 일방적으로 이익을 추구해서는 안 되며 사회에 대해서도 일정한 책임을 져야 한다. 따라서 기업은 사회에 긍정적 영향을 미치는 다양한 활동들에 관심을 가지고 이를 지속적으로 실천해 나가야 한다.

① 기업 활동의 목적은 이윤 추구에 국한되어야 하는가?
② 기업의 이윤 추구와 사회적 책임의 실천이 병행되어야 하는가?
③ 기업은 공동선의 실현보다 경제적 효율성을 우선해야 하는가?
④ 기업의 사익 추구는 자연스럽게 공익 실현으로 이어지는가?

 제시문은 기업이 이윤 추구뿐만 아니라 사회적 책임에 대해서 관심을 가져야 한다고 보고 있는 입장이다. 따라서 기업은 이윤을 얻기 위한 활동과 함께 사회의 공익을 증진할 수 있는 활동도 실천해야 한다.

4 다음 대화의 빈칸에 들어갈 말로 가장 알맞은 것은?

> A : 공직자로서 갖추어야 할 가장 중요한 덕목은 무엇인가요?
> B : 공직자는 국민의 봉사자이므로 청렴이 가장 중요하다고 생각합니다.
> A : 그럼 경제적 사정이 어려운 친인척들이 공공 개발 계획의 정보를 미리 알려달라고 할 때에는 어떻게 해야 할까요?
> B : ＿＿＿＿＿＿＿＿＿＿＿＿＿＿＿

① 국민의 요청이므로 알 권리를 충족시켜 주어야 합니다.
② 어려운 친인척들에게 경제적 이익을 주어야 합니다.
③ 정보를 알려주되 대가를 요구하지 않아야 합니다.
④ 사익을 배제하고 공명정대하게 행동해야 합니다.

 ④ 청렴은 성품과 행실이 고결하고 탐욕이 없다는 뜻으로 국민의 봉사자인 공직자가 지녀야 할 중요한 덕목이다. 공직자는 어떠한 상황에서도 사익을 배제하고 공명정대하게 행동해야 한다.

5 다음 중 개인윤리와 직업윤리에 대한 올바른 설명을 모두 고른 것은 어느 것인가?

> ㉠ 직업윤리는 개인윤리에 비해 특수성을 갖고 있다.
> ㉡ 개인윤리가 보통 상황에서의 일반적 윤리규범이라고 한다면, 직업윤리는 좀 더 구체적 상황에서의 실천규범이다.
> ㉢ 모든 사람은 근로자라는 공통점 속에서 모두 같은 직업윤리를 가지게 된다.
> ㉣ 직업윤리는 개인윤리를 바탕으로 성립되는 규범이기 때문에, 항상 개인윤리보다 우위에 있다.

① ㉠, ㉡　　　　　　　　　　　　　② ㉠, ㉣
③ ㉡, ㉢　　　　　　　　　　　　　④ ㉢, ㉣

 직업윤리는 특정 직업에서 보이는 특수하고 구체적인 윤리를 말한다. 개인윤리의 경우에는 일반적인 상황에 대한 윤리를 의미한다.
　㉢ 모든 사람은 근로자라는 공통점을 가질 수도 있겠지만, 어떤 직업을 갖느냐에 따라 서로 다른 직업윤리를 가질 수 있다.
　㉣ 직업윤리는 개인윤리를 바탕으로 성립되고 조화가 필요하며, 항상 직업윤리가 개인윤리보다 우위에 있다고 말할 수 없다.

6 다음에서 A가 지니고 있는 직업관으로 알맞은 것은?

> 　바나나 재배법 발명 특허로 신지식 농업인에 선정된 A는 국내 최대 규모의 시설을 갖춘 농장을 운영하고 있다. 그는 수많은 시행착오를 거쳐 자연 상태와 가장 유사한 생육 환경을 찾아내 인공적으로 바나나를 재배할 수 있는 방법을 개발하였다. 바나나 재배에 대한 끊임없는 도전과 노력 속에서 그는 무엇인가 새로운 것을 찾아내는 것이 재미있으며, 그때마다 자신이 가지고 있는 그 무언가가 성장하고 있는 느낌이 든다고 하였다.

① 직업은 부와 명예를 획득하는 수단이다.
② 직업은 다른 사람들과 국가에 대한 봉사이다.
③ 직업은 일차적으로 생계를 유지하기 위한 것이다.
④ 직업은 자신의 능력과 소질을 계발하기 위한 것이다.

 주어진 내용에서 A는 바나나 재배에 관한 끊임없는 도전과 노력 그 자체에서 직업 생활의 보람을 찾고 있다.

7 다음 대화의 빈칸에 들어갈 말로 알맞은 것은?

> A : 직업인으로서 지켜야 할 기본 윤리는 무엇인가요?
> B : 직업인이라면 일반적으로 정직과 성실, 신의, 책임, 의무 등의 덕목을 준수해야 합니다.
> A : 선생님께서 말씀하신 덕목은 모든 사람들에게 요구되는 윤리와 부합하는데, 그 이유
> 는 무엇인가요?
> B : _____

> ㉠ 모든 직업인은 직업인이기 전에 인간이기 때문입니다.
> ㉡ 직업은 사회적 역할 분담의 성격을 지니고 있기 때문입니다.
> ㉢ 직장 생활에서 사람들과 관계를 맺어야 하기 때문입니다.
> ㉣ 특수한 윤리가 필요한 직업은 존재하지 않기 때문입니다.

① ㉠, ㉢   ② ㉡, ㉣
③ ㉠, ㉡, ㉢   ④ ㉠, ㉢, ㉣

 ㉣ 주어진 내용은 직업윤리의 일반성과는 거리가 멀다. 사회구조의 변화와 정보 사회로의 진전
에 따른 전문 직종의 증가와 분화로 해당 직업의 특성에 알맞은 윤리가 요구되고 있는데, 이를
직업윤리의 특수성이라 한다. 특수한 윤리가 필요한 직업은 점점 늘어나고 있는 추세이나 이런
특수성은 보편적인 윤리의 토대 위에 정립되어야 한다.

8 다음 내용에 부합하는 명장(名匠)의 요건으로 알맞은 것은?

> 우리나라는 명장(名匠) 제도를 실시하고 있다. 장인 정신이 투철하고 그 분야에서 최
> 고 수준의 기능을 보유한 사람을 명장으로 선정함으로써 기능인이 긍지와 자부심을 가
> 지고 맡은 분야에 계속 정진할 수 있도록 유도하여 국가 산업 발전에 이바지하고자 한
> 다. 명장 제도는 기술과 품성을 모두 갖춘 훌륭하고 모범적인 기능인이 사회의 귀감이
> 되도록 하는 역할을 하고 있다.

① 육체노동보다 정신노동에 종사하는 사람이다.
② 사회에 기여한 바는 없지만 기술력이 탁월하다.
③ 자본주의 사회에서 효율적인 가치를 창출하는 직업에 매진한다.
④ 자신의 재능을 기부하여 지역 주민의 삶을 풍요롭게 한다.

 ④ 명장은 자신의 재능을 기부하여 지역 주민의 삶을 풍요롭게 하는 등 사회적 책임감을 수행하
는 사람이다.

9 빈칸에 들어갈 말로 알맞은 것은?

> 우리는 고아들과 병든 노인들을 헌신적으로 돌보는 의사나 교육에 대한 긍지를 가지고 산골이나 도서 벽지에서 학생 지도에 전념하는 교사들의 삶을 가치 있는 삶이라고 생각한다. 왜냐하면 그들은 직업 생활을 통해 _____을 살았기 때문이다.

① 희생과 헌신 속에서 보람을 느끼는 삶
② 직업에 귀천을 따지지 않는 삶
③ 자신의 전문성을 탁월하게 발휘하는 삶
④ 사회와 국가를 위해 자신을 포기하는 삶

 ① 의사와 교사는 자신의 직업 생활을 통해 인간에 대한 사랑을 실천하고 희생과 헌신 속에서 보람을 느끼는 삶을 살았다.

10 ㈎의 입장에서 ㈏의 A에게 해야 할 충고로 알맞은 것은?

> ㈎ 한 집을 봉양하기 위해서만 벼슬을 구하는 것은 옳지 않다. 예로부터 지혜가 깊은 목민관은 청렴을 교훈으로 삼고, 탐욕을 경계하였다.
> ㈏ 공무원 A는 연고지의 재개발 업무를 담당하면서 관련 사업 내용을 미리 알게 되었다. 그는 이 내용을 친인척에게 제공하여 돈을 벌게 해주고 싶은 생각에 고민하고 있다.

① 어려움에 처한 친인척을 우선적으로 도와야 한다.
② 시민의 재산권보다 업무 성과를 더 중시해야 한다.
③ 공직 생활로 얻은 재물을 사회에 환원해야 한다.
④ 업무 수행에서 얻은 정보는 공동선을 위해 사용해야 한다.

 ㈎는 공직자들이 갖추어야 할 덕목의 하나로 청렴을 강조한 내용이다. 공직자는 국민보다 우월한 지위를 가지므로, 그런 권위와 권한을 이용하여 사익을 추구하려는 유혹에 빠질 수 있기 때문이다. 따라서 ㈏의 공무원 A에게는 업무 수행에서 얻은 정보는 공동선을 위해 사용해야 한다는 충고가 알맞다.

Answer → 7.③ 8.④ 9.① 10.④

11 회사의 아이디어 공모에 평소 당신이 생각했던 것을 알고 있던 동료가 자기 이름으로 제안을 하여 당선이 된 경우 당신의 행동으로 가장 적절한 것은?

① 동료에게 나의 아이디어였음을 솔직히 말하고 설득한다.

② 모른 척 그냥 넘어간다.

③ 회사에 대대적으로 고발하여 동료를 곤경에 빠뜨린다.

④ 동료에게 감정적으로 대응하여 다시는 그러한 행동을 하지 못하도록 한다.

 ① 기업윤리와 직장생활의 안정을 도모하기 위해 동료에게 나의 아이디어였음을 솔직히 말하고 설득하는 것이 가장 적절하다.

12 다음의 사례를 보고 직업윤리에 벗어나는 행동을 바르게 지적한 것은?

> 직장 상사인 A는 항상 회사에서 주식이나 펀드 등 자신만의 사적인 업무로 대단히 분주하다. 사적인 업무의 성과가 좋으면 부하직원들에게 친절히 대하지만, 그렇지 않은 경우 회사의 분위기는 매우 엄숙해지고 부하직원을 호되게 꾸짖는다.

① 주식을 하는 A는 한탕주의를 선호하는 사람이므로 직업윤리에 어긋난다.

② 사무실에서 사적인 재테크를 하는 행위는 직업윤리에 어긋난다.

③ 작은 것의 소중함을 잃고 살아가는 사람이므로 직업윤리에 어긋난다.

④ 자신의 기분에 따라 사원들이 조심해야 하므로 직업윤리에 어긋난다.

 ② A가 직장에서 사적인 업무로 컴퓨터를 사용하고, 업무시간에 개인적인 용무를 보는 행위는 직업윤리에 어긋난다.

13 유명 외국계회사와 합병이 되면서 약 1년간 해외에서 근무할 직원으로 옆자리의 동료가 추천되었다. 그러나 해외에서의 업무가 당신의 경력에 도움이 많이 될 것 같아 해외근무를 희망하고 있던 중이었다. 당신의 행동으로 가장 적절한 것은?

① 상사에게 단도직입적으로 해외근무에 대한 강한 의지를 표명한다.

② 동료를 강제로 협박하여 해외근무를 포기하게끔 한다.

③ 동료에게 양해를 구하고 회사 내규에 따라 자신이 추천받을 수 있는 방법을 찾는다.

④ 운명이라 생각하고 그냥 체념한다.

 ③ 직업윤리에 어긋나지 않는 선에서 동료에게 먼저 양해를 구하고, 회사의 합법적인 절차에 따라 자신이 추천받을 수 있는 방법을 모색하는 것이 가장 적절하다.

14 상사가 당신에게는 어려운 업무만 주고 입사동기인 A에게는 쉬운 업무만 주는 것을 우연히 알게 되었다. 당신의 행동으로 가장 적절한 것은?

① 상사에게 왜 차별대우를 하는지에 대해 무작정 따진다.

② 상사에게 알고 있는 사실과 부당한 대우로 인한 불편함을 솔직히 이야기하고 해결방안을 제시한다.

③ A에 대한 인적사항을 몰래 조사하여 특혜를 받을 만한 사실이 있는지 파헤친다.

④ 직장생활의 일부라고 생각하고 꿋꿋이 참아낸다.

 ② 개인적인 감정은 되도록 배제하면서 알고 있는 사실과 현재의 상황에 대해 설명하고 불편함을 개선해나가는 것은 직업윤리에 어긋나지 않는다.

15 상사의 실수로 인하여 영업상 큰 손해를 보게 되었다. 그런데 부하직원인 A에게 책임을 전가하려고 한다. 당신은 평소 A와 가장 가까운 사이이며 A는 이러한 상사의 행동에 아무런 대응도 하지 않고 있다. 이럴 때 당신의 행동으로 가장 적절한 것은?

① A에게 왜 아무런 대응도 하지 않는지에 대해 따지고 화를 낸다.

② 상사가 A에게 책임을 전가하지 못하도록 A를 대신하여 상사와 맞대응한다.

③ 상사의 부적절한 책임전가 행위를 회사에 대대적으로 알린다.

④ A에게 대응하지 않는 이유를 물어보고 A가 갖고 있는 어려움에 대해 의논하여 도움을 줄 수 있도록 한다.

 ④ 가까운 동료가 가지고 있는 어려움을 파악하여 스스로 원만한 해결을 이룰 수 있도록 돕는 것이 가장 적절하다.

Answer 11.① 12.② 13.③ 14.② 15.④

16 당신은 새로운 통신망의 개발을 위한 프로젝트에 합류하게 되었는데, 이 개발을 위해서는 마케팅 부서의 도움이 절실히 필요하다. 그러나 귀하는 입사한 지 얼마 되지 않았기 때문에 마케팅 부서의 사람들을 한 명도 제대로 알지 못한다. 이런 상황을 아는지 모르는지 팀장은 귀하에게 이 개발의 모든 부분을 일임하였다. 이럴 때 당신의 행동으로 가장 적절한 것은?

① 팀장에게 다짜고짜 프로젝트를 못하겠다고 보고한다.

② 팀장에게 자신의 상황을 보고한 후 마케팅 부서의 도움을 받을 수 있는 방법을 찾는다.

③ 마케팅 부서의 팀장을 찾아가 도와달라고 직접 부탁한다.

④ 마케팅 부서의 도움 없이도 프로젝트를 수행할 수 있다는 것을 보여주기 위해 그냥 진행한다.

 ② 자신이 처한 상황에 대한 판단이 우선시 되어야 하며, 혼자서 해결하기 어려운 업무에 대해서는 상사에게 문의하여 조언을 얻거나 도움을 받을 수 있는 방법을 찾는 것이 적절하다.

17 당신은 △△기업의 지원팀 과장으로 협력업체를 관리하는 감독관이다. 새로운 제품의 출시가 임박하여 제대로 상품이 생산되는지를 확인하기 위하여 협력업체를 내방하였다. 그런데 생산현장에서 담당자의 작업지침이 △△기업에서 보낸 작업지침서와 많이 달라 불량품이 발생할 조짐이 현저하다. 이번 신제품에 △△기업은 사활을 걸고 있다. 이러한 상황에서 당신의 행동으로 가장 적절한 것은?

① 협력업체 대표를 불러 작업지침에 대한 사항을 직접 물어본다.

② 곧바로 회사에 복귀하여 협력업체의 무분별한 작업을 고발하고 거래를 중지해야 한다고 보고한다.

③ 협력업체 대표를 불러 작업을 중단시키고 계약을 취소한다고 말한다.

④ 협력업체 현장 담당자에게 왜 지침이 다른지 물어보고 잘못된 부분을 지적하도록 한다.

 ④ 계열사 또는 협력업체와의 관계는 일방적이기보다는 상호보완적인 형태가 바람직하다. 따라서 협력업체 현장 담당자에게 작업지침에 대한 사항을 문의하고 해결방안을 찾도록 하는 것이 적절하다.

18 당신은 설계부서에서 근무를 하고 있다. 최근 수주 받은 제품을 생산하기 위한 기계를 설계하던 중 클라이언트가 요청한 부품을 구매해 줄 것을 구매부서에 요청하였으나 구매부서 담당자는 가격이 비싸다는 이유로 그와 비슷한 저가의 부품을 구매해 주었다. 이러한 상황을 뒤늦게 당신이 알게 되었다. 당신이 취할 수 있는 가장 바람직한 행동은?

① 구매부서 팀장에게 항의를 하고 원하는 부품을 요구한다.

② 클라이언트에게 알리지 않고 저가의 부품을 그냥 사용한다.

③ 클라이언트에게 양해를 구한 후 구매부서를 설득하여 부품을 교환한다.

④ 구매부서의 이러한 행동을 그대로 상부에 보고한다.

 ① 구매부서 팀장에게 직접 항의하는 것보다는 직원을 먼저 설득하는 것이 바람직하다.
② 설령 저가의 부품을 사용하더라도 클라이언트에게 알리지 않는 것은 바람직하지 않다.
④ 비록 다른 부서의 부당한 업무행위이더라도 아무런 절차 없이 상부에 그대로 보고하는 것은 바람직하지 못하다.

19 상사가 매일 같은 사무실에서 근무하는 동료의 외모를 비꼬아 농담을 던진다. 그런데 점점 더 수위가 높아지는 것을 알게 된 당신의 행동으로 가장 적절한 것은?

① 동료에게 조심히 성형수술을 제안한다.

② 상사의 단점을 파악하여 동료에게 알려준다.

③ 상사에게 동료에 대한 험담이 마음의 상처가 될 수 있다는 사실을 조심스럽게 전한다.

④ 그냥 무시한다.

 직장생활에서 개인적으로 혹은 주관적으로 다른 사람을 비방하거나 험담하는 것은 직업윤리에 어긋나는 행위이므로 상사에게 예의를 갖추어 동료에 대한 지나친 농담과 험담이 부당함을 전한다.

20 당신은 □□기업의 기술개발팀에서 근무를 하고 있다. 그런데 10년 넘게 알고 지낸 친한 선배가 당신이 다니고 있는 회사의 신제품 관련 기술에 대한 정보를 조금만 알려달라고 부탁을 하였다. 그 선배는 당신이 어렵고 힘들 때 항상 곁에서 가족처럼 챙겨주고 아껴주던 가족보다 더 소중한 선배이다. 또한 그 신제품을 개발할 때에도 많은 조언과 소스 등을 알려 주었던 선배이다. 회사 기밀을 유출하면 당신은 물론 □□기업은 엄청나게 큰 피해를 입을 수도 있다. 이러한 상황에서 당신이 취할 수 있는 가장 바람직한 행동은?

① 이런 부탁을 할 거면 다시는 연락을 하지 말자고 화를 낸다.
② 그냥 못들은 척하며 은근슬쩍 넘어간다.
③ 다른 선배나 지인에게 자신의 상황을 얘기하며 조언을 구한다.
④ 원하는 기술을 가르쳐주는 대신 새로운 일자리를 달라고 요구한다.

 ③ 가능한 한 회사 기밀이 유출되지 않는 방법으로 해결하는 것이 가장 바람직하다. 아무리 사적으로 친하고 정이 있다고 하여도 기업과 개인을 비교하는 것은 그 기준이 다르므로 함부로 회사 기밀을 유출하는 것은 올바르지 못하다. 따라서 주변에 조언을 구하여 사적인 관계가 무너지지 않도록 원만히 해결해야 한다.

21 다음 중 기업윤리에 대한 설명으로 가장 적절하지 않은 것은?

① 기업윤리의 준수가 단기적으로는 기업의 효율성을 저해할 수 있지만 장기적 관점에서 조직 유효성을 확보할 수 있게 한다.
② 기업윤리는 조직구성원의 행동규범을 제시하고 건전한 시민으로서의 윤리적 성취감을 충족시켜준다.
③ 기업윤리를 확립하기 위해 정부 및 공익단체의 권고와 감시활동이 필요하다.
④ 기업윤리는 사회적 규범의 체계로서 수익성을 추구하는 경영활동과는 독립된 별개의 영역이므로 경영목표나 전략에 영향을 주지 않는다.

 기업윤리는 기업을 올바르게 운영하는 기준 및 기업의 도덕적 책임도 포함되는 것으로 기업의 경영 방식 및 경영 정책에 영향을 준다.

22 직업윤리의 기본 원칙으로 알맞은 것은?

> ㉠ 사회적 책임　　　　　　　　㉡ 연대의식의 해체
> ㉢ 전문성 제고　　　　　　　　㉣ 천직·소명 의식
> ㉤ 협회의 강령 비판

① ㉠, ㉡, ㉢　　　　　　　　　② ㉠, ㉢, ㉣
③ ㉡, ㉢, ㉣　　　　　　　　　④ ㉡, ㉢, ㉤

 ㉡ 연대의식의 해체는 직장에서의 인간관계를 어렵게 하고, 직업의 사회적 의미를 퇴색시킨다.
㉤ 협회의 강령을 잘 준수하는 것도 훌륭한 직업인의 자세이다.

23 A는 현재 한 기업의 경력 20년차 부장으로서 근무하고 있다. 최근 상부에서 기업문화 개선을 위한 방안으로 전화응대 시 서로 자신의 신분을 먼저 알리도록 하자는 지시사항이 내려왔다. 경력과 회사 내의 위치를 고려하였을 때, 전화 상대가 대부분 자신의 후배인 경우가 많은 A에게는 못마땅한 상황이다. 이러한 상황에서 A에게 해줄 수 있는 조언으로 가장 적절한 것은?

① 직장 내에서 전화를 걸거나 받는 경우 자신의 신분을 먼저 알리는 것은 부끄럽거나 체면을 구기는 일이 아니다. 또한 전화상대가 후배일 가능성만 높을 뿐, 선배일 수도 있고 외부 고객의 전화일 수도 있다.

② 전화응대 시 서로 자신의 신분을 먼저 알림으로써 친목도모 및 사내 분위기 향상의 효과가 있으며, 직원들 간의 원활한 의사소통에도 도움이 된다.

③ 비록 직급이 높은 간부들에게는 못마땅한 부분이 있을 수 있으나, 상부의 지시사항을 잘 이해함으로써 발생하는 부수적인 효과도 기대할 수 있다.

④ 직장 내 상사로서 솔선수범하여 기업문화 개선에 앞장서는 모습을 보인다면 후배 직원들에게 좋은 본보기가 되어 회사의 위계질서를 세우는 데 큰 도움이 될 수 있다.

 높은 직급의 간부로서 이행해야 하는 불편하고 번거로운 지시사항에 대해 불만스러움이 있는 상황이므로 이를 해결해줄 수 있는 조언으로 적절한 것은 ①이다.

Answer ↦ 20.③ 21.④ 22.② 23.①

24 회사 내에서 기업윤리 관련 업무를 담당하고 있는 당신은 상사로부터 회사 내 새로운 기업윤리 지침을 작성해보라는 지시를 받았다. 당신은 업무에 대한 근면성, 성실성, 책임성 등을 바탕으로 새로운 기업윤리 지침을 작성하였으며, 이에 대한 설명을 보충하기 위해 규정 위반 사례들을 모아 첨부하려고 한다. 다음 중 당신이 첨부할 위반 사례로 가장 적절한 것은?

① 출장 중에 회사 카드로 식사 및 숙박을 해결하는 행위
② 업무 중 모바일 메신저를 통하여 외부 사람에게 정보를 구하는 행위
③ 휴식 시간을 잘 지키지 않는 행위
④ 업무 외 시간에 불법상거래와 도박을 하는 행위

 ④ 직장 밖에서나 업무 외 시간에 불법상거래 및 도박을 하는 것은 기업윤리에 어긋나며 회사에도 안 좋은 영향을 미친다.

25 당신은 잦은 철야로 인하여 몸이 몹시 피곤해 있다. 그런데 어젯밤에도 늦게까지 일하면서 처리한 일이 사고가 터지게 되었다. 이에 대해 상사가 불같이 화를 내며 심하게 꾸짖었다. 그러나 당신은 사고 관련 일뿐만 아니라 듣기 매우 거북한 인격 모독성 발언까지 듣게 되었다. 그것도 모든 사원들이 보는 자리에서 말이다. 이 상황에서 당신이 취할 수 있는 행동으로 가장 적절한 것은?

① 그냥 가만히 고개를 숙이고 있는다.
② 왜 사람을 무시하느냐고 막 부장에게 대든다.
③ 일에 관한 것은 사과를 드리며 인격 모독성 발언에 대해 사과할 것을 요구한다.
④ 책상 위의 모든 것을 다 집어 던지고 회사를 나간다.

 ③ 개인적인 불만이 있더라도 감정적인 부분은 되도록 배제하고 업무적인 부분에 대해 사과하는 것이 현명한 방법이다. 또한 자신이 느낀 인격적인 모독감에 대해서는 상사에게 사과를 요구하는 것이 합당하다.

26 다음 중 책임감이 높은 사람의 특징으로 가장 거리가 먼 것은 어느 것인가?

① 동료의 일은 자신이 알아서 해결하도록 간섭하지 않는다.

② 삶을 긍정적으로 바라보는 태도가 바탕이 된다.

③ 모든 결과는 나의 선택으로 말미암아 일어났다고 생각한다.

④ 누구의 잘못인지를 따지기 전에 어떤 상황에 있어서든 나는 문제해결의 주체라고 생각한다.

 일반적으로 책임감이 없는 사람은 회사에서 불필요한 사람으로 인식을 받기 쉽고, 반대로 자기 일에 대한 사명감과 책임감이 투철한 사람은 여러 사람에게 도움을 많이 주므로 조직에서 꼭 필요한 사람으로 인식하는 경우가 많다. 따라서 책임감이 높은 사람은 자신의 일뿐만 아니라 동료들의 업무 수행에 있어서도 적극적으로 도움을 줄 수 있는지를 스스로 찾아낼 수 있는 특징이 있다.

27 다음 중 기업의 사회적 책임과 기업윤리에 대한 설명으로 가장 거리가 먼 것은?

① 기업의 사회적 책임이 추가적인 정부 규제와 개입을 줄일 수 있으므로 기업의 의사결정에 더 큰 자유와 신축성을 가질 수 있다.

② 기업의 사회적 책임이 도덕적, 규범적 측면을 강조하는 것이라면 기업윤리는 법률적, 제도적 측면에 초점을 둔다.

③ 기업은 기업의 유지 및 발전, 이해관계자의 이해조정, 사회발전 등의 분야에서 사회적 책임을 진다.

④ 기업윤리는 모든 상황에 보편적으로 적용되는 윤리라기보다는 기업경영이라는 특수상황에 적용되는 응용윤리의 성격을 갖는다.

 기업의 사회적 책임이 조직차원에서 법률적, 제도적 측면을 강조한 것이라면 기업윤리는 개인차원에서 도덕적, 규범적 측면에 초점을 둔다.
※ 기업윤리
　　㉠ 정의 : 사회생활을 하는 인간이 근본적으로 부딪힐 수밖에 없는 선과 악, 도덕적 책임과 의무에 관한 규율인 윤리에 관한 문제를 기업의 상황에 대입한 것이다. 따라서 기업윤리는 경영자의 행동이나 결정의 판단기준이 된다.
　　㉡ 구분
　　　• 기업가 윤리 : 고객과의 신뢰, 경영의 투명성, 공정한 경쟁, 종업원에 대한 대우 등
　　　• 사원 윤리 : 업무에 충실, 고객에 대한 친절 등
　　　• 소비자 윤리 : 사원 존중, 회사에 대한 합당한 요구 등

Answer 24.④ 25.③ 26.① 27.②

28 기업윤리가 오늘날 경영자들과 사회에 중요한 개념으로 부각되고 있음에 대해 설명하는 내용으로 다음 중 가장 적절하지 않은 것은?

① 경영자의 비윤리적 행위가 빈번할수록 사회전체가 지불해야 하는 비용이 증가할 수 있다.
② 소비자보호, 환경보호와 같은 윤리적 기업활동에 대한 시민단체 등을 통한 감시활동이 강화되고 있다.
③ 기업윤리에 대한 국제사회의 요구 및 압력이 증대되고 있다.
④ 윤리경영이 기업의 재무적 성과에 미치는 기여도는 매우 적다.

 윤리경영의 적극적 실천이 기업의 가치와 성과에 모두 긍정적인 영향을 미친다는 연구결과가 나오고 있다.

29 다음은 기업의 윤리경영에 관한 사례를 나타낸 것이다. 이와 같은 윤리경영 지침을 준수하는 자세로서 가장 적절하지 않은 것은?

> 몇 년 전 한 기업에서 명절을 앞두고 대표이사가 직접 "3불문하고 명절선물을 받지 말라"라는 지시를 내려서 화제가 된 적이 있다. '3불문'이란 금액불문, 유형불문, 이유불문이다. 고유한 미풍양속이라는 그럴듯한 이유를 내세워 거래관계가 있거나 향후 거래를 희망하는 업체로부터 선물을 받는 것은 윤리경영을 해치는 길이기 때문에 내린 조치일 것이다.

① 거래처로부터 선물을 받았을 때에는 정중하게 거절하고 사과의 말씀을 드린다.
② 거래처 담당자가 선물을 몰래 놓고 갔을 경우에는 담당자에게 연락하여 돌려주고 상사에게는 보고하지 않아도 된다.
③ 직장 동료가 거래처로부터 선물을 받은 사실을 알게 되었을 경우 감사부서에 통보하기 전 상사나 직장 선배와 의논한다.
④ 거래처 직원이 부서에서 나누어 먹으라고 가져온 케이크는 상사에게 말씀드리고 의견을 따른다.

 거래처 담당자가 선물을 몰래 놓고 갔을 경우에는 담당자에게 연락하여 돌려주고 반드시 상사에게도 보고하여야 한다.

30 다음 중 기업윤리와 사회적 책임에 대한 설명으로 가장 적절하지 않은 것은?

① 기업의 사회적 책임은 법과 주주들이 요구하는 것을 넘어서 사회 전체에서 바람직한 장기적 목표를 추구할 의무까지 포함한다.

② 정부에서는 소비자 보호법, 제조물책임법, 공정거래법 등을 제정하여 기업의 윤리행위에 영향을 주고 있다.

③ 현재 기업의 사회적 책임은 윤리적 측면에서만 문제가 되고 법적 강제사항은 아니던 것이 법제화되는 사례가 많아지고 있다.

④ 기업의 사회적 책임에는 산업재해예방, 복리후생향상과 같은 대외적 윤리와 환경보호, 소비자만족경영과 같은 대내적 윤리가 있다.

 기업의 사회적 책임 유형
　ⓐ 대외적 윤리 : 대리인 문제, 소비자에 대한 윤리 문제, 정부와 사회에 대한 책임
　ⓑ 대내적 윤리 : 종업원에 대한 공정한 대우, 노조에 대한 책임 등

31 원만한 직업생활을 위한 봉사(서비스)활동의 의미로 옳지 않은 것은?

① 고객으로부터 사랑을 받기 위한 기본적 방법은 봉사를 강조하는 것이다.

② 고객소리의 경청과 요구사항을 해결하는 것은 기업 활동의 시작이자 끝이다.

③ 봉사의 사전적 의미는 자신의 이해를 돌보지 아니하고 몸과 마음을 다하는 것이다.

④ 우수한 상품의 경우 높은 수준의 서비스가 아니어도 고객만족은 충분히 이루어진다.

 ④ 상품이 우수하더라도 서비스 수준이 낮다면 고객의 만족도는 떨어지게 된다.

Answer ┌→ 28.④ 29.② 30.④ 31.④

32 인간의 존엄성과 행복추구권에 대한 설명으로 옳지 않은 것은?

① 일 자체의 가치와 즐거움을 찾기 위한 자신의 노력이 필요하다.

② 노동의 인간화는 인간다운 근로조건, 의사결정 참여 확대, 권한과 책임을 부여해야 한다.

③ 노동을 하는 근본적인 이유에 관한 문제와 이유에 대해서는 고민하지 않아도 된다.

④ 인간의 존엄성과 행복추구권을 기본권 보장의 대의로 규정하는 헌법 정신에 입각해서 이루어져야 한다.

 ③ 노동을 하는 근본적인 이유에 관한 문제와 이유에 대해서는 지속적인 고민이 필요하다.

33 다음 대화의 빈칸에 들어갈 말로 알맞게 짝지어진 것은?

> 학생 : 직업인으로서 지켜야 할 기본 윤리는 무엇인가요?
> 선생님 : 직업인이라면 일반적으로 정직과 성실, 신의, 책임, 의무 등의 덕목을 준수해야 합니다.
> 학생 : 선생님께서 말씀하신 덕목은 모든 사람들에게 요구되는 윤리와 상통한데, 그 이유는 무엇인가요?
> 선생님 : _____

> 〈보기〉
> ㉠ 모든 직업인은 직업인이기 전에 인간이기 때문입니다.
> ㉡ 특수한 윤리가 필요한 직업은 존재하지 않기 때문입니다.
> ㉢ 직장 생활에서 사람들과 관계를 맺어야 하기 때문입니다.
> ㉣ 직업은 사회적 역할 분담의 성격을 가지고 있기 때문입니다.

① ㉠, ㉢ ② ㉡, ㉣
③ ㉠, ㉢, ㉣ ④ ㉡, ㉢, ㉣

 ㉡ 직업윤리의 특수성에 대한 내용으로, 특수한 윤리가 필요한 직업은 점차 늘어나고 있는 추세이나 이런 특수성은 보편적인 윤리를 바탕으로 정립되어야 한다.

34 다음 중 기업의 사회적 책임과 거리가 먼 것은?

① 고용 증대

② 지역 발전에 기여

③ 주주 가치의 극대화

④ 환경 문제의 해결

 기업의 사회적 책임(CSR)의 범위
- ㉠ 1단계 책임 : 경제적(economic)
  - 고객의 욕구를 만족시키며 경제적 이익을 창출하는 책임
  - 이윤극대화, 고용확대 등
- ㉡ 2단계 책임 : 법적(legal)
  - 법률적 규제의 범위 안에서 경제적 사명을 성취하는 책임
  - 회계투명성, 제품안전 등
- ㉢ 3단계 책임 : 윤리적(ethical)
  - 사회가 적절한 행동으로 규정한 도덕적 규율을 준수하는 책임
  - 환경·윤리경영, 고용다양성 등
- ㉣ 4단계 책임 : 자선적(philanthropic)
  - '기업시민'으로서 사회의 긍정적 변화를 적극적으로 추구하는 책임
  - 소외계층 및 교육·문화지원 등

35 다음과 같은 직업 생활에 요구되는 자세로 가장 알맞은 것은?

> 인간의 삶터가 직장을 중심으로 이루어진다고 할 때 우리는 직장을 통하여 많은 사람들과 교제한다. 같은 직장 내에서 뿐만 아니라 직장 외부에서도 일과 관련된 사람들을 수시로 접촉한다. 이때, 인간관계가 원만하면 직장 생활이 즐거운 반면, 그렇지 못하면 항상 긴장과 스트레스 속에서 갈등하게 된다.

① 상사의 명령에 무조건 복종하는 자세를 갖는다.

② 화합하고 협동하는 인간관계를 맺기 위해 노력한다.

③ 경제적 효율성을 중시하는 공동체 문화를 확립한다.

④ 공정한 기회를 제공하는 수평적 조직 체계를 수립한다.

 제시문은 직장에서의 원만한 인간관계에 대한 내용으로, 이를 위해서는 화합하고 협동하는 자세가 필요하다.

Answer⟶ 32.③ 33.③ 34.③ 35.②

PART

IV

면접

01 면접의 기본

1 면접 준비

(1) 면접의 기본 원칙

① **면접의 의미** … 면접이란 다양한 면접기법을 활용하여 지원한 직무에 필요한 능력을 지원자가 보유하고 있는지를 확인하는 절차라고 할 수 있다. 즉, 지원자의 입장에서는 채용 직무수행에 필요한 요건들과 관련하여 자신의 환경, 경험, 관심사, 성취 등에 대해 기업에 직접 어필할 수 있는 기회를 제공받는 것이며, 기업의 입장에서는 서류전형만으로 알 수 없는 지원자에 대한 정보를 직접적으로 수집하고 평가하는 것이다.

② **면접의 특징** … 면접은 기업의 입장에서 서류전형이나 필기전형에서 드러나지 않는 지원자의 능력이나 성향을 볼 수 있는 기회로, 면대면으로 이루어지며 즉흥적인 질문들이 포함될 수 있기 때문에 지원자가 완벽하게 준비하기 어려운 부분이 있다. 하지만 지원자 입장에서도 서류전형이나 필기전형에서 모두 보여주지 못한 자신의 능력 등을 기업의 인사담당자에게 어필할 수 있는 추가적인 기회가 될 수도 있다.

[서류 · 필기전형과 차별화되는 면접의 특징]

- 직무수행과 관련된 다양한 지원자 행동에 대한 관찰이 가능하다.
- 면접관이 알고자 하는 정보를 심층적으로 파악할 수 있다.
- 서류상의 미비한 사항과 의심스러운 부분을 확인할 수 있다.
- 커뮤니케이션 능력, 대인관계 능력 등 행동 · 언어적 정보도 얻을 수 있다.

③ **면접의 유형**

㉠ **구조화 면접** : 구조화 면접은 사전에 계획을 세워 질문의 내용과 방법, 지원자의 답변 유형에 따른 추가 질문과 그에 대한 평가 역량이 정해져 있는 면접 방식으로 표준화 면접이라고도 한다.

- 표준화된 질문이나 평가요소가 면접 전 확정되며, 지원자는 편성된 조나 면접관에 영향을 받지 않고 동일한 질문과 시간을 부여받을 수 있다.
- 조직 또는 직무별로 주요하게 도출된 역량을 기반으로 평가요소가 구성되어, 조직 또는 직무에서 필요한 역량을 가진 지원자를 선발할 수 있다.
- 표준화된 형식을 사용하는 특성 때문에 비구조화 면접에 비해 신뢰성과 타당성, 객관성이 높다.

㉡ **비구조화 면접** : 비구조화 면접은 면접 계획을 세울 때 면접 목적만을 명시하고 내용이나 방법은 면접관에게 전적으로 일임하는 방식으로 비표준화 면접이라고도 한다.

- 표준화된 질문이나 평가요소 없이 면접이 진행되며, 편성된 조나 면접관에 따라 지원자에게 주어지는 질문이나 시간이 다르다.
- 면접관의 주관적인 판단에 따라 평가가 이루어져 평가 오류가 빈번히 일어난다.
- 상황 대처나 언변이 뛰어난 지원자에게 유리한 면접이 될 수 있다.

④ 경쟁력 있는 면접 요령

㉠ 면접 전에 준비하고 유념할 사항

- 예상 질문과 답변을 미리 작성한다.
- 작성한 내용을 문장으로 외우지 않고 키워드로 기억한다.
- 지원한 회사의 최근 기사를 검색하여 기억한다.
- 지원한 회사가 속한 산업군의 최근 기사를 검색하여 기억한다.
- 면접 전 1주일간 이슈가 되는 뉴스를 기억하고 자신의 생각을 반영하여 정리한다.
- 찬반토론에 대비한 주제를 목록으로 정리하여 자신의 논리를 내세운 예상답변을 작성한다.

㉡ 면접장에서 유념할 사항

- 질문의 의도 파악 : 답변을 할 때에는 질문 의도를 파악하고 그에 충실한 답변이 될 수 있도록 질문사항을 유념해야 한다. 많은 지원자가 하는 실수 중 하나로 답변을 하는 도중 자기 말에 심취되어 질문의 의도와 다른 답변을 하거나 자신이 알고 있는 지식만을 나열하는 경우가 있는데, 이럴 경우 의사소통능력이 부족한 사람으로 인식될 수 있으므로 주의하도록 한다.
- 답변은 두괄식 : 답변을 할 때에는 두괄식으로 결론을 먼저 말하고 그 이유를 설명하는 것이 좋다. 미괄식으로 답변을 할 경우 용두사미의 답변이 될 가능성이 높으며, 결론을 이끌어 내는 과정에서 논리성이 결여될 우려가 있다. 또한 면접관이 결론을 듣기 전에 말을 끊고 다른 질문을 추가하는 예상치 못한 상황이 발생될 수 있으므로 답변은 자신이 전달하고자 하는 바를 먼저 밝히고 그에 대한 설명을 하는 것이 좋다.
- 지원한 회사의 기업정신과 인재상을 기억 : 답변을 할 때에는 회사가 원하는 인재라는 인상을 심어주기 위해 지원한 회사의 기업정신과 인재상 등을 염두에 두고 답변을 하는 것이 좋다. 모든 회사에 해당되는 두루뭉술한 답변보다는 지원한 회사에 맞는 맞춤형 답변을 하는 것이 좋다.
- 나보다는 회사와 사회적 관점에서 답변 : 답변을 할 때에는 자기중심적인 관점을 피하고 좀 더 넓은 시각으로 회사와 국가, 사회적 입장까지 고려하는 인재임을 어필하는 것이 좋다. 자기중심적 시각을 바탕으로 자신의 출세만을 위해 회사에 입사하려는 인상을 심어줄 경우 면접에서 불이익을 받을 가능성이 높다.
- 난처한 질문은 정직한 답변 : 난처한 질문에 답변을 해야 할 때에는 피하기보다는 정면 돌파로 정직하고 솔직하게 답변하는 것이 좋다. 난처한 부분을 감추고 드러내지 않으려 회피하려는 지원자의 모습은 인사담당자에게 입사 후에도 비슷한 상황에 처했을 때 회피할 수도 있다는 우려를 심어줄 수 있다. 따라서 직장생활에 있어 중요한 덕목 중 하나인 정직을 바탕으로 솔직하게 답변을 하도록 한다.

(2) 면접의 종류 및 준비 전략

① 인성면접

　㉠ 면접 방식 및 판단기준

- 면접 방식 : 인성면접은 면접관이 가지고 있는 개인적 면접 노하우나 관심사에 의해 질문을 실시한다. 주로 입사지원서나 자기소개서의 내용을 토대로 지원동기, 과거의 경험, 미래 포부 등을 이야기하도록 하는 방식이다.
- 판단기준 : 면접관의 개인적 가치관과 경험, 해당 역량의 수준, 경험의 구체성·진실성 등

　㉡ 특징 : 인성면접은 그 방식으로 인해 역량과 무관한 질문들이 많고 지원자에게 주어지는 면접질문, 시간 등이 다를 수 있다. 또한 입사지원서나 자기소개서의 내용을 토대로 하기 때문에 지원자별 질문이 달라질 수 있다.

　㉢ 예시 문항 및 준비전략

- 예시 문항

> - 3분 동안 자기소개를 해 보십시오.
> - 자신의 장점과 단점을 말해 보십시오.
> - 학점이 좋지 않은데 그 이유가 무엇입니까?
> - 최근에 인상 깊게 읽은 책은 무엇입니까?
> - 회사를 선택할 때 중요시하는 것은 무엇입니까?
> - 일과 개인생활 중 어느 쪽을 중시합니까?
> - 10년 후 자신은 어떤 모습일 것이라고 생각합니까?
> - 휴학 기간 동안에는 무엇을 했습니까?

- 준비전략 : 인성면접은 입사지원서나 자기소개서의 내용을 바탕으로 하는 경우가 많으므로 자신이 작성한 입사지원서와 자기소개서의 내용을 충분히 숙지하도록 한다. 또한 최근 사회적으로 이슈가 되고 있는 뉴스에 대한 견해를 묻거나 시사상식 등에 대한 질문을 받을 수 있으므로 이에 대한 대비도 필요하다. 자칫 부담스러워 보이지 않는 질문으로 가볍게 대답하지 않도록 주의하고 모든 질문에 입사 의지를 담아 성실하게 답변하는 것이 중요하다.

② 발표면접

　㉠ 면접 방식 및 판단기준

- 면접 방식 : 지원자가 특정 주제와 관련된 자료를 검토하고 그에 대한 자신의 생각을 면접관 앞에서 주어진 시간 동안 발표하고 추가 질의를 받는 방식으로 진행된다.
- 판단기준 : 지원자의 사고력, 논리력, 문제해결력 등

　㉡ 특징 : 발표면접은 지원자에게 과제를 부여한 후, 과제를 수행하는 과정과 결과를 관찰·평가한다. 따라서 과제수행 결과뿐 아니라 수행과정에서의 행동을 모두 평가할 수 있다.

ⓒ 예시 문항 및 준비전략

• 예시 문항

[신입사원 조기 이직 문제]

※ 지원자는 아래에 제시된 자료를 검토한 뒤, 신입사원 조기 이직의 원인을 크게 3가지로 정리하고 이에 대한 구체적인 개선안을 도출하여 발표해 주시기 바랍니다.

※ 본 과제에 정해진 정답은 없으나 논리적 근거를 들어 개선안을 작성해 주십시오.

• A기업은 동종업계 유사기업들과 비교해 볼 때, 비교적 높은 재무안정성을 유지하고 있으며 업무강도가 그리 높지 않은 것으로 외부에 알려져 있음.

• 최근 조사결과, 동종업계 유사기업들과 연봉을 비교해 보았을 때 연봉 수준도 그리 나쁘지 않은 편이라는 것이 확인되었음.

• 그러나 지난 3년간 1~2년차 직원들의 이직률이 계속해서 증가하고 있는 추세이며, 경영진 회의에서 최우선 해결과제 중 하나로 거론되었음.

• 이에 따라 인사팀에서 현재 1~2년차 사원들을 대상으로 개선되어야 하는 A기업의 조직문화에 대한 설문조사를 실시한 결과, '상명하복식의 의사소통'이 36.7%로 1위를 차지했음.

• 이러한 설문조사와 함께, 신입사원 조기 이직에 대한 원인을 분석한 결과 파랑새 증후군, 셀프홀릭 증후군, 피터팬 증후군 등 3가지로 분류할 수 있었음.

〈동종업계 유사기업들과의 연봉 비교〉

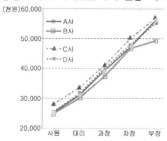

〈우리 회사 조직문화 중 개선되었으면 하는 것〉

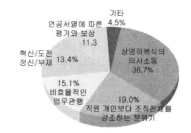

〈신입사원 조기 이직의 원인〉

• 파랑새 증후군
- 현재의 직장보다 더 좋은 직장이 있을 것이라는 막연한 기대감으로 끊임없이 새로운 직장을 탐색함.
- 학력 수준과 맞지 않는 '하향지원', 전공과 적성을 고려하지 않고 일단 취업하고 보자는 '묻지마 지원'이 파랑새 증후군을 초래함.

• 셀프홀릭 증후군
- 본인의 역량에 비해 가치가 낮은 일을 주로 하면서 갈등을 느낌.

• 피터팬 증후군
- 기성세대의 문화를 무조건 수용하기보다는 자유로움과 변화를 추구함.
- 상명하복, 엄격한 규율 등 기성세대가 당연시하는 관행에 거부감을 가지며 직장에 답답함을 느낌.

- 준비전략 : 발표면접의 시작은 과제 안내문과 과제 상황, 과제 자료 등을 정확하게 이해하는 것에서 출발한다. 과제 안내문을 침착하게 읽고 제시된 주제 및 문제와 관련된 상황의 맥락을 파악한 후 과제를 검토한다. 제시된 기사나 그래프 등을 충분히 활용하여 주어진 문제를 해결할 수 있는 해결책이나 대안을 제시하며, 발표를 할 때에는 명확하고 자신 있는 태도로 전달할 수 있도록 한다.

③ 토론면접
　㉠ 면접 방식 및 판단기준
　　- 면접 방식 : 상호갈등적 요소를 가진 과제 또는 공통의 과제를 해결하는 내용의 토론 과제를 제시하고, 그 과정에서 개인 간의 상호작용 행동을 관찰하는 방식으로 면접이 진행된다.
　　- 판단기준 : 팀워크, 적극성, 갈등 조정, 의사소통능력, 문제해결능력 등
　㉡ 특징 : 토론을 통해 도출해 낸 최종안의 타당성도 중요하지만, 결론을 도출해 내는 과정에서의 의사소통능력이나 갈등상황에서 의견을 조정하는 능력 등이 중요하게 평가되는 특징이 있다.
　㉢ 예시 문항 및 준비전략
　　- 예시 문항

> - 군 가산점제 부활에 대한 찬반토론
> - 담뱃값 인상에 대한 찬반토론
> - 비정규직 철폐에 대한 찬반토론
> - 대학의 영어 강의 확대 찬반토론
> - 워크숍 장소 선정을 위한 토론

　　- 준비전략 : 토론면접은 무엇보다 팀워크와 적극성이 강조된다. 따라서 토론과정에 적극적으로 참여하며 자신의 의사를 분명하게 전달하며, 갈등상황에서 자신의 의견만 내세울 것이 아니라 다른 지원자의 의견을 경청하고 배려하는 모습도 중요하다. 갈등상황을 일목요연하게 정리하여 조정하는 등의 의사소통능력을 발휘하는 것도 좋은 전략이 될 수 있다.

④ 상황면접
　㉠ 면접 방식 및 판단기준
　　- 면접 방식 : 상황면접은 직무 수행 시 접할 수 있는 상황들을 제시하고, 그러한 상황에서 어떻게 행동할 것인지를 이야기하는 방식으로 진행된다.
　　- 판단기준 : 해당 상황에 적절한 역량의 구현과 구체적 행동지표
　㉡ 특징 : 실제 직무 수행 시 접할 수 있는 상황들을 제시하므로 입사 이후 지원자의 업무수행능력을 평가하는 데 적절한 면접 방식이다. 또한 지원자의 가치관, 태도, 사고방식 등의 요소를 통합적으로 평가하는 데 용이하다.

ⓒ 예시 문항 및 준비전략

• 예시 문항

> 당신은 생산관리팀의 팀원으로, 생산팀이 기한에 맞춰 효율적으로 제품을 생산할 수 있도록 관리하는 역할을 맡고 있습니다. 3개월 뒤에 제품A를 정상적으로 출시하기 위해 생산팀의 생산 계획을 수립한 상황입니다. 그러나 원가가 곧 실적으로 이어지는 구매팀에서는 최대한 원가를 줄여 전반적 단가를 낮추려고 원가절감을 위한 제안을 하였으나, 연구개발팀에서는 구매팀이 제안한 방식으로 제품을 생산할 경우 대부분이 구매팀의 실적으로 산정될 것이므로 제대로 확인도 해보지 않은 채 적합하지 않은 방식이라고 판단하고 있습니다. 당신은 어떻게 하겠습니까?

• 준비전략 : 상황면접은 먼저 주어진 상황에서 핵심이 되는 문제가 무엇인지를 파악하는 것에서 시작한다. 주질문과 세부질문을 통하여 질문의 의도를 파악하였다면, 그에 대한 구체적인 행동이나 생각 등에 대해 응답할수록 높은 점수를 얻을 수 있다.

⑤ 역할면접

㉠ 면접 방식 및 판단기준

• 면접 방식 : 역할면접 또는 역할연기 면접은 기업 내 발생 가능한 상황에서 부딪히게 되는 문제와 역할을 가상적으로 설정하여 특정 역할을 맡은 사람과 상호작용하고 문제를 해결해 나가도록 하는 방식으로 진행된다. 역할연기 면접에서는 면접관이 직접 역할연기를 하면서 지원자를 관찰하기도 하지만, 역할연기 수행만 전문적으로 하는 사람을 투입할 수도 있다.

• 판단기준 : 대처능력, 대인관계능력, 의사소통능력 등

㉡ 특징 : 역할면접은 실제 상황과 유사한 가상 상황에서의 행동을 관찰함으로서 지원자의 성격이나 대처 행동 등을 관찰할 수 있다.

㉢ 예시 문항 및 준비전략

• 예시 문항

> [금융권 역할면접의 예]
> 당신은 ○○은행의 신입 텔러이다. 사람이 많은 월말 오전 한 할아버지(면접관 또는 역할담당자)께서 ○○은행을 사칭한 보이스피싱으로 500만 원을 피해 보았다며 소란을 일으키고 있다. 실제 업무상황이라고 생각하고 상황에 대처해 보시오.

• 준비전략 : 역할연기 면접에서 측정하는 역량은 주로 갈등의 원인이 되는 문제를 해결 하고 제시된 해결방안을 상대방에게 설득하는 것이다. 따라서 갈등해결, 문제해결, 조정·통합, 설득력과 같은 역량이 중요시된다. 또한 갈등을 해결하기 위해서 상대방에 대한 이해도 필수적인 요소이므로 고객 지향을 염두에 두고 상황에 맞게 대처해야 한다.
역할면접에서는 변별력을 높이기 위해 면접관이 압박적인 분위기를 조성하는 경우가 많기 때문에 스트레스 상황에서 불안해하지 않고 유연하게 대처할 수 있도록 시간과 노력을 들여 충분히 연습하는 것이 좋다.

2　면접 이미지 메이킹

(1) 성공적인 이미지 메이킹 포인트

① 복장 및 스타일

　㉠ 남성

- 양복 : 양복은 단색으로 하며 넥타이나 셔츠로 포인트를 주는 것이 효과적이다. 짙은 회색이나 감청색이 가장 단정하고 품위 있는 인상을 준다.
- 셔츠 : 흰색이 가장 선호되나 자신의 피부색에 맞추는 것이 좋다. 푸른색이나 베이지색은 산뜻한 느낌을 줄 수 있다. 양복과의 배색도 고려하도록 한다.
- 넥타이 : 의상에 포인트를 줄 수 있는 아이템이지만 너무 화려한 것은 피한다. 지원자의 피부색은 물론, 정장과 셔츠의 색을 고려하며, 체격에 따라 넥타이 폭을 조절하는 것이 좋다.
- 구두 & 양말 : 구두는 검정색이나 짙은 갈색이 어느 양복에나 무난하게 어울리며 깔끔하게 닦아 준비한다. 양말은 정장과 동일한 색상이나 검정색을 착용한다.
- 헤어스타일 : 머리스타일은 단정한 느낌을 주는 짧은 헤어스타일이 좋으며 앞머리가 있다면 이마나 눈썹을 가리지 않는 선에서 정리하는 것이 좋다.

　㉡ 여성

- 의상 : 단정한 스커트 투피스 정장이나 슬랙스 슈트가 무난하다. 블랙이나 그레이, 네이비, 브라운 등 차분해 보이는 색상을 선택하는 것이 좋다.
- 소품 : 구두, 핸드백 등은 같은 계열로 코디하는 것이 좋으며 구두는 너무 화려한 디자인이나 굽이 높은 것을 피한다. 스타킹은 의상과 구두에 맞춰 단정한 것으로 선택한다.
- 액세서리 : 액세서리는 너무 크거나 화려한 것은 좋지 않으며 과하게 많이 하는 것도 좋은 인상을 주지 못한다. 착용하지 않거나 작고 깔끔한 디자인으로 포인트를 주는 정도가 적당하다.
- 메이크업 : 화장은 자연스럽고 밝은 이미지를 표현하는 것이 좋으며 진한 색조는 인상이 강해 보일 수 있으므로 피한다.
- 헤어스타일 : 커트나 단발처럼 짧은 머리는 활동적이면서도 단정한 이미지를 줄 수 있도록 정리한다. 긴 머리의 경우 하나로 묶거나 단정한 머리망으로 정리하는 것이 좋으며, 짙은 염색이나 화려한 웨이브는 피한다.

② 인사

    ㉠ **인사의 의미** : 인사는 예의범절의 기본이며 상대방의 마음을 여는 기본적인 행동이라고 할 수 있다. 인사는 처음 만나는 면접관에게 호감을 살 수 있는 가장 쉬운 방법이 될 수 있기도 하지만 제대로 예의를 지키지 않으면 지원자의 인성 전반에 대한 평가로 이어질 수 있으므로 각별히 주의해야 한다.

    ㉡ **인사의 핵심 포인트**

- 인사말 : 인사말을 할 때에는 밝고 친근감 있는 목소리로 하며, 자신의 이름과 수험번호 등을 간략하게 소개한다.
- 시선 : 인사는 상대방의 눈을 보며 하는 것이 중요하며 너무 빤히 쳐다본다는 느낌이 들지 않도록 주의한다.
- 표정 : 인사는 마음에서 우러나오는 존경이나 반가움을 표현하고 예의를 차리는 것이므로 살짝 미소를 지으며 하는 것이 좋다.
- 자세 : 인사를 할 때에는 가볍게 목만 숙인다거나 흐트러진 상태에서 인사를 하지 않도록 주의하며 절도 있고 확실하게 하는 것이 좋다.

③ 시선처리와 표정, 목소리

    ㉠ **시선처리와 표정** : 표정은 면접에서 지원자의 첫인상을 결정하는 중요한 요소이다. 얼굴표정은 사람의 감정을 가장 잘 표현할 수 있는 의사소통 도구로 표정 하나로 상대방에게 호감을 주거나, 비호감을 사기도 한다. 호감이 가는 인상의 특징은 부드러운 눈썹, 자연스러운 미간, 적당히 볼록한 광대, 올라간 입 꼬리 등으로 가볍게 미소를 지을 때의 표정과 일치한다. 따라서 면접 중에는 밝은 표정으로 미소를 지어 호감을 형성할 수 있도록 한다. 시선은 면접관과 고르게 맞추되 생기 있는 눈빛을 띄도록 하며, 너무 빤히 쳐다본다는 인상을 주지 않도록 한다.

    ㉡ **목소리** : 면접은 주로 면접관과 지원자의 대화로 이루어지므로 목소리가 미치는 영향이 상당하다. 답변을 할 때에는 부드러우면서도 활기차고 생동감 있는 목소리로 하는 것이 면접관에게 호감을 줄 수 있으며 적당한 제스처가 더해진다면 상승효과를 얻을 수 있다. 그러나 적절한 답변을 하였음에도 불구하고 콧소리나 날카로운 목소리, 자신감 없는 작은 목소리는 답변의 신뢰성을 떨어뜨릴 수 있으므로 주의하도록 한다.

④ 자세

    ㉠ 걷는 자세

- 면접장에 입실할 때에는 상체를 곧게 유지하고 발끝은 평행이 되게 하며 무릎을 스치듯 11자로 걷는다.
- 시선은 정면을 향하고 턱은 가볍게 당기며 어깨나 엉덩이가 흔들리지 않도록 주의한다.
- 발바닥 전체가 닿는 느낌으로 안정감 있게 걸으며 발소리가 나지 않도록 주의한다.
- 보폭은 어깨넓이만큼이 적당하지만, 스커트를 착용했을 경우 보폭을 줄인다.
- 걸을 때도 미소를 유지한다.

○ 서있는 자세

- 몸 전체를 곧게 펴고 가슴을 자연스럽게 내민 후 등과 어깨에 힘을 주지 않는다.
- 정면을 바라본 상태에서 턱을 약간 당기고 아랫배에 힘을 주어 당기며 바르게 선다.
- 양 무릎과 발뒤꿈치는 붙이고 발끝은 11자 또는 V형을 취한다.
- 남성의 경우 팔을 자연스럽게 내리고 양손을 가볍게 쥐어 바지 옆선에 붙이고, 여성의 경우 공수자세를 유지한다.

○ 앉은 자세

- 남성

> - 의자 깊숙이 앉고 등받이와 등 사이에 주먹 1개 정도의 간격을 두며 기대듯 앉지 않도록 주의한다. (남녀 공통 사항)
> - 무릎 사이에 주먹 2개 정도의 간격을 유지하고 발끝은 11자를 취한다.
> - 시선은 정면을 바라보며 턱은 가볍게 당기고 미소를 짓는다. (남녀 공통 사항)
> - 양손은 가볍게 주먹을 쥐고 무릎 위에 올려놓는다.
> - 앉고 일어날 때에는 자세가 흐트러지지 않도록 주의한다. (남녀 공통 사항)

- 여성

> - 스커트를 입었을 경우 왼손으로 뒤쪽 스커트 자락을 누르고 오른손으로 앞쪽 자락을 누르며 의자에 앉는다.
> - 무릎은 붙이고 발끝을 가지런히 하며, 다리를 왼쪽으로 비스듬히 기울이면 단정해 보이는 효과가 있다.
> - 양손을 모아 무릎 위에 모아 놓으며 스커트를 입었을 경우 스커트 위를 가볍게 누르듯이 올려놓는다.

(2) 면접 예절

① 행동 관련 예절

○ **지각은 절대금물**: 시간을 지키는 것은 예절의 기본이다. 지각을 할 경우 면접에 응시할 수 없거나, 면접 기회가 주어지더라도 불이익을 받을 가능성이 높아진다. 따라서 면접장소가 결정되면 교통편과 소요시간을 확인하고 가능하다면 사전에 미리 방문해 보는 것도 좋다. 면접 당일에는 서둘러 출발하여 면접 시간 20~30분 전에 도착하여 회사를 둘러보고 환경에 익숙해지는 것도 성공적인 면접을 위한 요령이 될 수 있다.

○ **면접 대기 시간**: 지원자들은 대부분 면접장에서의 행동과 답변 등으로만 평가를 받는다고 생각하지만 그렇지 않다. 면접관이 아닌 면접진행자 역시 대부분 인사실무자이며 면접관이 면접 후 지원자에 대한 평가에 있어 확신을 위해 면접진행자의 의견을 구한다면 면접진행자의 의견이 당락에 영향을 줄 수 있다. 따라서 면접 대기 시간에도 행동과 말을 조심해야 하며, 면접을 마치고 돌아가는 순간까지도 긴장을 늦춰서는 안 된다. 면접 중 압박적인 질

문에 답변을 잘 했지만, 면접장을 나와 흐트러진 모습을 보이거나 욕설을 한다면 면접 탈락의 요인이 될 수 있으므로 주의해야 한다.

ⓒ **입실 후 태도** : 본인의 차례가 되어 호명되면 또렷하게 대답하고 들어간다. 만약 면접장 문이 닫혀 있다면 상대에게 소리가 들릴 수 있을 정도로 노크를 두세 번 한 후 대답을 듣고 나서 들어가야 한다. 문을 여닫을 때에는 소리가 나지 않게 조용히 하며 공손한 자세로 인사한 후 성명과 수험번호를 말하고 면접관의 지시에 따라 자리에 앉는다. 이 경우 착석하라는 말이 없는데 먼저 의자에 앉으면 무례한 사람으로 보일 수 있으므로 주의한다. 의자에 앉을 때에는 끝에 앉지 말고 무릎 위에 양손을 가지런히 얹는 것이 예절이라고 할 수 있다.

ⓓ **옷매무새를 자주 고치지 마라.** : 일부 지원자의 경우 옷매무새 또는 헤어스타일을 자주 고치거나 확인하기도 하는데 이러한 모습은 과도하게 긴장한 것 같아 보이거나 면접에 집중하지 못하는 것으로 보일 수 있다. 남성 지원자의 경우 넥타이를 자꾸 고쳐 맨다거나 정장 상의 끝을 너무 자주 만지작거리지 않는다. 여성 지원자는 머리를 계속 쓸어 올리지 않고, 특히 짧은 치마를 입고서 신경이 쓰여 치마를 끌어 내리는 행동은 좋지 않다.

ⓜ **다리를 떨거나 산만한 시선은 면접 탈락의 지름길** : 자신도 모르게 다리를 떨거나 손가락을 만지는 등의 행동을 하는 지원자가 있는데, 이는 면접관의 주의를 끌 뿐만 아니라 불안하고 산만한 사람이라는 느낌을 주게 된다. 따라서 가능한 한 바른 자세로 앉아 있는 것이 좋다. 또한 면접관과 시선을 맞추지 못하고 여기저기 둘러보는 듯한 산만한 시선은 지원자가 거짓말을 하고 있다고 여겨지거나 신뢰할 수 없는 사람이라고 생각될 수 있다.

② **답변 관련 예절**

ⓐ **면접관이나 다른 지원자와 가치 논쟁을 하지 않는다.** : 질문을 받고 답변하는 과정에서 면접관 또는 다른 지원자의 의견과 다른 의견이 있을 수 있다. 특히 평소 지원자가 관심이 많은 문제이거나 잘 알고 있는 문제인 경우 자신과 다른 의견에 대해 이의가 있을 수 있다. 하지만 주의할 것은 면접에서 면접관이나 다른 지원자와 가치 논쟁을 할 필요는 없다는 것이며 오히려 불이익을 당할 수도 있다. 정답이 정해져 있지 않은 경우에는 가치관이나 성장 배경에 따라 문제를 받아들이는 태도에서 답변까지 충분히 차이가 있을 수 있으므로 굳이 면접관이나 다른 지원자의 가치관을 지적하고 고치려 드는 것은 좋지 않다.

ⓑ **답변은 항상 정직해야 한다.** : 면접이라는 것이 아무리 지원자의 장점을 부각시키고 단점을 축소시키는 것이라고 해도 절대로 거짓말을 해서는 안 된다. 거짓말을 하게 되면 지원자는 불안하거나 꺼림칙한 마음이 들게 되어 면접에 집중을 하지 못하게 되고 수많은 지원자를 상대하는 면접관은 그것을 놓치지 않는다. 거짓말은 그 지원자에 대한 신뢰성을 떨어뜨리며 이로 인해 다른 스펙이 아무리 훌륭하다고 해도 채용에서 탈락하게 될 수 있음을 명심하도록 한다.

ⓒ 경력직을 경우 전 직장에 대해 험담하지 않는다. : 지원자가 전 직장에서 무슨 업무를 담당했고 어떤 성과를 올렸는지는 면접관이 관심을 둘 사항일 수 있지만, 이전 직장의 기업문화나 상사들이 어땠는지는 그다지 궁금해 하는 사항이 아니다. 전 직장에 대해 험담을 늘어놓는다든가, 동료와 상사에 대한 악담을 하게 된다면 오히려 지원자에 대한 부정적인 이미지만 심어줄 수 있다. 만약 전 직장에 대한 말을 해야 할 경우가 생긴다면 가능한 한 객관적으로 이야기하는 것이 좋다.

ⓔ 자기 자신이나 배경에 대해 자랑하지 않는다. : 자신의 성취나 부모 형제 등 집안사람들이 사회·경제적으로 어떠한 위치에 있는지에 대한 자랑은 면접관으로 하여금 지원자에 대해 오만한 사람이거나 배경에 의존하려는 나약한 사람이라는 이미지를 갖게 할 수 있다. 따라서 자기 자신이나 배경에 대해 자랑하지 않도록 하고, 자신이 한 일에 대해서 너무 자세하게 얘기하지 않도록 주의해야 한다.

3 면접 질문 및 답변 포인트

(1) 가족 및 대인관계에 관한 질문

① 당신의 가정은 어떤 가정입니까?

면접관들은 지원자의 가정환경과 성장과정을 통해 지원자의 성향을 알고 싶어 이와 같은 질문을 한다. 비록 가정 일과 사회의 일이 완전히 일치하는 것은 아니지만 '가화만사성'이라는 말이 있듯이 가정이 화목해야 사회에서도 화목하게 지낼 수 있기 때문이다. 그러므로 답변 시에는 가족사항을 정확하게 설명하고 집안의 분위기와 특징에 대해 이야기하는 것이 좋다.

② 친구 관계에 대해 말해 보십시오.

지원자의 인간성을 판단하는 질문으로 교우관계를 통해 답변자의 성격과 대인관계능력을 파악할 수 있다. 새로운 환경에 적응을 잘하여 새로운 친구들이 많은 것도 좋지만, 깊고 오래 지속되어 온 인간관계를 말하는 것이 더욱 바람직하다.

(2) 성격 및 가치관에 관한 질문

① 당신의 PR포인트를 말해 주십시오.

PR포인트를 말할 때에는 지나치게 겸손한 태도는 좋지 않으며 적극적으로 자기를 주장하는 것이 좋다. 앞으로 입사 후 하게 될 업무와 관련된 자기의 특성을 구체적인 일화를 더하여 이야기하도록 한다.

② 당신의 장·단점을 말해 보십시오.

지원자의 구체적인 장·단점을 알고자 하기 보다는 지원자가 자기 자신에 대해 얼마나 알고 있으며 어느 정도의 객관적인 분석을 하고 있나, 그리고 개선의 노력 등을 시도하는지를 파악하고자 하는 것이다. 따라서 장점을 말할 때는 업무와 관련된 장점을 뒷받침할 수 있는 근거와 함께 제시하며, 단점을 이야기할 때에는 극복을 위한 노력을 반드시 포함해야 한다.

③ 가장 존경하는 사람은 누구입니까?

존경하는 사람을 말하기 위해서는 우선 그 인물에 대해 알아야 한다. 잘 모르는 인물에 대해 존경한다고 말하는 것은 면접관에게 바로 지적당할 수 있으므로, 추상적이라도 좋으니 평소에 존경스럽다고 생각했던 사람에 대해 그 사람의 어떤 점이 좋고 존경스러운지 대답하도록 한다. 또한 자신에게 어떤 영향을 미쳤는지도 언급하면 좋다.

(3) 학교생활에 관한 질문

① 지금까지의 학교생활 중 가장 기억에 남는 일은 무엇입니까?

가급적 직장생활에 도움이 되는 경험을 이야기하는 것이 좋다. 또한 경험만을 간단하게 말하지 말고 그 경험을 통해서 얻을 수 있었던 교훈 등을 예시와 함께 이야기하는 것이 좋으나 너무 상투적인 답변이 되지 않도록 주의해야 한다.

② 성적은 좋은 편이었습니까?

면접관은 이미 서류심사를 통해 지원자의 성적을 알고 있다. 그럼에도 불구하고 이 질문을 하는 것은 지원자가 성적에 대해서 어떻게 인식하느냐를 알고자 하는 것이다. 성적이 나빴던 이유에 대해서 변명하려 하지 말고 담백하게 받아드리고 그것에 대한 개선노력을 했음을 밝히는 것이 적절하다.

③ 학창시절에 시위나 집회 등에 참여한 경험이 있습니까?

기업에서는 노사분규를 기업의 사활이 걸린 중대한 문제로 인식하고 거시적인 차원에서 접근한다. 이러한 기업문화를 제대로 인식하지 못하여 학창시절의 시위나 집회 참여 경험을 자랑스럽게 답변할 경우 감점요인이 되거나 심지어는 탈락할 수 있다는 사실에 주의한다. 시위나 집회에 참가한 경험을 말할 때에는 타당성과 정도에 유의하여 답변해야 한다.

(4) 지원동기 및 직업의식에 관한 질문

① 왜 우리 회사를 지원했습니까?

이 질문은 어느 회사나 가장 먼저 물어보고 싶은 것으로 지원자들은 기업의 이념, 대표의 경영 능력, 재무구조, 복리후생 등 외적인 부분을 설명하는 경우가 많다. 이러한 답변도 적절하지만 지원 회사의 주력 상품에 관한 소비자의 인지도, 경쟁사 제품과의 시장점유율을 비교하면서 입사동기를 설명한다면 상당히 주목 받을 수 있을 것이다.

② 만약 이번 채용에 불합격하면 어떻게 하겠습니까?

불합격할 것을 가정하고 회사에 응시하는 지원자는 거의 없을 것이다. 이는 지원자를 궁지로 몰아넣고 어떻게 대응하는지를 살펴보며 입사 의지를 알아보려고 하는 것이다. 이 질문은 너무 깊이 들어가지 말고 침착하게 답변하는 것이 좋다.

③ 당신이 생각하는 바람직한 사원상은 무엇입니까?

직장인으로서 또는 조직의 일원으로서의 자세를 묻는 질문으로 지원하는 회사에서 어떤 인재상을 요구하는 가를 알아두는 것이 좋으며, 평소에 자신의 생각을 미리 정리해 두어 당황하지 않도록 한다.

④ 직무상의 적성과 보수의 많음 중 어느 것을 택하겠습니까?

이런 질문에서 회사 측에서 원하는 답변은 당연히 직무상의 적성에 비중을 둔다는 것이다. 그러나 적성만을 너무 강조하다 보면 오히려 솔직하지 못하다는 인상을 줄 수 있으므로 어느 한 쪽을 너무 강조하거나 경시하는 태도는 바람직하지 못하다.

⑤ 상사와 의견이 다를 때 어떻게 하겠습니까?

과거와 다르게 최근에는 상사의 명령에 무조건 따르겠다는 수동적인 자세는 바람직하지 않다. 회사에서는 때에 따라 자신이 판단하고 행동할 수 있는 직원을 원하기 때문이다. 그러나 지나치게 자신의 의견만을 고집한다면 이는 팀원 간의 불화를 야기할 수 있으며 팀 체제에 악영향을 미칠 수 있으므로 선호하지 않는다는 것에 유념하여 답해야 한다.

⑥ 근무지가 지방인데 근무가 가능합니까?

근무지가 지방 중에서도 특정 지역은 되고 다른 지역은 안 된다는 답변은 바람직하지 않다. 직장에서는 순환 근무라는 것이 있으므로 처음에 지방에서 근무를 시작했다고 해서 계속 지방에만 있는 것은 아님을 유의하고 답변하도록 한다.

(5) 여가 활용에 관한 질문 - 취미가 무엇입니까?

기초적인 질문이지만 특별한 취미가 없는 지원자의 경우 대답이 애매할 수밖에 없다. 그래서 가장 많이 대답하게 되는 것이 독서, 영화감상, 혹은 음악감상 등과 같은 흔한 취미를 말하게 되는데 이런 취미는 면접관의 주의를 끌기 어려우며 설사 정말 위와 같은 취미를 가지고 있다하더라도 제대로 답변하기는 힘든 것이 사실이다. 가능하면 독특한 취미를 말하는 것이 좋으며 이제 막 시작한 것이라도 열의를 가지고 있음을 설명할 수 있으면 그것을 취미로 답변하는 것도 좋다.

(6) 지원자를 당황하게 하는 질문

① 성적이 좋지 않은데 이 정도의 성적으로 우리 회사에 입사할 수 있다고 생각합니까?

비록 자신의 성적이 좋지 않더라도 이미 서류심사에 통과하여 면접에 참여하였다면 기업에서는 지원자의 성적보다 성적 이외의 요소, 즉 성격·열정 등을 높이 평가했다는 것이라고 할 수 있다. 그러나 이런 질문을 받게 되면 지원자는 당황할 수 있으나 주눅 들지 말고 침착하게 대처하는 면모를 보인다면 더 좋은 인상을 남길 수 있다.

② 우리 회사 회장님 함자를 알고 있습니까?

회장이나 사장의 이름을 조사하는 것은 면접일을 통고받았을 때 이미 사전 조사되었어야 하는 사항이다. 단답형으로 이름만 말하기보다는 그 기업에 입사를 희망하는 지원자의 입장에서 답변하는 것이 좋다.

③ 당신은 이 회사에 적합하지 않은 것 같군요.

이 질문은 지원자의 입장에서 상당히 곤혹스러울 수밖에 없다. 질문을 듣는 순간 그렇다면 면접은 왜 참가시킨 것인가 하는 생각이 들 수도 있다. 하지만 당황하거나 흥분하지 말고 침착하게 자신의 어떤 면이 회사에 적당하지 않는지 겸손하게 물어보고 지적당한 부분에 대해서 고치겠다는 의지를 보인다면 오히려 자신의 능력을 어필할 수 있는 기회로 사용할 수도 있다.

④ 다시 공부할 계획이 있습니까?

이 질문은 지원자가 합격하여 직장을 다니다가 공부를 더 하기 위해 회사를 그만 두거나 학습에 더 관심을 두어 일에 대한 능률이 저하될 것을 우려하여 묻는 것이다. 이때에는 당연히 학습보다는 일을 강조해야 하며, 업무 수행에 필요한 학습이라면 업무에 지장이 없는 범위에서 야간학교를 다니거나 회사에서 제공하는 연수 프로그램 등을 활용하겠다고 답변하는 것이 적당하다.

⑤ 지원한 분야가 전공한 분야와 다른데 여기 일을 할 수 있겠습니까?

수험생의 입장에서 본다면 지원한 분야와 전공이 다르지만 서류전형과 필기전형에 합격하여 면접을 보게 된 경우라고 할 수 있다. 이는 결국 해당 회사의 채용 방침상 전공에 크게 영향을 받지 않는다는 것이므로 무엇보다 자신이 전공하지는 않았지만 어떤 업무도 적극적으로 임할 수 있다는 자신감과 능동적인 자세를 보여주도록 노력하는 것이 좋다.

02 면접기출

1 **전력거래소 면접기출**

(1) 실무진 면접

① 계통연계에 대해 설명해 보시오.

② 동기발전기에 대해 설명해 보시오.

③ 상태흐름도에 대해 설명해 보시오.

④ 전공 관련 내용 중 전문가 이상으로 설명할 수 있는 것을 하나 골라 설명해 보시오.

⑤ 전선 보호장치 종류에 대해 말해 보시오.

⑥ 주파수나 전압에 이상이 생겼을 때 발생할 수 있는 문제에 대해 설명하고, 그 해결 방법에 대해 말해 보시오.

⑦ 조속기란 무엇인지 설명해 보시오.

⑧ 지중전선로의 장단점에 대해 설명해 보시오.

⑨ 무효전력과 유효전력에 대해 설명해 보시오.

⑩ 7차 전력 수급계획에 대해 아는 대로 말해 보시오.

⑪ 차단기, 단로기, 변압기, 주파수 등에 대해 설명해 보시오.

⑫ 맥스웰 방정식에 대해 설명해 보시오.

⑬ 수요자원 거래시장이란 무엇인지 설명해 보시오.

(2) 경영진 면접

① 회사에 대한 관심사

② 지금까지 도전해 본 것 중 가장 어려웠던 도전

③ 개인적인 손해를 감수하면서까지 맡은 일에 최선을 다했던 경험

④ 갈등상황에서 해결 사례

⑤ 프로젝트 경험 및 동아리 활동 경험

⑥ 기존의 방식 및 방법을 변화시켜 무엇인가를 이루어냈던 경험

2 공기업 면접기출

① 상사가 부정한 일로 자신의 이득을 취하고 있다. 이를 인지하게 되었을 때 자신이라면 어떻게 행동할 것인가?

② 본인이 했던 일 중 가장 창의적이었다고 생각하는 경험에 대해 말해보시오.

③ 직장 생활 중 적성에 맞지 않는다고 느낀다면 다른 일을 찾을 것인가? 아니면 참고 견뎌내겠는가?

④ 자신만의 특별한 취미가 있는가? 그것을 업무에서 활용할 수 있다고 생각하는가?

⑤ 면접을 보러 가는 길인데 신호등이 빨간불이다. 시간이 매우 촉박한 상황인데, 무단횡단을 할 것인가?

⑥ 원하는 직무에 배치 받지 못할 경우 어떻게 행동할 것인가?

⑦ 상사와 종교·정치에 대한 대화를 하던 중 본인의 생각과 크게 다른 경우 어떻게 하겠는가?

⑧ 타인과 차별화 될 수 있는 자신만의 장점 및 역량은 무엇인가?

⑨ 자격증을 한 번에 몰아서 취득했는데 힘들지 않았는가?

⑩ 오늘 경제신문 첫 면의 기사에 대해 브리핑 해보시오.

⑪ 무상급식 전국실시에 대한 본인의 의견을 말하시오.

⑫ 타인과 차별화 될 수 있는 자신만의 장점 및 역량은 무엇인가?

⑬ 외국인 노동자와 비정규직에 대한 자신의 의견을 말해보시오.

⑭ 장래에 자녀를 낳는다면 주말 계획은 자녀와 자신 중 어느 쪽에 맞춰서 할 것인가?

⑮ 공사 진행과 관련하여 민원인과의 마찰이 생기면 어떻게 대응하겠는가?

⑯ 직장 상사가 나보다 다섯 살 이상 어리면 어떤 기분이 들겠는가?

⑰ 현재 심각한 취업난인 반면 중소기업은 인력이 부족하다는데 어떻게 생각하는가?

⑱ 영어 자기소개, 영어 입사동기

⑲ 지방이나 오지 근무에 대해서 어떻게 생각하는가?

⑳ 상사에게 부당한 지시를 받으면 어떻게 행동하겠는가?

㉑ 최근 주의 깊게 본 시사 이슈는 무엇인가?

㉒ 자신만의 스트레스 해소법이 있다면 말해보시오.

㉓ 방사능 유출에 대한 획기적인 대책을 제시해보시오.

㉔ 고준위 폐기물 재처리는 어떻게 하는 것이 바람직하다고 생각하는가?

서원각과 함께

기업체 시리즈

한전KPS

KAC 한국공항공사

안전보건공단

예금보험공사